한 권으로 끝내는

스파르타 토익 스피킹

NEW EDITION

김민규 (Mitchell Kim)

English& 북스

한 권으로 끝내는

스파르타 토익 스피킹 NEW EDITION

개정 1쇄 발행 2022년 1월 10일
개정 4쇄 발행 2025년 1월 24일

저 자	김민규(Mitchell Kim)
펴낸이	박성호
펴낸곳	잉글리쉬앤 (주)
편 집	박고우니, 장서원
마케팅	여주형, 김성윤, 방성출, 박훈효, 조민형, 이달님, 강정구, 이진희, 조병운 조예선, 이현정, 조광민, 노희동, 김정민, 최희성, 최인태, 윤종철, 엄주아 오지현, 최유미, 최가연, 김정호, 안혜연, 조승채
주 소	서울 특별시 관악구 쑥고개로 67-1
대표전화	(02) 878-1945
출판등록	2002년 3월 3일 제 320-2002-00045호

ISBN 978-89-6715-149-2 13740

저작권자 2025 잉글리쉬앤(주)
이 책은 잉글리쉬앤(주)에 의해 출간되었으므로
저자와 출판사의 서면에 의한 허락 없이 글과 그림의 인용, 복제, 발췌를 금합니다.

* 가격은 뒤표지에 있습니다. 파본은 바꾸어 드립니다.

www.english.co.kr

서문

그냥 '대충 영어 회화하듯이 말하면 되겠지'라는 생각으로 토익스피킹 시험을 봤다가 결과에 크게 실망하는 수험생들을 많이 봤습니다. 할 수 있는 모든 방법으로 학습하고도 제자리걸음인 점수를 보고 결국 포기하는 수험생들도 많았습니다. 그런 수험생들을 위해 필자는 최고의 토익스피킹 교재를 만들어야겠다는 의지로 본 교재를 집필했습니다.

토익스피킹 시험은 정답이 정해져 있지 않아 정확히 분석하기가 쉽지 않습니다. 필자는 이 점에 착안하여, 점수를 확실히 올려줄 수 있는, 일관성 있고 명확히 정리된 토익스피킹 교재를 만드는 데 집중했습니다.

토익스피킹 강의를 시작할 때부터 항상 '어떻게 하면 쉽게 좋은 결과를 얻을 수 있을까'에 대해 많이 고민해 왔으며, 다년간 강의하면서 수많은 기출 문제들을 분석하고, 독자적인 방법을 개발하여 실제 시험에 적용했습니다. 이러한 연구 방법과 자료로 강의한 결과, 많은 수강생들이 목표 점수에 도달하는 것을 확인했습니다.

본 교재에 필자의 모든 노하우를 녹인 가장 효과적인 토익스피킹 고득점 비법을 전부 실었습니다. 모든 학습자들이 쉽게 접근할 수 있는 만능 템플릿과, 이를 활용해 답변에 적용할 수 있는 전략을 정리했습니다. 또한, 실제 기출 문제 유형을 체계적으로 학습할 수 있도록 문제 유형을 엄선하여 본 교재에 실었습니다.

토익스피킹 고득점을 목표로 하는 모든 수험생들에게 이 책이 큰 도움이 되길 진심으로 기원합니다.

김민규(Mitchell Kim)

저자 약력
- 서강대학교 국제대학원 국제 관계학 석사
- 경북대학교 Mitchell's TOEIC Speaking 강의
- YBM 어학원 Mitchell's TOEIC / TOEIC Speaking 강의
- 건국대학교/홍익대학교 TOEIC 강의
- BCM (민병철 어학원) 영어회화 강의 (공공 기관 출강)

목차

이 책의 구성 및 특징 · 6
토익스피킹 시험 정보 · 8
학습 플랜 · 10

QUESTIONS 1-2
Read a text aloud
지문 크게 읽기

- 미리 보기 · 14
- 기본기 다지기 · 16
- 전략 익히기 · 18
- 유형 공략하기 · 23
- CHECK-UP TEST · 28
- ACTUAL TEST · 34

QUESTIONS 3-4
Describe a picture
사진 묘사하기

- 미리 보기 · 38
- 기본기 다지기 · 40
- 전략 익히기 · 42
- 유형 공략하기 · 51
- CHECK-UP TEST · 60
- ACTUAL TEST · 66

QUESTIONS 5-7
Respond to questions
질문에 답하기

- 미리 보기 · 72
- 기본기 다지기 · 74
- 전략 익히기 · 76
- 유형 공략하기 · 84
- CHECK-UP TEST · 100
- ACTUAL TEST · 106

스파르타 토익스피킹

QUESTIONS 8-10 Respond to questions using information provided
표 보고 질문에 답하기

- 미리 보기 ········ 112
- 기본기 다지기 ········ 114
- 전략 익히기 ········ 116
- 유형 공략하기 ········ 122
- CHECK-UP TEST ········ 128
- ACTUAL TEST ········ 134

QUESTION 11 Express an opinion
의견 제시하기

- 미리 보기 ········ 138
- 기본기 다지기 ········ 140
- 전략 익히기 ········ 142
- 유형 공략하기 ········ 158
- CHECK-UP TEST ········ 166
- ACTUAL TEST ········ 172

FINAL TEST 1-3 ········ 176

모범 답변 및 해설 ········ 198

---

* http://books.english.co.kr에서 도서 인증 후 온라인모의고사를 응시해 보세요.

온라인 모의고사 이용 방법: books.english.co.kr 접속 ▶ 상단 메뉴 '도서 인증 받기' 클릭
   인증 내용 입력 ▶ 인증 완료 ▶ 테스트 응시

이 책의 구성 및 특징

미리 보기 > 기본기 다지기 > 전략 익히기 > 유형 공략하기 > CHECK-UP TEST > ACTUAL TEST 구성의 체계적 커리큘럼으로, 효과적인 학습 가이드라인을 제시한다.

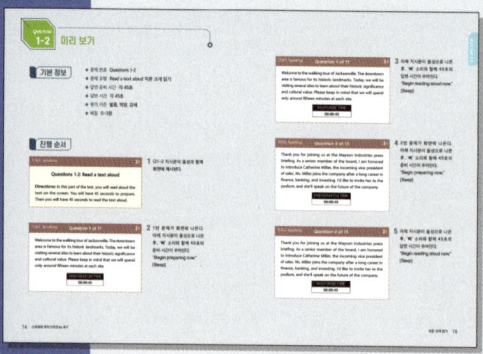

미리 보기
문항 별 구성 등의 기본 정보와 시험 진행 순서를 파악한다.

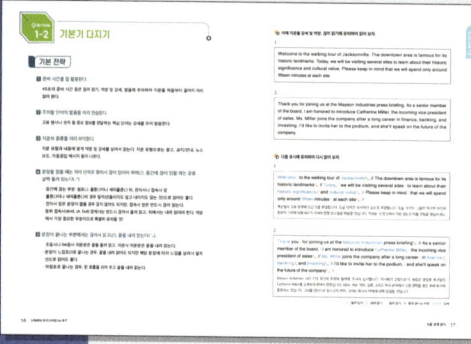

기본기 다지기
기본 답변 전략과 표현을 익히며 다음 단계 학습을 위한 워밍업을 한다.

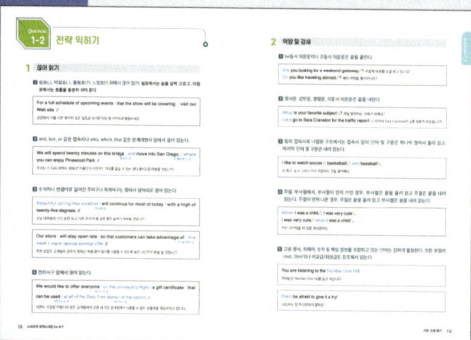

전략 익히기
모범 답변으로 직결되는 만능 템플릿을 익히고 이를 적용하여 답변 만들기 훈련을 한다.

스파르타 토익스피킹

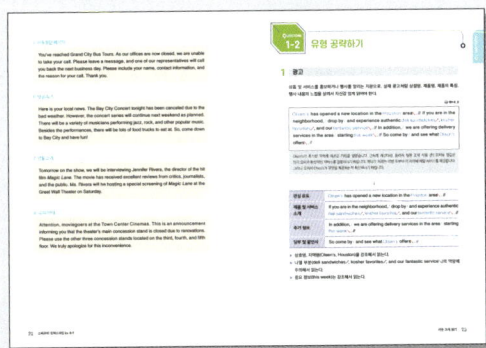

유형 공략하기
앞서 배운 전략과 만능 템플릿을 이용해, 유형 별 답변 적용 훈련을 한다.

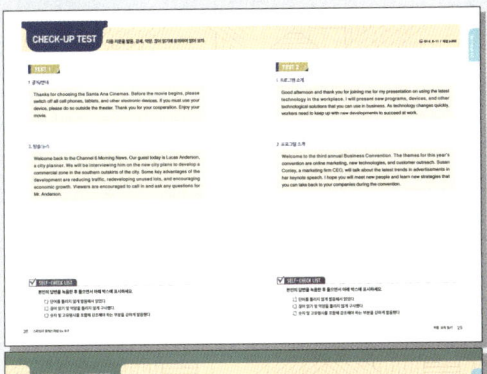

CHECK-UP & ACTUAL & FINAL TEST
이전 코너를 통해 훈련한 내용을 토대로, 최신 경향을 반영한 문제를 풀어보며 실전 감각을 기른다.

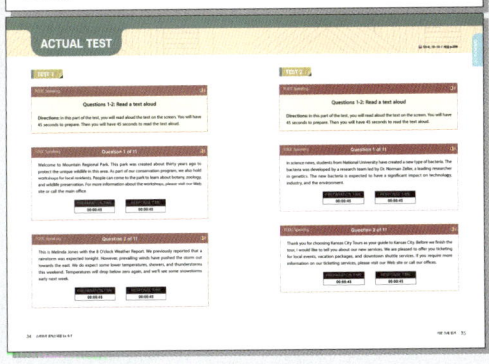
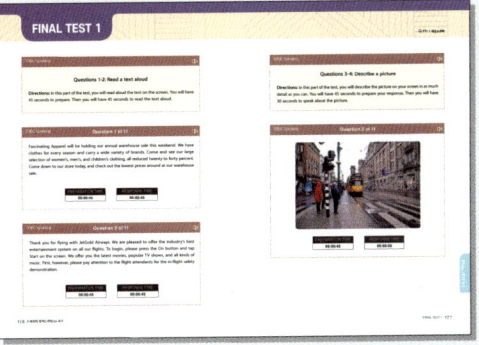

모범답변 및 해설
쉬운 해설과 모범 답변을 제시하여 최대의 학습 효과를 누릴 수 있도록 구성했으며, 독학용으로도 이용 가능하다.

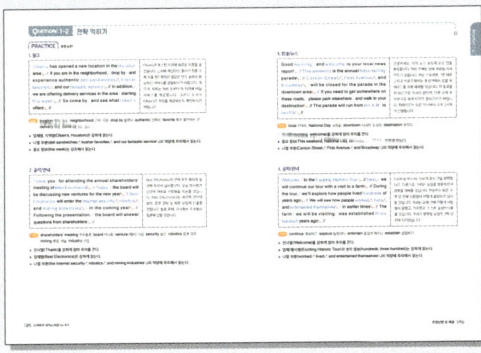

토익스피킹 시험 정보

구성 및 특징

- **문항 수**: 총 11문제로 구성
- **시간**: 약 20분 정도 소요
- **평가**: 1-10번 문제는 0-3점, 11번 문제는 0-5점 내에서 각 1점 단위로 평가되며, 총점은 0점에서 200점 범위로 환산된다.

번호	문제 유형	준비 시간	답변 시간
Q1-2	Read a text aloud 지문 크게 읽기	각 45초	각 45초
Q3-4	Describe a picture 사진 묘사하기	각 45초	각 30초
Q5-7	Respond to questions 질문에 답하기	각 3초	15초/15초/30초
Q8-10	Respond to questions using information provided 표 보고 질문에 답하기	정보 읽는 시간: 45초 답변 준비 시간: 각 3초	15초/15초/30초
Q11	Express an opinion 의견 제시하기	45초	60초

평가 기준 및 배점

번호	평가 기준	배점
Q1-2	발음, 억양, 강세	0-3
Q3-4	발음, 억양, 강세, 문법, 어휘, 일관성	0-3
Q5-7	발음, 억양, 강세, 문법, 어휘, 일관성 내용의 관련성, 내용의 완성도	0-3
Q8-10	발음, 억양, 강세, 문법, 어휘, 일관성 내용의 관련성, 내용의 완성도	0-3
Q11	발음, 억양, 강세, 문법, 어휘, 일관성 내용의 관련성, 내용의 완성도	0-5

레벨 별 환산 점수

등급	점수
Advanced High	200
Advanced Mid	180~190
Advanced Low	160~170
Intermediate High	140~150
Intermediate Mid 3	130
Intermediate Mid 2	120
Intermediate Mid 1	110
Intermediate Low	90~100
Novice High	60~80
Novice Mid/Low	0~50

시험 시 주의사항

- 규정 신분증(주민등록증, 운전면허증, 여권 등) 미 지참 시 응시 불가합니다.
- 시험 시간에서 10분이 지나면 입실이 불가합니다.
- 개인이 준비한 필기구는 사용 불가하며, 고사장에서 제공하는 규정 메모지 및 필기구를 이용하여 응시 중 메모가 가능합니다. 메모는 시험 시작 직후부터 가능하며, 제공된 메모지와 필기구는 응시 완료 후 반납합니다.

학습 플랜

1주 완성 플랜

Day 1	Day 2	Day 3	Day 4	Day 5	Day 6	Day 7
Q1-2 전체	Q3-4 전체	Q5-7 전체	Q8-10 전체	Q11 전체	FINAL TEST 1-3	온라인 모의고사 1-2

- 토익스피킹 응시 및 학습 경험이 있거나, 스피킹에 자신 있는 학습자용 (고급)

2주 완성 플랜

Day 1	Day 2	Day 3	Day 4	Day 5	Day 6	Day 7
Q1-2 미리 보기 + 기본기 다지기 + 전략 익히기	Q1-2 유형 공략하기 + CHECK-UP + ACTUAL TEST	Q3-4 미리 보기 + 기본기 다지기 + 전략 익히기	Q3-4 유형 공략하기 + CHECK-UP + ACTUAL TEST	Q5-7 미리 보기 + 기본기 다지기 + 전략 익히기	Q5-7 유형 공략하기 + CHECK-UP + ACTUAL TEST	Q8-10 미리 보기 + 기본기 다지기 + 전략 익히기

Day 8	Day 9	Day 10	Day 11	Day 12	Day 13	Day 14
Q8-10 유형 공략하기 + CHECK-UP + ACTUAL TEST	Q11 미리 보기 + 기본기 다지기 + 전략 익히기	Q11 유형 공략하기 + CHECK-UP + ACTUAL TEST	FINAL TEST 1	FINAL TEST 2	FINAL TEST 3	온라인 모의고사 1-2

- 단기간에 집중적으로 토익스피킹을 마스터하고자 하는 학습자용 (중급)

스파르타 토익스피킹

4주 완성 플랜

Day 1	Day 2	Day 3	Day 4	Day 5	Day 6	Day 7
Q1-2 미리 보기 + 기본기 다지기	Q1-2 전략 익히기 + 유형 공략하기	Q1-2 CHECK-UP + ACTUAL TEST	Q3-4 미리 보기 + 기본기 다지기	Q3-4 전략 익히기 + 유형 공략하기	Q3-4 CHECK-UP + ACTUAL TEST	Q5-7 미리 보기 + 기본기 다지기
Day 8	Day 9	Day 10	Day 11	Day 12	Day 13	Day 14
Q5-7 전략 익히기 + 유형 공략하기	Q5-7 CHECK-UP + ACTUAL TEST	Q8-10 미리 보기 + 기본기 다지기	Q8-10 전략 익히기 + 유형 공략하기	Q8-10 CHECK-UP + ACTUAL TEST	Q11 미리 보기 + 기본기 다지기	Q11 전략 익히기 + 유형 공략하기
Day 15	Day 16	Day 17	Day 18	Day 19	Day 20	Day 21
Q11 CHECK-UP + ACTUAL TEST	FINAL TEST 1	FINAL TEST 2	FINAL TEST 3	온라인 모의고사 1-2	Q1-2 전체 복습	Q3-4 전체 복습
Day 22	Day 23	Day 24	Day 25	Day 26	Day 27	Day 28
Q5-7 전체 복습	Q8-10 전체 복습	Q11 전체 복습	FINAL TEST 1 복습	FINAL TEST 2 복습	FINAL TEST 3 복습	온라인 모의고사 1-2 복습

- 토익스피킹을 처음 준비하거나 기초부터 체계적으로 토익스피킹을 마스터하고자 하는 학습자용 (초급)

Read a text aloud
지문 크게 읽기

QUESTIONS 1-2

+ 미리 보기
+ 기본기 다지기
+ 전략 익히기
+ 유형 공략하기
+ CHECK-UP TEST
+ ACTUAL TEST

QUESTIONS 1-2 미리 보기

기본 정보

+ 문제 번호 Questions 1-2
+ 문제 유형 Read a text aloud 지문 크게 읽기
+ 답변 준비 시간 각 45초
+ 답변 시간 각 45초
+ 평가 기준 발음, 억양, 강세
+ 배점 0~3점

진행 순서

TOEIC Speaking

Questions 1-2: Read a text aloud

Directions: In this part of the test, you will read aloud the text on the screen. You will have 45 seconds to prepare. Then you will have 45 seconds to read the text aloud.

1 Q1-2 지시문이 음성과 함께 화면에 제시된다.

TOEIC Speaking Question 1 of 11

Welcome to the walking tour of Jacksonville. The downtown area is famous for its historic landmarks. Today, we will be visiting several sites to learn about their historic significance and cultural value. Please keep in mind that we will spend only around fifteen minutes at each site.

PREPARATION TIME
00:00:45

2 1번 문제가 화면에 나온다. 아래 지시문이 음성으로 나온 후, '삐' 소리와 함께 45초의 준비 시간이 주어진다.
"Begin preparing now."
[Beep]

TOEIC Speaking — Question 1 of 11

Welcome to the walking tour of Jacksonville. The downtown area is famous for its historic landmarks. Today, we will be visiting several sites to learn about their historic significance and cultural value. Please keep in mind that we will spend only around fifteen minutes at each site.

RESPONSE TIME 00:00:45

3. 아래 지시문이 음성으로 나온 후, '삐' 소리와 함께 45초의 답변 시간이 주어진다.
"Begin reading aloud now."
[Beep]

TOEIC Speaking — Question 2 of 11

Thank you for joining us at the Mayson Industries press briefing. As a senior member of the board, I am honored to introduce Catherine Miller, the incoming vice president of sales. Ms. Miller joins the company after a long career in finance, banking, and investing. I'd like to invite her to the podium, and she'll speak on the future of the company.

PREPARATION TIME 00:00:45

4. 2번 문제가 화면에 나온다. 아래 지시문이 음성으로 나온 후, '삐' 소리와 함께 45초의 준비 시간이 주어진다.
"Begin preparing now."
[Beep]

TOEIC Speaking — Question 2 of 11

Thank you for joining us at the Mayson Industries press briefing. As a senior member of the board, I am honored to introduce Catherine Miller, the incoming vice president of sales. Ms. Miller joins the company after a long career in finance, banking, and investing. I'd like to invite her to the podium, and she'll speak on the future of the company.

RESPONSE TIME 00:00:45

5. 아래 지시문이 음성으로 나온 후, '삐' 소리와 함께 45초의 답변 시간이 주어진다.
"Begin reading aloud now."
[Beep]

QUESTIONS 1-2 | 기본기 다지기

기본 전략

1. 준비 시간을 잘 활용한다.

45초의 준비 시간 동안 끊어 읽기, 억양 및 강세, 발음에 주의하여 지문을 처음부터 끝까지 미리 읽어 본다.

2. 주의할 단어의 발음을 미리 연습한다.

고유 명사나 숫자 등 중요 정보를 전달하는 핵심 단어는 강세를 주어 발음한다.

3. 지문의 종류를 미리 파악한다.

지문 유형과 내용에 맞게 억양 및 강세를 살려서 읽는다. 지문 유형으로는 광고, 공지/안내, 뉴스 보도, 자동응답 메시지 등이 나온다.

4. 문장을 읽을 때는 의미 단위로 묶어서 끊어 읽어야 하며(/), 중간에 끊어 읽을 때는 끝을 살짝 올려 읽는다(↗).

- 중간에 끊는 부분: 쉼표(,), 콜론(:)이나 세미콜론(;) 뒤, 전치사나 접속사 앞
- 콜론(:)이나 세미콜론(;)의 경우 일직선(올리지도 않고 내리지도 않는 것)으로 읽어도 좋다.
- 전치사 앞은 문장이 짧을 경우 끊지 않아도 되지만, 접속사 앞은 반드시 끊어 읽는다.
- 등위 접속사(and, or, but) 앞에서는 반드시 끊어서 올려 읽고, 뒤에서는 내려 읽어야 한다. 억양에서 가장 중요한 부분이므로 특별히 유의할 것!

5. 문장이 끝나는 부분에서는 끊어서 읽고(//), 끝을 내려 읽는다(↘).

- 조동사나 be동사 의문문은 끝을 올려 읽고, 의문사 의문문은 끝을 내려 읽는다.
- 문장이 느낌표(!)로 끝나는 경우, 끝을 내려 읽어도 되지만 해당 문장에 따라 느낌을 살려서 일직선으로 읽어도 좋다.
- 마침표로 끝나는 경우, 한 호흡을 쉬어 주고 끝을 내려 읽는다.

🎧 아래 지문을 강세 및 억양, 끊어 읽기에 유의하여 읽어 보자.

1.

Welcome to the walking tour of Jacksonville. The downtown area is famous for its historic landmarks. Today, we will be visiting several sites to learn about their historic significance and cultural value. Please keep in mind that we will spend only around fifteen minutes at each site.

2.

Thank you for joining us at the Mayson Industries press briefing. As a senior member of the board, I am honored to introduce Catherine Miller, the incoming vice president of sales. Ms. Miller joins the company after a long career in finance, banking, and investing. I'd like to invite her to the podium, and she'll speak on the future of the company.

🎧 다음 표시에 유의하여 다시 읽어 보자.

1.

Welcome / to the walking tour of Jacksonville↘. // The downtown area is famous for its historic landmarks↘. // Today, / we will be visiting several sites / to learn about their historic significance↗ and cultural value↘. // Please keep in mind / that we will spend only around fifteen minutes / at each site↘. //

잭슨빌의 도보 관광에 오신 것을 환영합니다. 도심 지역은 역사적인 명소로 유명합니다. 오늘, 우리는 그들의 역사적 의미와 문화적 가치에 대해 배우기 위하여 몇몇 장소들을 방문할 것입니다. 우리는 각 장소에서 15분 정도만 머물 것임을 명심하세요.

2.

Thank you / for joining us at the Mayson Industries press briefing↘. // As a senior member of the board, / I am honored to introduce Catherine Miller, / the incoming vice president of sales↘. // Ms. Miller joins the company after a long career / in finance↗, banking↗, and investing↘. // I'd like to invite her to the podium, / and she'll speak on the future of the company↘. //

Mayson Industries 사의 기자 회견에 저희와 함께해 주셔서 감사합니다. 이사회의 선임으로서, 새로운 영업부 부사장인 Catherine Miller를 소개하게 되어서 영광입니다. Miller 씨는 재무, 금융 그리고 투자 분야에서 오랜 경력을 쌓은 후에 회사에 합류하는 것입니다. 그녀를 연단으로 모시고자 하며, 그녀는 회사의 미래에 대해 연설할 것입니다.

↗ : 올려 읽기   ↘ : 내려 읽기   / : 끊어 읽기   // : 문장 끝나는 부분   파란색 : 강세

전략 익히기

1 끊어 읽기

1 쉼표(,), 마침표(.), 물음표(?), 느낌표(!) 뒤에서 끊어 읽기: 쉼표에서는 숨을 살짝 고르고, 마침표에서는 호흡을 충분히 쉬어 준다.

> For a full schedule of upcoming events / that the show will be covering, / visit our Web site. //
> 공연에서 다룰 이번 행사의 모든 일정을 보려면 저희 웹 사이트에 방문하세요.

2 and, but, or 같은 접속사나 who, which, that 같은 관계대명사 앞에서 끊어 읽는다.

> We will spend twenty minutes on this bridge / and move into San Diego, / where you can enjoy Pinewood Park. //
>   접속사 앞   관계대명사 앞
> 우리는 이 다리 위에서 20분간 머물다가 파인우드 파크를 즐길 수 있는 샌디에이고로 이동할 것입니다.

3 수식어나 연결어로 길어진 주어구나 목적어구는 묶어서 덩어리로 끊어 읽는다.

> Beautiful spring-like weather / will continue for most of today / with a high of twenty-five degrees. //
>   긴 주어 뒤
> 오늘 대부분의 시간 동안 최고 기온 25도의 봄 같은 좋은 날씨가 계속될 것입니다.

> Our store / will stay open late / so that customers can take advantage of / this week's super special savings offer. //
>   긴 목적어 앞
> 저희 상점은 고객들이 금주의 엄청난 특별 할인 행사를 이용할 수 있도록 늦은 시간까지 문을 열 것입니다.

4 전치사구 앞에서 끊어 읽는다.

> We would like to offer everyone / on the connecting flight / a gift certificate / that can be used / at all of the Duty Free stores / at the airport. //
>   전치사구 앞
>   전치사구 앞   전치사구 앞
> 저희는 연결편 비행기의 모든 승객들에게 공항 내 모든 면세점에서 사용할 수 있는 상품권을 제공하려고 합니다.

2 억양 및 강세

1 be동사 의문문이나 조동사 의문문은 끝을 올린다.

> Are you looking for a weekend getaway↗? 주말에 여행할 곳을 찾고 있나요?
> Do you like traveling abroad↗? 해외 여행을 좋아하나요?

2 평서문, 감탄문, 명령문, 의문사 의문문은 끝을 내린다.

> What is your favorite subject↘? 제일 좋아하는 과목이 뭐예요?
> Let's go to Sara Cranston for the traffic report↘! 이어서 Sara Cranston의 교통 정보가 방송됩니다!

3 등위 접속사로 나열된 구조에서는 접속사 앞의 단어 및 구문은 하나씩 끊어서 올려 읽고, 마지막 단어 및 구문은 내려 읽는다.

> I like to watch soccer↗, basketball↗, and baseball↘.
> 전 축구, 농구 그리고 야구 관람하는 것을 좋아해요.

4 주절-부사절에서, 부사절이 먼저 쓰인 경우, 부사절은 끝을 올려 읽고 주절은 끝을 내려 읽는다. 주절이 먼저 나온 경우, 주절은 끝을 올려 읽고 부사절은 끝을 내려 읽는다.

> When I was a child↗, I was very cute↘.
> I was very cute↗ when I was a child↘.
> 저는 아이였을 때 정말 귀여웠어요.

5 고유 명사, 외래어, 숫자 등 핵심 정보를 포함하고 있는 단어는 강하게 발음한다. 또한 부정어 (not, Don't)나 비교급/최상급도 강조해서 읽는다.

> You are listening to the Number One Hit!
> 여러분은 Number One Hit를 듣고 계십니다!

> Don't be afraid to give it a try!
> 시도하는 걸 두려워하지 말아요!

3 주의해야 할 발음

1 모음 [a, e, i, o, u] 발음 앞에서
- 모음 발음으로 시작하는 단어 앞에서는 부정관사 a가 아닌 an을 쓰고, 정관사 the를 '디[ði]'로 발음한다.

  ex an/the employee, an/the umbrella
       [ði]   [ði]

2 단어 첫 철자가 모음이지만 자음 발음일 경우
- '유[j]'는 자음 발음이므로 부정관사 a를 쓰고, 정관사 the를 '더[ðə]'로 발음한다.

  ex a/the European country, a/the university
       [ðə] [j]   [ðə] [j]

3 단어 첫 철자가 자음이지만 모음 발음일 경우
- XTD의 'X(엑스)'는 철자가 자음이지만, '에[e]'로 시작되는 모음 발음이므로 부정관사 a가 아닌 an을 쓰고, 정관사 the를 '디[ði]'로 발음한다.

  ex an/the XTD series
       [ði] [e]

- hour의 'h-'는 철자가 자음이지만 묵음이고, 그 뒤 '-our'이 모음 발음으로 시작하므로 부정관사 a가 아닌 an을 쓰고, 정관사 the를 '디[ði]'로 발음한다.

  ex an/the hour
       [ði] [묵음]

알아두면 좋은 꿀팁!

1. 문제에서 제시된 단어는 쓰인 대로 읽는다. 축약되거나 생략된 단어 및 구문을 지문에 쓰인 상태 그대로 발음해야 한다.

   ex We've, We'd, You're, They'll, There's, Here's 등

2. 약자는 길게 풀어서 발음하지 않는다. 단, 명칭의 경우 제시된 형태 그대로 발음하거나 철자를 풀어서 발음해도 된다.

   ex Ave. → Avenue / St. → Street(도로명), Saint(이름) / Blvd. → Boulevard
   L.A. → Los Angeles / FL → Florida

3. 특수 기호 및 표현은 명확히 발음해야 한다.

   ex * → star / # → pound / @ → at
   www.jetplane7.com → www dot jetplane seven dot com
   $27.15 → twenty-seven dollars and fifteen cents 또는 twenty-seven↗fifteen↘

4. 2음절 이상의 단어는 특정 음절의 강세를 살려서 발음해야 한다. 강세가 들어가는 부분은 살짝 길게 발음하면 좋다. 특히, '-tion/-sion'을 포함한 단어는 '-tion/-sion' 바로 앞 모음에 강세가 있다.

   ex atténtion, internátional, concéssion 등

PRACTICE
발음, 강세, 억양, 끊어 읽기에 유의하여 읽어 보자.

🎧 Q1-2_1 / 해설 p.198

1. 광고

Olsen's has opened a new location in the Houston area↘. // If you are in the neighborhood, / drop by / and experience authentic deli sandwiches↗, kosher favorites↗, and our fantastic service↘. // In addition, / we are offering delivery services in the area / starting this week↘. // So come by / and see what Olsen's offers↘. //

2. 공지/안내

Thank you / for attending the annual shareholders' meeting of Best Electronics↘. // Today, / the board will be discussing new ventures for the new year↘. // Best Electronics will enter the Internet security↗, robotics↗, and mining industries↘ / in the coming year↘. // Following the presentation, / the board will answer questions from shareholders↘. //

3. 방송/뉴스

Good morning / and welcome to your local news report↘. // This weekend is the annual National Day parade↘. // Carson Street↗, First Avenue↗, and Broadway↘ / will be closed for the parade in the downtown area↘. // If you need to get somewhere on these roads, / please park elsewhere / and walk to your destination↘. // The parade will run from ten A.M. to two P.M.↘ //

4. 공지/안내

Welcome / to the Exciting Historic Tour↘. // Next, / we will continue our tour with a visit to a farm↘. // During the tour, / we'll explore how people lived hundreds of years ago↘. // We will see how people worked↗, lived↗, and entertained themselves↘ / in earlier times↘. // The farm / we will be visiting / was established three hundred years ago↘. //

5. 자동응답 메시지

You've reached Grand City Bus Tours. As our offices are now closed, we are unable to take your call. Please leave a message, and one of our representatives will call you back the next business day. Please include your name, contact information, and the reason for your call. Thank you.

6. 방송/뉴스

Here is your local news. The Bay City Concert tonight has been canceled due to the bad weather. However, the concert series will continue next weekend as planned. There will be a variety of musicians performing jazz, rock, and other popular music. Besides the performances, there will be lots of food trucks to eat at. So, come down to Bay City and have fun!

7. 인물 소개

Tomorrow on the show, we will be interviewing Jennifer Rivera, the director of the hit film *Magic Lane*. The movie has received excellent reviews from critics, journalists, and the public. Ms. Rivera will be hosting a special screening of *Magic Lane* at the Great Wall Theater on Saturday.

8. 공지/안내

Attention, moviegoers at the Town Center Cinemas. This is an announcement informing you that the theater's main concession stand is closed due to renovations. Please use the other three concession stands located on the third, fourth, and fifth floor. We truly apologize for this inconvenience.

QUESTIONS 1-2 유형 공략하기

1 광고

상품 및 서비스를 홍보하거나 행사를 알리는 지문으로, 실제 광고처럼 상점명, 제품명, 제품의 특징, 행사 내용의 느낌을 살려서 자신감 있게 읽어야 한다.

🎧 Q1-2_2

> Olsen's has opened a new location in the Houston area↘. // If you are in the neighborhood, / drop by / and experience authentic deli sandwiches↗, kosher favorites↗, and our fantastic service↘. // In addition, / we are offering delivery services in the area / starting this week↘. // So come by / and see what Olsen's offers↘. //

Olsen's가 휴스턴 지역에 새로운 지점을 열었습니다. 근처에 계신다면, 들러서 정통 조제 식품 샌드위치와 정갈한 인기 요리와 환상적인 서비스를 경험하시기 바랍니다. 게다가, 저희는 이번 주부터 이 지역에 배달 서비스를 제공합니다. 그러니 오셔서 Olsen's가 무엇을 제공하는지 확인하시기 바랍니다.

관심 유도	Olsen's has opened a new location in the Houston area↘. //
제품 및 서비스 소개	If you are in the neighborhood, / drop by / and experience authentic deli sandwiches↗, kosher favorites↗, and our fantastic service↘. //
추가 정보	In addition, / we are offering delivery services in the area / starting this week↘. //
당부 및 끝인사	So come by / and see what Olsen's offers↘. //

▶ 상호명, 지역명(Olsen's, Houston)을 강조해서 읽는다.
▶ 나열 부분(deli sandwiches↗, kosher favorites↗, and our fantastic service↘)의 억양에 주의해서 읽는다.
▶ 중요 정보(this week)는 강조해서 읽는다.

2 방송/뉴스

특정 인물, 날씨 예보, 교통 정보 등을 소개하는 지문으로, 실제로 방송을 진행하듯이 자신감 있게 읽어야 한다.

🎧 Q1-2_3

> Good morning / and welcome to your local news report↘. // This weekend is the annual National Day parade↘. // Carson Street↗, First Avenue↗, and Broadway↘ / will be closed for the parade in the downtown area↘. // If you need to get somewhere on these roads, / please park elsewhere / and walk to your destination↘. // The parade will run from ten A.M. to two P.M.↘ //
>
> 안녕하세요, 지역 뉴스 보도에 오신 것을 환영합니다. 이번 주에는 연례 국경일 퍼레이드가 있습니다. 카슨 스트리트, 1번 대로 그리고 브로드웨이는 중심가에서 있을 퍼레이드를 위해 폐쇄될 것입니다. 이 도로들의 어딘가로 가셔야 한다면, 다른 곳에 주차하시고 목적지까지 걸어가시기 바랍니다. 퍼레이드는 오전 10시부터 오후 2시까지 진행됩니다.

↓

프로그램 소개	Good morning / and welcome to your local news report↘. //
보도 내용	This weekend is the annual National Day parade↘. // Carson Street↗, First Avenue↗, and Broadway↘ / will be closed for the parade in the downtown area↘. //
당부 사항	If you need to get somewhere on these roads, / please park elsewhere / and walk to your destination↘. // The parade will run from ten A.M. to two P.M.↘ //

▶ 인사말(morning, welcome)을 강하게 읽어 주의를 끈다.
▶ 중요 정보(This weekend, National Day, ten A.M., two P.M.)는 강조해서 읽는다.
▶ 나열 부분(Carson Street↗, First Avenue↗, and Broadway↘)의 억양에 주의해서 읽는다.

3 공지/안내

공지/안내는 정보를 전달하거나 날짜나 시간의 공지 및 변경 사항을 알리는 지문으로, 장소·날짜·시간의 변경 사항, 주의 사항을 강하고 정확하게 읽어서 내용을 전달해야 한다.

🎧 Q1-2_4

> Attention, moviegoers at the Town Center Cinemas↘. // This is an announcement informing you / that the theater's main concession stand is closed / due to renovations↘. // Please use the other three concession stands located / on the third↗, fourth↗, and fifth floor↘. // We truly apologize for this inconvenience↘. //

Town Center Cinemas의 영화 팬 여러분, 주목하세요. 이 안내는 극장의 주요 매점이 내부 수리로 인해 폐쇄된다는 것을 여러분께 알리기 위한 것입니다. 3층, 4층 그리고 5층에 위치한 다른 3개 매점을 이용하시기 바랍니다. 불편을 드려 대단히 죄송합니다.

↓

관심 유도	Attention, moviegoers at the Town Center Cinemas↘. //
공지 사항	This is an announcement informing you / that the theater's main concession stand is closed / due to renovations↘. //
당부 사항	Please use the other three concession stands located / on the third↗, fourth↗, and fifth floor↘. //
끝인사	We truly apologize for this inconvenience↘. //

▶ 주의를 끄는 말(Attention)은 강조해서 읽는다.
▶ 장소나 업체명(Town Center Cinemas)은 강조해서 읽는다.
▶ 나열 부분(third↗, fourth↗, and fifth floor↘)의 억양에 주의해서 읽는다.

4 자동응답 메시지

자동응답 메시지는 회사나 서비스 기관의 소개, 운영 시간, 서비스 종류 및 연결 정보 등을 전달하는 지문으로, 회사명, 기관명 및 서비스 내용 등을 강하고 정확하게 발음하여 안내하는 느낌으로 읽는다. 특히, 연결 번호나 내선 번호, 사람 이름 등을 정확하게 발음해야 한다.

🎧 Q1-2_5

> You've reached Grand City Bus Tours↘. // As our offices are now closed, / we are unable to take your call↘. // Please leave a message, / and one of our representatives will call you back / the next business day↘. // Please include your name↗, contact information↗, and the reason for your call↘. // Thank you↘. //

그랜드 시티 버스 투어에 연락하셨습니다. 현재 사무실이 문을 닫았으므로, 귀하의 전화에 응답할 수 없습니다. 메시지를 남겨 주시면 저희 직원 중 한 명이 다음 영업일에 귀하께 다시 전화 드리겠습니다. 성함, 연락처 그리고 전화하신 이유를 포함해서 남겨 주세요. 감사합니다.

↓

회사 및 기관 소개	You've reached Grand City Bus Tours↘. //
안내 내용	As our offices are now closed, / we are unable to take your call↘. //
당부 사항	Please leave a message, / and one of our representatives will call you back / the next business day↘. //
추가 당부 및 끝인사	Please include your name↗, contact information↗, and the reason for your call↘. // Thank you↘. //

▶ 업체명(Grand City Bus Tours)은 강조해서 읽는다.
▶ 나열 부분(your name↗, contact information↗, and the reason for your call↘)의 억양에 주의해서 읽는다.
▶ 인사말(Thank)은 강하게 읽는다.

유형별 필수 표현

광고

- drop by = come by = stop by = visit 들르다
- a variety of = a range of = a selection of 다양한
- be tired of = be sick of ~에 싫증이 나다, 지겹다
- take advantage of ~을 활용하다, 이용하다

소개

- present 발표하다, 제시하다
- CEO (=Chief Executive Officer) 대표 이사
- executive = director 이사, 중역
- career 경력, 직업
- press conference = press briefing 기자 회견

공지/안내

- apologize 사과하다
- flight attendant 승무원
- parking attendant 주차 요원
- detour 우회로
- alternative 대안(의)
- alternate route 다른 도로
- temperature 온도, 기온

자동응답 메시지

- representative 직원, 대표
- reach = contact = get in touch with 연락하다
- keep in touch with ~와 연락을 유지하다

기타 빈출 어휘

- exclusive = extraordinary = particular ⓐ 예외적인, 특별한
- various = varied = diverse ⓐ 다양한
- refreshments ⓝ 음식물, 다과 / refresh ⓥ 기분 전환하다
- mechanical ⓐ 기계적인 / machine ⓝ 기계
- monument ⓝ 기념물, 기념비
- routine ⓝ 일상적인 일, 규칙적인 일
- north ⓝ 북쪽 / northern ⓐ 북쪽의
- south ⓝ 남쪽 / southern ⓐ 남쪽의
- cf 빈출 국가명: Asia 아시아 / Africa 아프리카 / America 아메리카 / Vietnam 베트남 / Philippine 필리핀

CHECK-UP TEST

다음 지문을 발음, 강세, 억양, 끊어 읽기에 유의하여 읽어 보자.

TEST 1

1. 공지/안내

Thanks for choosing the Santa Ana Cinemas. Before the movie begins, please switch off all cell phones, tablets, and other electronic devices. If you must use your device, please do so outside the theater. Thank you for your cooperation. Enjoy your movie.

2. 방송/뉴스

Welcome back to the Channel 6 Morning News. Our guest today is Lucas Anderson, a city planner. We will be interviewing him on the new city plans to develop a commercial zone in the southern outskirts of the city. Some key advantages of the development are reducing traffic, redeveloping unused lots, and encouraging economic growth. Viewers are encouraged to call in and ask any questions for Mr. Anderson.

✓ SELF-CHECK LIST

본인의 답변을 녹음한 후 들으면서 아래 박스에 표시하세요.

- ☐ 단어를 틀리지 않게 발음해서 읽었다.
- ☐ 끊어 읽기 및 억양을 틀리지 않게 구사했다.
- ☐ 숫자 및 고유명사를 포함해 강조해야 하는 부분을 강하게 발음했다.

TEST 2

1. 프로그램 소개

Good afternoon and thank you for joining me for my presentation on using the latest technology in the workplace. I will present new programs, devices, and other technological solutions that you can use in business. As technology changes quickly, workers need to keep up with new developments to succeed at work.

2. 프로그램 소개

Welcome to the third annual Business Convention. The themes for this year's convention are online marketing, new technologies, and customer outreach. Susan Conley, a marketing firm CEO, will talk about the latest trends in advertisements in her keynote speech. I hope you will meet new people and learn new strategies that you can take back to your companies during the convention.

SELF-CHECK LIST

본인의 답변을 녹음한 후 들으면서 아래 박스에 표시하세요.

- ☐ 단어를 틀리지 않게 발음해서 읽었다.
- ☐ 끊어 읽기 및 억양을 틀리지 않게 구사했다.
- ☐ 숫자 및 고유명사를 포함해 강조해야 하는 부분을 강하게 발음했다.

TEST 3

1. 자동응답 메시지

Thank you for calling FSG Internet Services. If you know the extension of the department you would like to reach, you may enter it now. If not, press one for customer service. Press two to manage your account, or press three for installation services. If you need assistance, please press # or stay on the line for the operator. Thank you.

2. 인물 소개

New Jersey Radio News is proud to report that our lead reporter, Elena Adams, has won the International Journalism Award. Ms. Adams joined our team four years ago, bringing her extensive experience, investigative background, and leadership. Today, she will join us for an interview about her career and achievements in journalism.

SELF-CHECK LIST

본인의 답변을 녹음한 후 들으면서 아래 박스에 표시하세요.

- ☐ 단어를 틀리지 않게 발음해서 읽었다.
- ☐ 끊어 읽기 및 억양을 틀리지 않게 구사했다.
- ☐ 숫자 및 고유명사를 포함해 강조해야 하는 부분을 강하게 발음했다.

TEST 4

1. 방송/뉴스

This is your Radio 5 evening traffic update. Construction will begin on Highway 7 for repairs tomorrow morning. Work is expected to last all week, so commuters will need to take detours around the construction zone. We recommend that drivers use alternate routes, such as Route 4, Main Street, or Park Avenue instead.

2. 광고

Are you tired of expensive rates and poor service? Switch to High-Speed Telecom for your Internet and cell phone services. We offer competitive pricing for private, commercial, and industrial customers. Drop by our store today to find out more about our special promotional rates. Don't hesitate — start saving now!

SELF-CHECK LIST

본인의 답변을 녹음한 후 들으면서 아래 박스에 표시하세요.

- ☐ 단어를 틀리지 않게 발음해서 읽었다.
- ☐ 끊어 읽기 및 억양을 틀리지 않게 구사했다.
- ☐ 숫자 및 고유명사를 포함해 강조해야 하는 부분을 강하게 발음했다.

TEST 5

1. 방송/뉴스

Welcome to *Auto Talk*, the best podcast for automobile news and maintenance advice. Today, we'll talk about basic maintenance that you can do at home. You'll learn the best way to care for your engine, transmission, and tires. By following our tips, you'll be able to save a lot of money on car maintenance.

2. 인물 소개

Good morning. Now, I'd like to introduce our new communications director, John Saymour. Mr. Saymour has worked in television and newspapers. At his new position, Mr. Saymour will focus on marketing, public relations, and coordinating events. Let's welcome Mr. Saymour to the stage.

SELF-CHECK LIST

본인의 답변을 녹음한 후 들으면서 아래 박스에 표시하세요.

- ☐ 단어를 틀리지 않게 발음해서 읽었다.
- ☐ 끊어 읽기 및 억양을 틀리지 않게 구사했다.
- ☐ 숫자 및 고유명사를 포함해 강조해야 하는 부분을 강하게 발음했다.

TEST 6

1. 인물 소개

Thank you for joining us at this press conference. As city manager, I want to introduce the new school superintendent, Dr. Angelina Green. As superintendent, Dr. Green will be responsible for maintaining school standards, balancing education budgets, and negotiating with the teacher's union. Dr. Green has extensive experience from a life-long career in education.

2. 광고

Home Improvement Warehouse will be starting its annual holiday sales this coming weekend. For the next three weeks, all customers can take advantage of some amazing deals and promotional events on all lawn mowers, plumbing equipment, and lumber. Stop by our store or visit our Web site at www.hiwarehouse.com for more details.

SELF-CHECK LIST

본인의 답변을 녹음한 후 들으면서 아래 박스에 표시하세요.

- ☐ 단어를 틀리지 않게 발음해서 읽었다.
- ☐ 끊어 읽기 및 억양을 틀리지 않게 구사했다.
- ☐ 숫자 및 고유명사를 포함해 강조해야 하는 부분을 강하게 발음했다.

ACTUAL TEST

TEST 1

TOEIC Speaking

Questions 1-2: Read a text aloud

Directions: In this part of the test, you will read aloud the text on the screen. You will have 45 seconds to prepare. Then you will have 45 seconds to read the text aloud.

TOEIC Speaking — **Question 1 of 11**

Welcome to Mountain Regional Park. This park was created about thirty years ago to protect the unique wildlife in this area. As part of our conservation program, we also hold workshops for local residents. People can come to the park to learn about botany, zoology, and wildlife preservation. For more information about the workshops, please visit our Web site or call the main office.

PREPARATION TIME	RESPONSE TIME
00:00:45	00:00:45

TOEIC Speaking — **Question 2 of 11**

This is Melinda Jones with the 8 O'clock Weather Report. We previously reported that a rainstorm was expected tonight. However, prevailing winds have pushed the storm out towards the east. We do expect some lower temperatures, showers, and thunderstorms this weekend. Temperatures will drop below zero again, and we'll see some snowstorms early next week.

PREPARATION TIME	RESPONSE TIME
00:00:45	00:00:45

TEST 2

TOEIC Speaking

Questions 1-2: Read a text aloud

Directions: In this part of the test, you will read aloud the text on the screen. You will have 45 seconds to prepare. Then you will have 45 seconds to read the text aloud.

TOEIC Speaking — Question 1 of 11

In science news, students from National University have created a new type of bacteria. The bacteria was developed by a research team led by Dr. Norman Zeller, a leading researcher in genetics. The new bacteria is expected to have a significant impact on technology, industry, and the environment.

PREPARATION TIME	RESPONSE TIME
00:00:45	00:00:45

TOEIC Speaking — Question 2 of 11

Thank you for choosing Kansas City Tours as your guide to Kansas City. Before we finish the tour, I would like to tell you about our new services. We are pleased to offer you ticketing for local events, vacation packages, and downtown shuttle services. If you require more information on our ticketing services, please visit our Web site or call our offices.

PREPARATION TIME	RESPONSE TIME
00:00:45	00:00:45

Describe a picture
사진 묘사하기

QUESTIONS 3-4

+ 미리 보기
+ 기본기 다지기
+ 전략 익히기
+ 유형 공략하기
+ CHECK-UP TEST
+ ACTUAL TEST

QUESTIONS 3-4 미리 보기

기본 정보

+ 문제 번호 Questions 3-4
+ 문제 유형 Describe a picture 사진 묘사하기
+ 답변 준비 시간 각 45초
+ 답변 시간 각 30초
+ 평가 기준 발음, 억양, 강세, 문법, 어휘, 일관성
+ 배점 0~3점

진행 순서

TOEIC Speaking

Questions 3-4: Describe a picture

Directions: In this part of the test, you will describe the picture on your screen in as much detail as you can. You will have 45 seconds to prepare your response. Then you will have 30 seconds to speak about the picture.

1 Q3-4 지시문이 음성과 함께 화면에 제시된다.

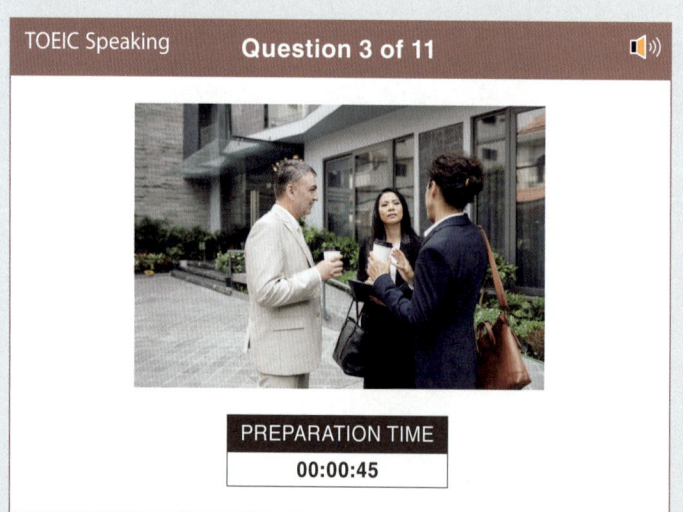

2 3번 문제가 화면에 나온다. 아래 지시문이 음성으로 나온 후, '삐' 소리와 함께 45초의 준비 시간이 주어진다.
"Begin preparing now."
[Beep]

3 아래 지시문이 음성으로 나온 후, '삐' 소리와 함께 30초의 답변 시간이 주어진다.
"Begin speaking now."
[Beep]

4 4번 문제가 화면에 나온다. 아래 지시문이 음성으로 나온 후, '삐' 소리와 함께 45초의 준비 시간이 주어진다.
"Begin preparing now."
[Beep]

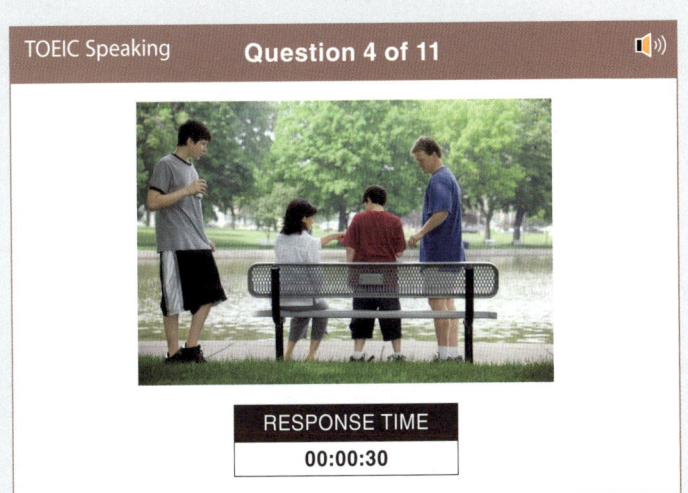

5 아래 지시문이 음성으로 나온 후, '삐' 소리와 함께 30초의 답변 시간이 주어진다.
"Begin speaking now."
[Beep]

QUESTIONS 3-4 기본기 다지기

기본 전략

1 사진 파악하기

45초의 준비 시간 동안 사진을 보면서 구도를 파악해 보자.

중심 대상 : a man, white suit, holding a cup

중심 대상 : a woman, black coat and long hair, looking at a man

주변 대상 : windows

주변 대상 : plants, stairs

장소 설명 : outdoors, in front of a building

중심 대상 : a man, blue suit, holding a drink

2 브레인스토밍하기

위 사진을 바탕으로 아래 항목들을 떠올려 보자.

① 장소: outdoors, in front of a building
② 중심 대상: a man, a white suit, hold a beverage
　　　　　　a woman, a black coat, look at the man next to her
　　　　　　a man, a blue suit, hold a drink
③ 배경/주변 대상: plants, windows, stairs
④ 느낌/분위기: serious

3 사진 묘사 순서

사진을 보고 떠올린 표현을 바탕으로, 아래 순서에 맞게 묘사한다. 이때, 사물보다 사람을 먼저 묘사한다.

① 장소 설명 → ② 중심 대상 묘사(인원 수) → ③ 배경 및 주변 대상 묘사 → ④ 느낌/분위기

4 위치 묘사 표현

중심 대상(사람)과 배경 및 주변 대상을 묘사할 때 위치를 신속히 정하는 것이 중요하므로 다음의 위치 묘사 표현을 익혀 두자.

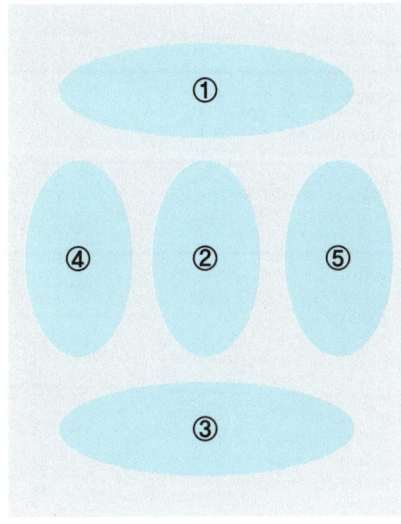

① in the **background** (= in the background of the picture) (사진의) 배경에

② in the **middle** (= in the middle of the picture) (사진의) 가운데에

③ in the **foreground** (= in the foreground of the picture) (사진의) 앞쪽에

④ on the **left** (= on the left side of the picture) (사진의) 왼쪽에

⑤ on the **right** (= on the right side of the picture) (사진의) 오른쪽에

참고> in the back: 뒷부분에
in the front: 앞부분에

QUESTIONS 3-4 전략 익히기

1 아래 템플릿과 사진을 토대로 답변을 만들어 보자.

장소	This picture was taken ~. 이 사진은 ~에서 찍혔습니다.
중심 대상	The first thing I see ~. 가장 먼저 보이는 것은 ~입니다. On the left/right, there is/are ~. 좌/우측에는, ~이 있습니다. (→ I can see ~, a man/woman is ~) Next to him, there is/are ~. 그 옆에는, ~이 있습니다. (→ Behind / In front of)　(→ I can see ~, a man/woman is ~) I think ~. 저는 ~라고 생각합니다.
배경/주변 대상	In the background, there is/are ~. 배경에, ~이 있습니다. (→ Around them)　　(→ I can see ~, a man/woman is ~)
느낌/마무리	Generally, it seems like ~. 전반적으로, ~한 것 같습니다.

(→: 대체 표현)

1. 장소

This picture was taken + in/at + 장소
　　　　　　　　　　　outdoors/indoors

↓

This picture was taken **outdoors**. 이 사진은 야외에서 찍혔습니다.

▶ 'This picture was taken ~' 뒤에 적절한 어휘가 생각나지 않거나 장소를 표현하기 애매한 경우, 부사 outdoors(실외에서)/indoors(실내에서)를 쓴다. 이때, 전치사는 붙이지 않는 점에 유의한다. 그외 일반적인 장소는 앞에 전치사 in/at을 써서 표현한다. 단, 도로, 길거리, 계단 등은 전치사 on을 쓴다.

　　ex **on** the street 거리에서, **on** the 5th floor 5층에서

2. 중심 대상

**❶ The first thing I see is ~
On the left/right, there is/are ~
Next to ~, there is/are ~**

↓

① The first thing I see is three people standing in front of a building.
가장 먼저 보이는 것은 건물 앞에 서 있는 세 명의 사람들입니다.

▶ 'The first thing I see is' 뒤에 사진에서 가장 눈에 띄는 대상을 붙여서 말한다. 2~3명의 사람들은 숫자로 구체적으로 말하고, 3~4명 정도의 사람들은 some으로, 셀 수 없을 정도로 많을 경우 a lot of 또는 many를 쓴다. 그 뒤에 공통된 행동을 현재진행시제(-ing)를 써서 묘사한다.

+

② On the left, there is a man wearing a white suit, and he is holding a beverage.
왼쪽에, 흰색 정장을 입은 한 남자가 있고 그는 음료수를 들고 있습니다.

▶ 중심 대상 묘사에서는 특징적인 부분, 눈에 띄는 대상을 반드시 설명해야 한다. 위치 지정 후 동작이나 복장 등을 구체적으로 묘사한다.

+

③ Next to him, there is a woman wearing a black coat(→ a woman is wearing a black coat), and she is looking at the man next to her. On the right, I can see a man wearing a blue suit(→ a man is wearing a blue suit), and he is holding a drink in one hand.
그 옆에, 검은색 코트를 입은 한 여자가 있고 그녀는 옆에 있는 남자를 보고 있습니다. 오른쪽에, 파란색 정장을 입은 한 남자가 보이고 그는 한 손에 음료수를 들고 있습니다.

▶ 중심 대상을 묘사한 후 주위의 다른 대상들을 차례대로 묘사한다. 이때, 대상의 의상이나 헤어스타일, 행동 중심으로 묘사하며, 인상착의는 1~2가지 정도만 말해도 충분하다.

❷ I think that + 의견(행동/관계)

↓

I think they are discussing something. / I think they are colleagues.
그들은 무언가를 의논하는 중인 것 같습니다. / 그들은 직장 동료인 것 같습니다.

▶ 자신의 생각을 나타내는 문장(I think ~)은 배경 및 주변 대상 묘사 전에 한 문장 정도 넣는 것이 좋다. 대상의 '행동'에 대해 자신의 의견을 반영하여 표현하면 좋지만, 어휘가 생각나지 않거나 표현하기 애매한 경우 '인물 간의 관계(colleagues/friends/neighbors/a family)'에 대해 말해도 좋다.

3. 배경/주변 대상

> In the background, there is/are(/I can see) ~
> In the foreground, there is/are(/I can see) ~
> Around them, there is/are(/I can see) ~

↓

In the background, there is a building with many windows.
배경에는, 창문이 많은 건물이 있습니다.

I can also see some plants and stairs in front of the building.
건물 앞에 식물과 계단도 보입니다.

▶ 배경 및 주변 대상을 묘사할 때, 방향(위치)을 지정하는 표현으로 'In the background, In the foreground, Around ~'를 쓴다.
▶ 방향(위치)을 지정한 후, 'there is/are ~' 또는 'I can see ~'를 써서 가장 비중이 큰 대상을 먼저 묘사한다. 배경 묘사를 추가할 때, 'I can also see ~'를 써서 문장을 더하면 된다.
▶ 배경 묘사는 사진 전체를 아울러서 묘사하는 역할을 하기 때문에 답변 구성에 포함시키는 것이 좋다.

4. 느낌/마무리

> **Generally, it seems like** + 주어 + 동사

↓

Generally, it seems like they are serious.
전반적으로, 그들은 진지한 것 같습니다.

▶ 마무리 문장은 'it seems like ~'를 써서 전체 분위기를 언급한다. 또한, 문장 끝에 장소를 추가로 언급하면 더 구체적인 느낌을 줄 수 있다.

ex Generally, it seems like they are serious **at the meeting**.
전반적으로, 그들은 회의에서 심각한 것 같습니다.

참고 ▶ 추가 표현

Generally, it seems like they are having a good time.
전반적으로, 그들은 좋은 시간을 보내고 있는 것 같습니다.

Generally, it seems like it is busy(/peaceful/quiet/crowded).
전반적으로, 바쁜(/평화로운/한적한/붐비는) 것 같습니다.

2 아래 사진을 보고 브레인스토밍한 후, 템플릿을 토대로 답변해 보자.

브레인스토밍

① 장소: outdoors, park
② 중심 대상: four people, sitting on a bench
③ 배경/주변 대상: lake, trees
④ 느낌/분위기: having a good time

장소	**This picture was taken** outdoors(→ at a park). 이 사진은 실외에서(→ 공원에서) 찍혔습니다.
중심 대상	**The first thing I see is** four people. **On the left, there is** a man wearing a gray shirt, and he is holding a can(→ something to drink). **Next to** him, there is a woman wearing a white shirt(→ a woman is wearing a ~) and she is sitting on the bench. **Next to** her, a boy wearing a red shirt is looking at something. **On the right, I can see** a man wearing a blue short-sleeved shirt (→ a man is wearing a ~), and he is talking to the boy. **I think** parents are explaining something to their son.(→ I think they are a family.) 가장 먼저 보이는 것은 네 명의 사람들입니다. 왼쪽에, 회색 셔츠를 입은 한 남자가 있고, 그는 캔(→ 마실 것)을 들고 있습니다. 그 옆에, 흰색 셔츠를 입은 한 여자가 있고 그녀는 벤치에 앉아 있습니다. 그녀 옆에, 빨간 셔츠를 입은 한 소년이 무언가를 보고 있습니다. 오른쪽에, 파란색 반팔 셔츠를 입은 남자가 보이고 그는 소년에게 이야기하고 있습니다. 부모님이 아들에게 무언가를 설명하고 있는 것 같습니다. (→ 그들은 가족 같습니다.)

배경/주변 대상	**In the background, I can see** a lake and many trees. 배경에, 호수와 나무들이 많이 보입니다.
느낌/마무리	**Generally, it seems like** they are having a good time. 전반적으로, 그들은 좋은 시간을 보내고 있는 것 같습니다.

▶ 중심 대상 묘사에서 위치를 지정한 후, 의상, 헤어스타일과 행동을 모두 묘사하는 것이 좋고, 그 이후에는 둘 중 하나만 묘사해도 된다. 중심 대상 묘사가 가장 중요하므로 유형별 관련 표현을 최대한 많이 익힐 것!

> 참고

[장소] **This picture was taken** outdoors(/indoors). 이 사진은 실외에서(/실내에서) 찍혔습니다.

   [유사 표현] **This is a picture taken** outdoors(/indoors). 이것은 실외에서(/실내에서) 찍힌 사진입니다.
   This is a picture of an outdoor market. 이것은 야외 시장에서 찍힌 사진입니다.
   In this picture, there are many people in an outdoor market.
   사진에는, 야외 시장에 많은 사람들이 있습니다.

[마무리] **Generally, it seems like** it is not very busy at the store.
   전반적으로, 상점은 별로 붐비지 않는 것 같습니다.

   [유사 표현] **Generally, it looks like** it is not so crowded at the supermarket.
   전반적으로, 슈퍼마켓은 별로 붐비지 않는 것 같습니다.

| PRACTICE | 다음 사진을 보고 템플릿 구성에 맞게 답변해 보자. |

🎧 Q3-4_1~4 / 해설 p.210

1.

장소	This picture was taken _____.
중심 대상	The first thing I see is _____ _____ _____ _____ I think _____
배경/주변 대상	In the background, there are _____ _____
느낌/마무리	Generally, it seems like _____ _____

2.

장소	This picture was taken _____.
중심 대상	The first thing I see is _____ _____ _____ _____ I think _____
배경/주변 대상	In the background, I can see _____ _____
느낌/마무리	Generally, it seems like _____ _____

3.

장소	This picture was taken _____.
중심 대상	The first thing I see is _____ _____ _____ I think _____
배경/주변 대상	In the background, I can see _____ _____
느낌/마무리	Generally, it seems like _____ _____

4.

장소	This picture was taken _____.
중심 대상	The first thing I see is _____ _____ _____ I think _____
배경/주변 대상	In the background, I can see _____ _____
느낌/마무리	Generally, it seems like _____ _____

QUESTIONS 3-4 | 유형 공략하기

사진 유형은 크게 인물 중심 사진과 배경 중심 사진으로 구분할 수 있다. 인물 사진은 소수의 인물이 등장하는 사진, 여러 명의 인물이 등장하는 사진으로 나뉘며, 이 유형은 인물의 동작을 정확히 묘사하는 것이 중요하다. 배경 중심 사진은 실내 또는 실외 배경으로, 사무실, 회의실, 회사 건물, 상점, 식당, 길거리, 공원 등이 등장한다. 실외 배경의 사진에서, 사람들의 행동을 정확히 묘사하기 어려운 경우, 쉬운 동사(sit, stand, look, talk, hold, use 등)를 이용해 대략적으로 묘사한 후 주변에 보이는 건물이나 계절, 날씨 등을 추가로 묘사하면 된다.

1 인물 중심 사진(2인): 인상착의 및 동작을 한 사람씩 자세히 묘사한다.

중심 대상 1 :
a woman,
a purple long-sleeved shirt,
write something down

중심 대상 2 :
a woman,
a gray long-sleeved shirt,
write something down

2 **인물 중심 사진(3인 이상)**: 가장 눈에 띄는 인물 위주로 자세히 설명하고, 필요 시 그룹으로 묶어서 묘사한다.

중심 대상 3 :
a man, a blue shirt
hold a glass

중심 대상 1 :
three people,
one of them, a man, hold a plate,
a woman, wear a beige top, hold a glass

중심 대상 2 :
two children,
one of them, a boy, hold a plate,
the other, a girl, pick up something to eat

3 **다수의 인물 및 사물 중심 사진**: 먼저 비중이 높은 인물이나 사물을 묶어서 설명하고, 공통점이 있는 인물들은 동작 위주로 묶어서 설명한다.

중심 대상 3 :
two people, ride a motorbike,
wear helmets

중심 대상 1 :
two people, stand on the street,
talk to each other,
one of them, wear glasses,
the other, wear a blue shirt

중심 대상 2 :
some taxis and vehicles in a line,
a man, stand next to a taxi,
hold some paper bags

사진 묘사 핵심 표현

1 중심 대상 묘사

① 의상이나 행동 중 하나만 묘사할 경우

On the right, a man is looking into the microscope.
오른쪽에, 한 남자가 현미경을 들여다 보고 있습니다.

= On the right, there is a man **looking into the microscope.**
오른쪽에, 현미경을 들여다 보는 한 남자가 있습니다.

= A man **on the right** is looking into the microscope.
오른쪽에 있는 한 남자가 현미경을 들여다 보고 있습니다.

② 의상과 행동을 모두 묘사할 경우

On the right, a man is **wearing a white shirt**, and he is **looking into the microscope**.
오른쪽에, 한 남자가 흰색 셔츠를 입고 있고 그는 현미경을 들여다 보고 있습니다.

= On the right, there is a man **wearing a white shirt**, and he **is looking into the microscope**.

= On the right, a man **wearing a white shirt** is **looking into the microscope**.

> 참고 > 중심 대상 묘사에서 'There is/are ~' 구문은 답변 구성 시 유용하다. 이 구문 대신, <주어+동사(A man/woman is ~ / I can see ~>를 써도 된다.

2 중요 표현 정리

① 의상이나 특정 물건을 신체에 입거나 걸치고 있을 때는 wear를 쓴다. wear는 '(옷 등을) 입고 있는 상태'를 나타내고, put on은 '(옷 등을) 입는 동작'을 나타내므로 구분해서 써야 한다.

② 색상을 나타내는 형용사가 명사를 수식할 경우 그 앞에서 꾸미고, 다른 형용사와 함께 수식할 경우에는 가장 앞에서 수식한다.

> **ex** a white shirt 흰색 셔츠 VS. a white long-sleeved shirt 흰색 긴 소매 셔츠

③ 앞에서 설명한 사람을 기준으로 방향(위치)을 정할 때는 다음 표현을 활용한다.

> Next to (= Beside)
> In front of   + 목적격 인칭대명사
> Behind

> **ex** On the right, there is a woman wearing a white shirt, and she is holding sandals. Next to her, there is a man wearing a blue short-sleeved shirt, and he is carrying a black bag.
> 오른쪽에, 흰색 셔츠를 입은 한 여자가 있고 그녀는 샌들을 들고 있습니다. 그녀 옆에, 파란색 반팔 셔츠를 입은 한 남자가 있고 그는 검은색 가방을 메고 있습니다.

④ 의상 묘사 후 행동을 묘사하는 것이 좋지만, 행동을 말하기 모호할 때는 머리 색이나 의상 외에 착용하고 있는 것을 묘사해도 된다. 이때, <S+have/has+목적어+전치사+명사(구)> 구문을 활용한다.

> **ex** On the right, there is a woman wearing a red shirt, and **she has** blonde hair.
> 오른쪽에, 빨간색 셔츠를 입은 한 여자가 있고 그녀는 금발 머리입니다.

> **ex** On the right, there is a woman wearing a red shirt, and **she has** an ID card around her neck.   <S+have+목적어+전치사+명사구>
> 오른쪽에, 빨간색 셔츠를 입은 한 여자가 있고 그녀는 목에 신분증을 걸고 있습니다.

⑤ 여러 사람을 묶어서 표현할 경우

> **ex** On the left, there are two people. One of them is sitting, and the other is standing.
> 왼쪽에, 두 명의 사람들이 있습니다. 그들 중 한 명은 앉아 있고 다른 사람은 서 있습니다.

> **ex** On the left, there are three people. One of them is sitting, and the others are standing.
> 왼쪽에, 세 명의 사람들이 있습니다. 그들 중 한 명은 앉아 있고 다른 사람들은 서 있습니다.

> **ex** On the left, there are four people. Two of them are wearing red shirts, and the others are wearing black suits.
> 왼쪽에, 네 명의 사람들이 있습니다. 그들 중 두 명은 빨간색 셔츠를 입고 있고 다른 사람들은 검은색 정장을 입고 있습니다.

⑥ 사진 묘사 시 자주 쓰이는 구문

대부분의 경우, 명사가 사람일 때는 현재분사로 꾸며주고, 사물일 때는 과거분사로 꾸며준다.

- There is/are + 사람 + ⓥing(현재분사: ~하는) ~
- There is/are + 사물 + ⓥed(과거분사: ~되는) ~
  (= I can see ~)

ex **There is** <u>a woman</u> **picking** out some fruit. 과일을 고르는 한 여자가 있습니다.
　　　　　(사람)

ex **I can see** <u>many products</u> **displayed** on the shelves. 선반에 진열된 많은 제품들이 보입니다.
　　　　　　　(사물)

⑦ 어휘가 생각나지 않을 경우

▶ 구체적인 단어가 생각나지 않을 경우 더 큰 범위의 단어로 대체할 수 있다.

ex burger truck < food court < food stand < outdoor restaurant
　 햄버거 트럭　　　푸드 코트　　음식 가판대　　　야외 식당

▶ 사물의 어휘가 생각나지 않을 경우, 가장 큰 범위의 단어로 something을 쓸 수 있다.

ex She is eating something. 그녀는 무언가를 먹고 있습니다.

사진 묘사하기 **55**

유형별 필수 표현

복장 관련 | 빈출 어휘

a top 상의
a shirt 셔츠
a dress 원피스
a skirt 치마
a coat 코트
a jacket 재킷, 외투
a vest 조끼

a hat = a cap 모자
pants 바지
shorts 반바지
jeans 청바지
traditional clothes 전통 의상
sunglasses 선글라스
glasses 안경

장소 관련 | 빈출 어휘

도서관, 사무실, 교실

a librarian 사서
a desk lamp 탁상용 스탠드
a projector 영사기
on the bookshelves 책장에
be having a meeting 회의 중이다
be giving a presentation 발표 중이다
be sitting opposite each other 서로 마주 보고 앉아 있다
be having a video conference 화상 회의를 하고 있다

be leaning back in the chair 의자에 등을 기대고 있다
be writing something down 무언가를 받아 적고 있다
be taking notes 기록하고 있다
be writing something on the board 칠판에 무언가를 적고 있다
be setting up some equipment 장비를 설치하고 있다
be checking out some books 책을 대출하고 있다
be returning some books 책을 반납하고 있다
be putting away some books 책을 치우고 있다
be browsing in a bookstore 서점을 둘러보고 있다

공원

be relaxing on the grass 잔디에서 쉬고 있다
be sitting around the fountain 분수 주위에 앉아 있다
be having a picnic 소풍을 즐기고 있다
be jogging around the path 길을 따라 조깅하고 있다
be walking a dog in the park 공원에서 개를 산책시키고 있다

be holding a leash (개의) 목줄을 잡고 있다
be strolling along the path 길을 따라 산책하고 있다
be taking a walk 산책하고 있다
be feeding some birds 새들에게 먹이를 주고 있다
placed on a bench 벤치에 놓인
parked in a row 일렬로 주차된

카페, 식당

be pouring some juice into a cup
컵에 주스를 따르고 있다
be setting a table 식탁을 차리고 있다
be clearing off a table 식탁을 치우고 있다
A waiter is serving food.
종업원이 음식을 나르고 있다.

Customers are ordering food.
손님들이 음식을 주문하고 있다.
She is chopping up some vegetables.
그녀가 야채를 썰고 있다.
A woman is cooking some food on a grill.
여자가 그릴에 음식을 조리하고 있다.

시장, 쇼핑몰

a scale 저울
an aisle 통로, 복도
on sale 세일 중인
a traditional market 재래시장
a stand 진열대

a flea market 벼룩시장
a grocery store 식료품점
a food stand 음식 가판대, 노점
haggle 흥정하다
on display 진열되어 있는

a supermarket 슈퍼마켓
a vendor 상인
browse 둘러보다
a souvenir 기념품
a rack 매대, 선반

be weighing some items on a scale
저울에 상품들의 무게를 달고 있다
be pushing a shopping cart
쇼핑 카트를 밀고 있다
be reaching for an item on the shelf
선반에 있는 상품에 손을 뻗고 있다
be talking to a vendor 상인과 이야기 중이다
be looking at some items 상품들을 살펴보고 있다
be carrying a shopping bag 쇼핑백을 들고 있다

be shopping at an outdoor stand
노점에서 장을 보는 중이다
be paying for groceries 식료품 값을 지불하고 있다
be looking at oneself in the mirror
거울 속의 자신을 보고 있다
be trying on a jacket 재킷을 입어 보고 있다
be putting on a jacket 재킷을 입고 있는 중이다
be wearing a jacket 재킷을 입고 있다(입은 상태)
be having a sale 세일하고 있다

역, 정류장, 거리

a traffic sign 교통 표지판
a sidewalk 보도, 인도
a bus stop 버스 정류장

traffic lights 신호등
a ticket counter 매표소
a platform 승강장

an intersection 교차로, 사거리
a crosswalk 횡단보도
a train station 기차역

be getting on ~에 타고 있다
be getting off ~에서 내리고 있다
be waiting for a bus 버스를 기다리고 있다
be waiting in a line at the bus stop 버스 정류장에서 줄을 서서 기다리고 있다
be waiting at a red light 빨간 불에서 기다리고 있다
be crossing the street 길을 건너고 있다
parked along the street 길을 따라 주차된
The traffic is heavy. 교통이 혼잡하다.

해변

a palm tree 야자수
a swimsuit 수영복

strong waves 거친 파도
be bathing 목욕하고 있다

be floating on the water 물 위에 떠 있다
be lying under the parasols 파라솔 아래에 누워 있다
be getting a tan in the beach chair 해변용 의자에서 선탠을 하고 있다
be bathing in the sun 일광욕을 하고 있다
be swimming in the ocean 바다에서 수영하고 있다
be walking along the shore 해안가를 따라 걷고 있다

경기장, 미술관, 콘서트 홀

a scoreboard 득점판
a masterpiece 걸작
a painting (물감이 쓰인) 그림
a drawing (물감이 쓰이지 않은) 그림
a choir 합창단

an outdoor concert 야외 콘서트
a classical concert 클래식 음악 콘서트
a conductor 지휘자
a curator (박물관, 미술관 등의) 전시 책임자
the audience 관람객, 청중

be hitting(/throwing) a ball 공을 치고(/던지고) 있다
be catching a ball 공을 잡고 있다
be cheering at the stadium 경기장에서 환호하고 있다
be looking at paintings 그림을 보고 있다
be playing musical instruments 악기를 연주하고 있다
be performing on stage 무대에서 공연하고 있다
The audience is applauding. 청중들이 박수갈채를 보내고 있다.
A curator is explaining the painting. 큐레이터가 그림을 설명하고 있다.

직장, 회사

a business card 명함
focus on ~에 초점을 맞추다, 집중하다
concentrate on ~에 집중하다

a boss 상사
a manager 관리자, 상사
a supervisor 감독관, 상사

be shaking hands 악수하고 있다
be plugging something into a socket
콘센트에 무언가를 꽂고 있다
be typing something on the keyboard
키보드로 무언가를 타이핑하고 있다
be resting one's head on one's hand
턱을 괴고 있다
be working on a project 프로젝트 작업 중이다

be arranging documents 서류를 정리하고 있다
be examining documents 서류를 검토하고 있다
be stacking documents on the desk
책상에 서류를 쌓고 있다
be exchanging business cards
명함을 교환하고 있다
be talking on the phone 통화 중이다
be making copies 복사하고 있다

공사장

a carpenter 목수　　　a crane 크레인　　　heavy equipment 중장비

be hammering a nail 망치로 못을 박고 있다
be under construction 공사 중이다
be working with a tool 도구를 가지고 작업하고 있다
be pushing a wheelbarrow (외바퀴) 손수레를 밀고 있다
be laying bricks 벽돌을 쌓고 있다
be looking at blueprints 청사진을 보고 있다
be unloading building materials 건축 자재들을 내리고 있다
be wearing a safety vest and a hard hat 안전 조끼와 안전모를 쓰고 있다
There are some traffic cones around the site. 현장 주변에 원뿔형 교통 표지가 있다.

항구

a paddle 노　　　a cruise ship 유람선　　　a sailboat 요트

be racing on the water 물 위를 빠르게 지나가고 있다
be rowing the boat 배를 젓고 있다
be leaving from the dock 출항 중이다
Boats are tied to the wharf. 배들이 부두에 정박해 있다.
Some boats are lined up in rows. 몇 척의 배가 줄지어 있다.
A sailboat is floating near the dock. 요트가 부두 근처에 떠 있다.
Some boats have been pulled up at a port. 몇 척의 배가 항구에 정박해 있다.
There are some boats near the port. 항구 주변에 몇 척의 배가 있다.

운동장, 놀이공원

a ride 놀이기구　　　a slide 미끄럼틀　　　a roller coaster 롤러코스터
a see-saw 시소　　　a Ferris wheel 관람차　　　a swing 그네
a merry-go-round 회전목마　　　a jungle gym 정글짐

be hanging out at the amusement park 놀이공원에서 놀고 있다
be going down the slide 미끄럼틀을 타고 있다
be playing in the sand 모래사장에서 놀고 있다

CHECK-UP TEST

다음 사진을 보고 항목 별로 묘사해 보자.

TEST 1

1.

장소	
중심 대상	
배경/주변 대상	
느낌/마무리	

🎧 Q3-4_5~7 / 해설 p.216

2.

장소	
중심 대상	
배경/주변 대상	
느낌/마무리	

✓ **SELF-CHECK LIST**

본인의 답변을 녹음한 후 들으면서 아래 박스에 표시하세요.

☐ 특징적인 부분(눈에 띄는 대상)을 적절히 묘사했다.
☐ 사진의 전체적인 부분을 묘사했다.
☐ 정확한 문법과 발음을 구사했다.

TEST 2

1.

장소	
중심 대상	
배경/주변 대상	
느낌/마무리	

2.

장소	
중심 대상	
배경/주변 대상	
느낌/마무리	

✓ SELF-CHECK LIST

본인의 답변을 녹음한 후 들으면서 아래 박스에 표시하세요.

☐ 특징적인 부분(눈에 띄는 대상)을 적절히 묘사했다.
☐ 사진의 전체적인 부분을 묘사했다.
☐ 정확한 문법과 발음을 구사했다.

TEST 3

1.

장소	
중심 대상	
배경/주변 대상	
느낌/마무리	

2.

장소	
중심 대상	
배경/주변 대상	
느낌/마무리	

✓ SELF-CHECK LIST

본인의 답변을 녹음한 후 들으면서 아래 박스에 표시하세요.

☐ 특징적인 부분(눈에 띄는 대상)을 적절히 묘사했다.
☐ 사진의 전체적인 부분을 묘사했다.
☐ 정확한 문법과 발음을 구사했다.

ACTUAL TEST

TEST 1

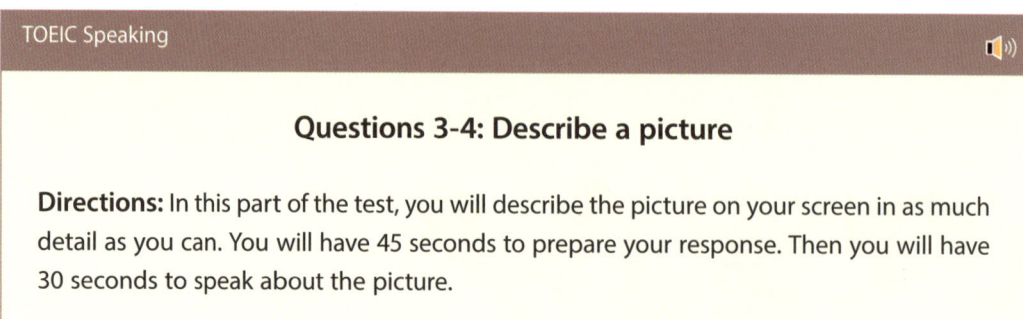

TOEIC Speaking

Questions 3-4: Describe a picture

Directions: In this part of the test, you will describe the picture on your screen in as much detail as you can. You will have 45 seconds to prepare your response. Then you will have 30 seconds to speak about the picture.

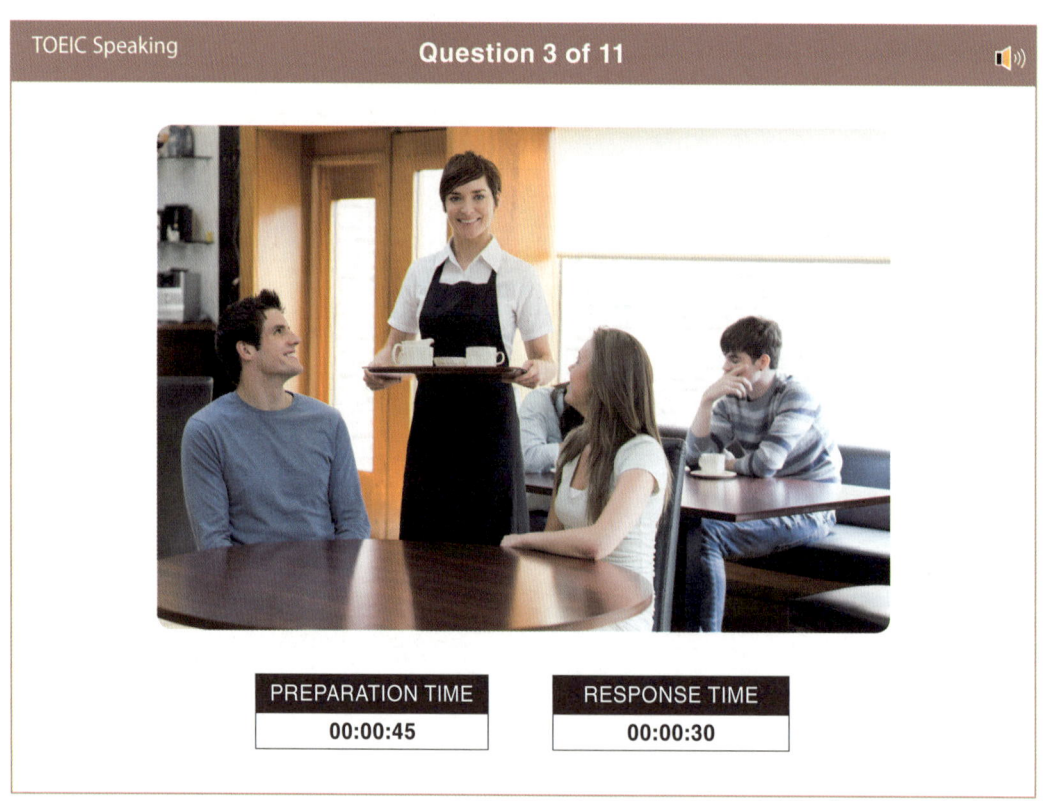

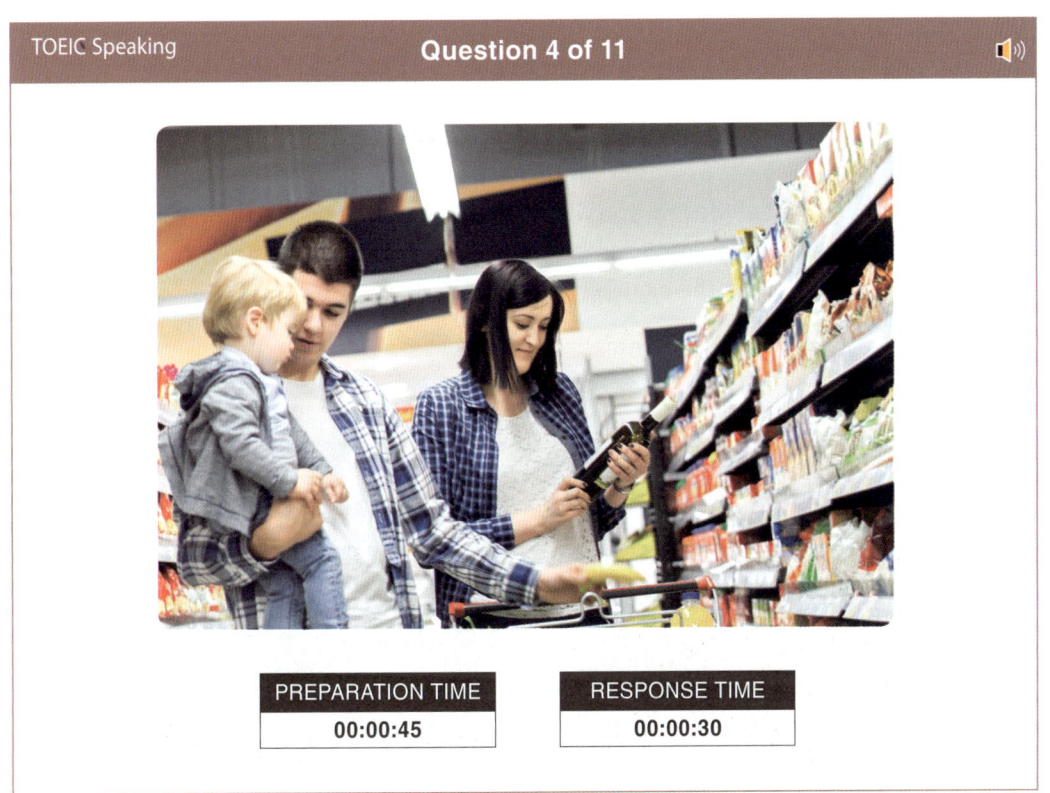

TEST 2

TOEIC Speaking

Questions 3-4: Describe a picture

Directions: In this part of the test, you will describe the picture on your screen in as much detail as you can. You will have 45 seconds to prepare your response. Then you will have 30 seconds to speak about the picture.

TOEIC Speaking

Question 3 of 11

PREPARATION TIME	RESPONSE TIME
00:00:45	00:00:30

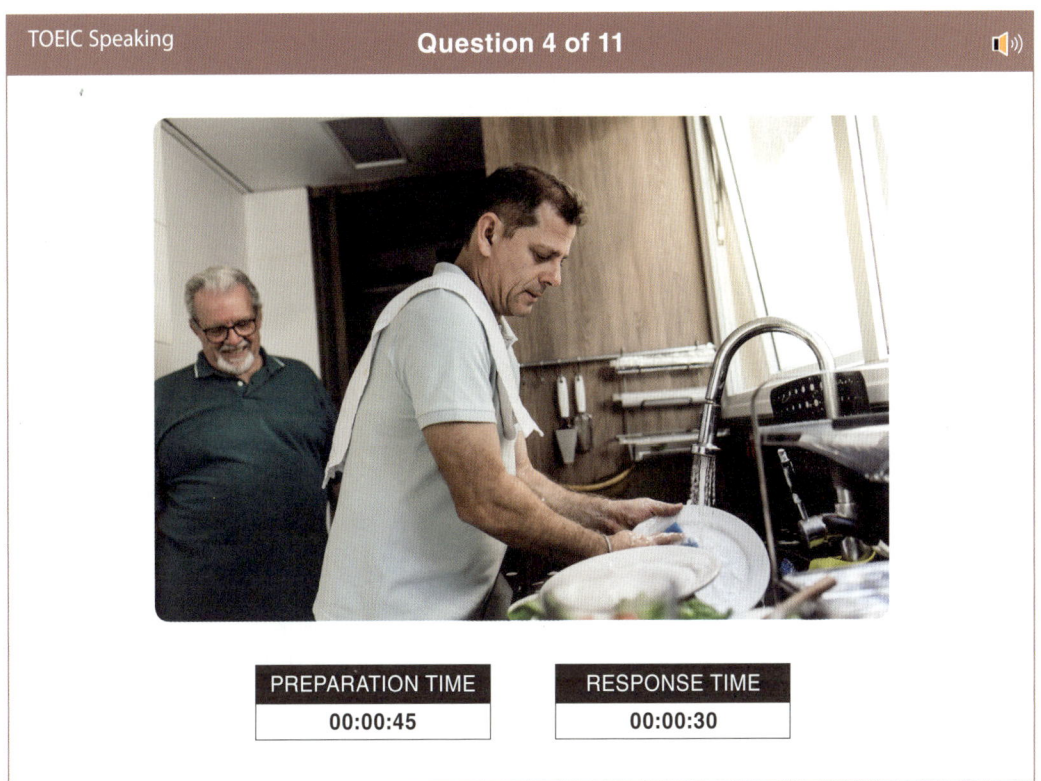

Respond to questions
질문에 답하기

QUESTIONS 5-7

+ 미리 보기
+ 기본기 다지기
+ 전략 익히기
+ 유형 공략하기
+ CHECK-UP TEST
+ ACTUAL TEST

QUESTIONS 5-7 미리 보기

기본 정보

+ 문제 번호　Questions 5-7
+ 문제 유형　Respond to questions 질문에 답하기
+ 답변 준비 시간 각 3초
+ 답변 시간 5번: 15초, 6번: 15초, 7번: 30초
+ 평가 기준 발음, 억양, 강세, 문법, 어휘, 일관성, 내용의 관련성, 내용의 완성도
+ 배점 0~3점

진행 순서

TOEIC Speaking

Questions 5-7: Respond to questions

Directions: In this part of the test, you will answer three questions. You will have three seconds to prepare after you hear each question. You will have 15 seconds to respond to Questions 5 and 6 and 30 seconds to respond to Question 7.

1 Q5-7 지시문이 음성과 함께 화면에 제시된다.

TOEIC Speaking

Imagine that a British marketing firm is doing research in your country. You have agreed to participate in a telephone interview about laundry.

2 Q5-7의 상황 설정이 음성과 함께 화면에 제시된다. 전화 인터뷰 또는 친구와의 통화 주제가 나온다.

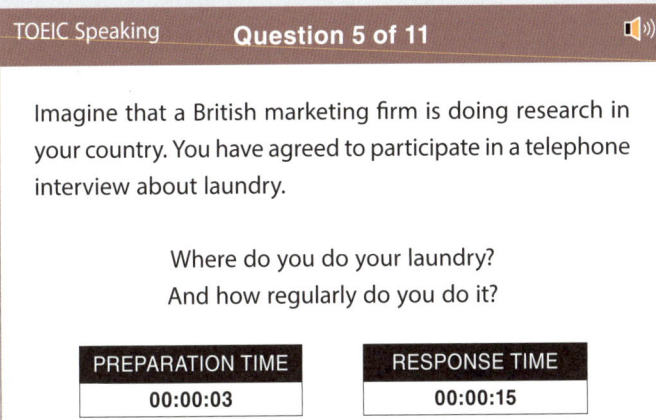

3 5번 문제가 음성과 함께 화면에 제시된다. 질문이 끝나면 아래 지시문과 '삐' 소리가 나온 후, 3초의 준비 시간이 주어진다.
"Begin preparing now."
[Beep]

아래 지시문과 '삐' 소리가 나온 후, 15초의 답변 시간이 주어진다.
"Begin speaking now."
[Beep]

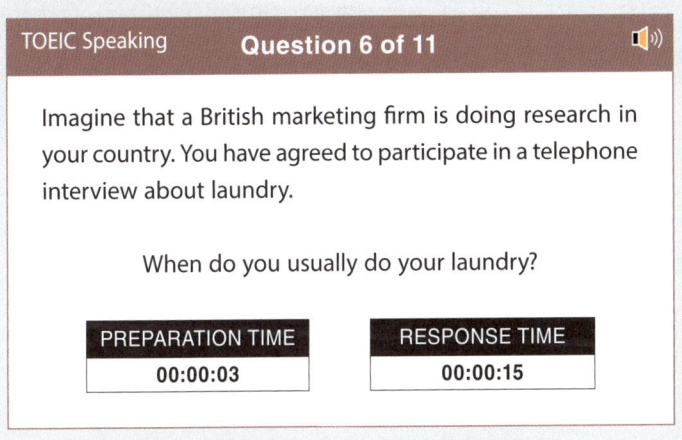

4 6번 문제가 같은 방식으로 진행된다. 3초의 준비 시간 후, 15초의 답변 시간이 주어진다.

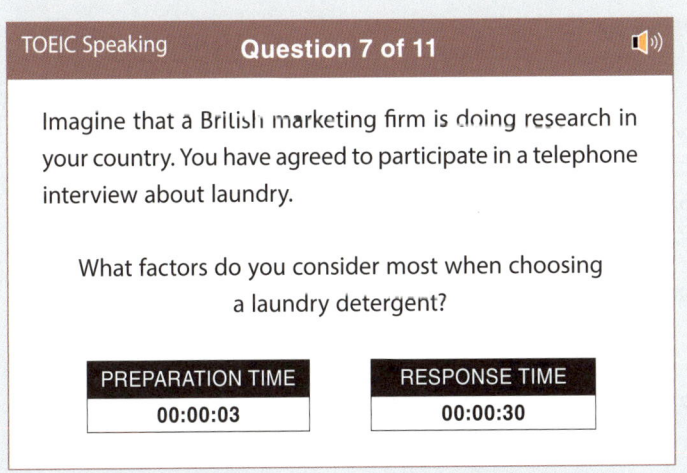

5 7번 문제가 같은 방식으로 진행된다. 3초의 준비 시간 후, 30초의 답변 시간이 주어진다.

QUESTIONS 5-7 기본기 다지기

기본 전략

1 소재 및 질문 파악하기

❶ 화면에 제시된 정보를 통해 상황 및 질문의 의도를 파악한다.

> Imagine that a British marketing firm is doing research in your country. You have agreed to participate in a telephone interview about laundry.
> 영국의 한 마케팅 회사가 당신의 나라에서 설문조사를 한다고 가정하세요. 당신은 세탁에 대한 전화 인터뷰 참여에 동의했습니다.

▶ 상황 설정 내레이션이 음성과 함께 화면에 제시될 때, 전화 설문인지 지인과의 대화 상황인지 파악한다. 문장 마지막 부분의 about 이하를 통해 소재를 파악한 후, 나올 질문을 예상하고 답변을 준비한다.

❷ 질문의 의문사를 통해 질문 유형 및 묻는 내용을 파악한다.

Q5 **Where** do you do your laundry? And **how regularly** do you do it?
어디에서 빨래를 하나요? 그리고 얼마나 정기적으로 하나요?

Q6 **When** do you usually do your laundry?
보통 언제 빨래를 하나요?

Q7 **What factors** do you consider most when choosing a laundry detergent?
세탁 세제를 선택할 때 어떤 것을 가장 많이 고려하나요?

질문 유형

- **기본 의문문**: be동사 의문문, 의문사 의문문, 조동사 의문문
- **Prefer A or B**: 두 가지 대안 중 선호 사항 (선택지가 없는 경우도 있음)
- **Choose A or B (or C)**: 2~3가지 중 선택 사항 (선택지가 없는 경우도 있음)
- **Advantage/Disadvantage**: 장/단점 설명

▶ 질문 유형은 답변 및 마무리 전개에 중요하므로 유형 별로 충분히 연습해야 한다. 자신의 의견이나 실제 경험을 말하는 것이 좋지만, 답변 시간 동안 끊지 않고 말해야 하기 때문에 본인이 말하기 쉬운 내용으로 답변을 전개한다. 이때, 답변의 사실 여부는 중요하지 않으므로 가상의 답변을 만들어도 좋다. (선택지가 있는 경우, 먼저 나온 것, 긍정적인 것이 유리)

2 문항 별 답변 패턴 익히기

Q5 **Where** do you do your laundry? And **how regularly** do you do it?
어디에서 빨래를 하나요? 그리고 얼마나 정기적으로 하나요?

A5
(핵심 답변) I do my laundry **at home**, and I do it **twice a week**.
저는 집에서 빨래를 하고, 일주일에 두 번 합니다.

(추가 문장) **This is because** it is more comfortable for me to do laundry at home.
왜냐하면 집에서 빨래하는 게 더 편하기 때문입니다.

Q6 **When** do you usually do your laundry?
보통 언제 빨래를 하나요?

A6
(핵심 답변) I usually do my laundry **on the weekend**.
저는 보통 주말에 빨래를 합니다.

(추가 문장) **This is because** I have more free time on the weekend.
왜냐하면 주말에 여유 시간이 더 많기 때문입니다.

▶ 5~6번은 질문을 듣고 3초의 준비 시간 후 15초 동안 답하는 문제로, 핵심 문장과 추가 문장으로 답변한다. 한 가지 정보를 묻거나, and로 연결해 두 가지 정보를 묻기도 하며 이때, 반드시 두 가지 정보 모두 답해야 한다.

Q7 **What factors** do you consider most when choosing a laundry detergent?
세탁 세제를 선택할 때 어떤 것을 가장 많이 고려하나요?

A7
(핵심 답변) I consider **price** most when choosing a laundry detergent.
저는 세탁 세제를 선택할 때 가격을 가장 고려합니다.

(추가 문장) **This is because** I can save money. **Since** I'm a student, I don't have much money.
And also, it makes me happy when I buy cheaper products.
왜냐하면 돈을 절약할 수 있기 때문입니다. 저는 학생이기 때문에 돈이 많이 없습니다.
그리고 또한, 더 싼 제품을 사면 행복해집니다.

(마무리) **Therefore,** I think about(→ consider) price most when choosing a laundry detergent.
따라서, 저는 세탁 세제를 선택할 때 가격을 가장 고려합니다.

(→: 대체 표현)

▶ 7번은 질문을 듣고 3초의 준비 시간 후 30초 동안 답하는 문제로, 핵심 답변, 추가 문장 그리고 마무리 문장까지 덧붙여야 좋은 점수를 받을 수 있다. 이때 추가 문장이 풍부할 경우, 마무리 문장은 따로 넣지 않아도 된다. 주로, 선택한 입장에 대한 이유, 선호 사항, 장단점 등을 묻는다.

전략 익히기

1 아래 템플릿 구조를 익힌 후, 문항 별로 답변에 적용해 보자.

핵심 답변	• 의문문 → 평서문 • I prefer A to B 저는 B보다 A를 선호합니다. • I think(/believe) that ~ 저는 ~라고 생각합니다. • The advantage of ~ is ... ~의 장점은 …입니다.
추가 문장	This is because ~ / Since ~ 왜냐하면 ~ 때문입니다. And also, ~ 그리고 또한, ~
마무리	Therefore, ~ 그러므로, ~

1. 핵심 답변

답변 활용 표현

- 기본 의문문: be동사 의문문/조동사 의문문/의문사 의문문 등의 질문을 평서문으로 전환
  (질문의 you를 → I로 / your → my로)
- Prefer A or B: 선호 사항
  - I prefer A (to B). 저는 (B보다) A를 선호합니다.
- Choose A or B (or C): 선택 사항
  - I think(/believe) that 선택 사항. 저는 ~라고 생각합니다.
  - In my opinion, 선택 사항. 제 의견으로는, ~입니다.
- Advantage/Disadvantage: 장/단점
  - The advantage of ~ is ... ~의 장점은 …입니다.

Q5 Where do you do your laundry? And how regularly do you do it?
어디에서 빨래를 하나요? 그리고 얼마나 정기적으로 하나요?

A5 (핵심 답변) I do my laundry at home, and I do it twice a week.
저는 집에서 빨래를 하고, 일주일에 두 번 합니다.

Q6 When do you usually do your laundry? 보통 언제 빨래를 하나요?

A6 (핵심 답변) I usually do my laundry on the weekend. 저는 보통 주말에 빨래를 합니다.

Q7 What factors do you consider most when choosing a laundry detergent?
세탁 세제를 선택할 때 어떤 것을 가장 많이 고려하나요?

A7 (핵심 답변) I consider price most when choosing a laundry detergent.
저는 세탁 세제를 선택할 때 가격을 가장 고려합니다.

2. 추가 문장

추가 문장은 'This is because/And/So...'와 같은 연결 접속사를 활용하여, 경험이나 느낌을 1~2문장 정도 덧붙인다. 7번 문제의 경우, 답변 시간을 고려하여 추가 문장을 풍성하게 구성한다.

Q5 Where do you do your laundry? And how regularly do you do it?
어디에서 빨래를 하나요? 그리고 얼마나 정기적으로 하나요?

A5 (핵심 답변) I do my laundry at home, and I do it twice a week.
저는 집에서 빨래를 하고, 일주일에 두 번 합니다.

(추가 문장) **This is because** it is more comfortable for me to do laundry at home.
왜냐하면 집에서 빨래하는 게 더 편하기 때문입니다.

Q6 When do you usually do your laundry? 보통 언제 빨래를 하나요?

A6 (핵심 답변) I usually do my laundry on the weekend. 저는 보통 주말에 빨래를 합니다.

(추가 문장) **This is because** I have more free time on the weekend.
왜냐하면 주말에 여유 시간이 더 많기 때문입니다.

Q7 What factors do you consider most when choosing a laundry detergent?
세탁 세제를 선택할 때 어떤 것을 가장 많이 고려하나요?

A7 (핵심 답변) I consider price most when choosing a laundry detergent.
저는 세탁 세제를 선택할 때 가격을 가장 고려합니다.

(추가 문장1) **This is because** I can save money. **Since** I'm a student, I don't have much money.
왜냐하면 돈을 절약할 수 있기 때문입니다. 저는 학생이기 때문에 돈이 많이 없습니다.

(추가 문장2) **And also,** it makes me happy when I buy cheaper products.
그리고 또한, 더 싼 제품을 사면 행복해집니다.

3. 마무리

마무리 문장은 Therefore 뒤에 핵심 답변 문장을 그대로 붙이거나 동의 표현으로 바꾸면 된다. Q5~6에 비해 답변 시간이 긴 Q7은 마무리 문장까지 덧붙이는 것이 좋다.

답변 활용 표현

- 기본 의문문: Therefore, (핵심 답변 문장 또는 동의 표현) 그러므로, (핵심 답변 문장 또는 동의 표현)
- Prefer A or B: Therefore, I prefer A (to B). 그러므로, 저는 (B보다) A를 선호합니다.
- Choose A or B (or C): Therefore, I think(/believe) that (선택 사항). 그러므로, 저는 (선택 사항)라고 생각합니다.
- Advantage/Disadvantage: 장/단점
  – Therefore, I believe that the advantage of ~ is … 그러므로, ~의 장점은 …라고 생각합니다.
  – Therefore, I believe that this is the advantage of ~. 그러므로, 이것이 ~의 장점이라고 생각합니다.

Q7 What factors do you consider most when choosing a laundry detergent?
세탁 세제를 선택할 때 어떤 것을 가장 많이 고려하나요?

A7
(핵심 답변) I consider price most when choosing a laundry detergent.
저는 세탁 세제를 선택할 때 가격을 가장 고려합니다.

(추가 문장) This is because I can save money. Since I'm a student, I don't have much money. 왜냐하면 돈을 절약할 수 있기 때문입니다. 저는 학생이기 때문에 돈이 많이 없습니다.

(마무리) Therefore, I think about(→ consider) price most when choosing a laundry detergent. 따라서, 저는 세탁 세제를 선택할 때 가격을 가장 고려합니다.

2 다음 순서에 맞게 템플릿 구성 후 답변을 만들어 보자.

① 상황 파악하기

전화 설문	Imagine that an American marketing firm is doing research in your country. 미국의 한 마케팅 회사가 당신의 나라에서 설문조사를 하고 있다고 가정하세요.
지인과의 전화 통화	Imagine that you are talking on the phone with a friend. You are having a conversation about ~. 당신이 친구와 전화 통화 중이라고 가정하세요. 당신들은 ~에 대해 대화하고 있습니다.

▶ about 뒤에 나오는 대화의 소재에 유의하여 질문 내용을 예측한다.

② 질문 유형 별 답변 만들기

> Imagine that you are talking on the telephone with an overseas friend. You are talking about cooking meals.
> 외국에 있는 친구와 전화 통화 중이라고 가정하세요. 당신들은 음식을 요리하는 것에 대해 이야기하고 있습니다.

질문 유형 의문사 의문문(How frequently) + 의문사 의문문(What)

Q5 How frequently do you cook? What do you normally cook?
얼마나 자주 요리해? 주로 무엇을 요리해?

A5
(핵심 답변) I cook twice a week. And I normally cook noodles.
나는 일주일에 두 번 요리해. 그리고 주로 국수를 요리해.

(추가 문장) This is because I don't have enough free time to cook.
왜냐하면 요리할 충분한 여유 시간이 없기 때문이야.

▶ 핵심 답변 문장은 질문에 나온 표현을 평서문으로 바꾼다. 두 개의 의문사로 묻고 있으므로, 두 가지 요소 모두 답하는 것이 중요하다. 추가 문장은 This is because ~로 덧붙인다.

질문 유형 조동사 의문문(Do) + Prefer A or B

Q6 Do you prefer cooking alone or with others? Why?
혼자 요리하는 걸 선호해, 아니면 다른 사람들과 함께 요리하는 걸 선호해? 이유가 뭐야?

A6
(핵심 답변) I prefer cooking alone. 나는 혼자 요리하는 것을 선호해.

(추가 문장) This is because it is more comfortable for me to cook alone. And also, I enjoy cooking by myself.
왜냐하면 혼자 요리하는 게 더 편하기 때문이야. 그리고 또한, 나는 직접 요리하는 것을 즐겨.

질문 유형 조동사 의문문(Would) + Choose A or B

Q7 Would you rather make meals at home or go out to eat? Why?
집에서 음식을 만들겠어, 아니면 밖에 나가서 먹겠어? 이유가 뭐야?

A7
(핵심 답변) I would rather make meals at home. 나는 집에서 음식을 만들겠어.

(추가 문장) This is because it is more affordable to make meals at home, so I can save money. Also, it is good for my health to have food at home because I can make food with fresh ingredients.
왜냐하면 집에서 음식을 만드는 것이 더 저렴하기 때문이야. 그래서 나는 돈을 절약할 수 있어. 또한, 집에서 음식을 먹는 것이 건강에 좋아. 왜냐하면 신선한 재료로 음식을 만들 수 있기 때문이야.

(마무리) Therefore, I would rather make meals at home.
따라서, 나는 집에서 음식을 만들겠어.

▶ 핵심 답변 문장을 말한 후, 추가 문장(This is because ~)을 넣고, 그 뒤에 뒷받침 문장(Also, ~) 을 덧붙인다.
▶ 마무리 문장은 핵심 답변 문장을 그대로 써도 되지만, 동의 표현으로 바꿔 말하는 게 더 유리하다.

PRACTICE — 다음 질문을 보고 답변을 구성해 보자.

1.

Imagine that an American marketing firm is doing research in your area. You have agreed to participate in a telephone interview about ice cream.

Q5 Do you like ice cream? How often do you buy ice cream?

A5
(핵심 답변)

(추가 문장)

Q6 What kind of ice cream do you like?

A6
(핵심 답변)

(추가 문장)

Q7 If a new ice cream shop opened in your area, would you visit it often? Why?

A7
(핵심 답변)

(추가 문장)

(마무리)

🎧 Q5-7_1~4 / 해설 p.226

2.

Imagine that you are talking on the telephone with a neighbor. You are having a conversation about trips.

Q5 When was the last time you went on a trip? How did you get there?

A5
- 핵심 답변
- 추가 문장

Q6 Do you prefer to take a trip alone or with other people? Why?

A6
- 핵심 답변
- 추가 문장

Q7 Are you planning to take a trip this year? What do you think you will do?

A7
- 핵심 답변
- 추가 문장
- 마무리

3.

Imagine that someone wants to open a computer store in your area. You have agreed to participate in a telephone interview about shopping for computers.

Q5 How regularly do you shop for computers? Where do you usually buy computers?

A5
(핵심 답변)

(추가 문장)

Q6 When buying computers, do you prefer a particular brand? Why or why not?

A6
(핵심 답변)

(추가 문장)

Q7 Which of the following would you consider the most when shopping for a new computer? Why?
- Recommendations
- Reviews
- Descriptions

A7
(핵심 답변)

(추가 문장)

(마무리)

4.

Imagine that a local bus company is conducting a survey in your area. You have agreed to participate in a telephone interview about the bus services.

Q5 How frequently do you take the bus? Where do you usually go?

A5
(핵심 답변)

(추가 문장)

Q6 What are the advantages of using the bus compared to other transportation?

A6
(핵심 답변)

(추가 문장)

Q7 Would it be beneficial to have more bus services in your neighborhood? Why or why not?

A7
(핵심 답변)

(추가 문장)

(마무리)

QUESTIONS 5-7 유형 공략하기

1 유형 별 답변 전략

1 의문사 의문문

🎧 Q5-7_5

Q When was the last time you had a holiday? 마지막으로 휴가를 보냈던 때는 언제였어?

A The last time (when) I had a holiday was two weeks ago. I spent the holiday with my family. We enjoyed dinner together.
마지막으로 휴가를 보냈던 때는 2주 전이었어. 나는 가족들과 함께 휴가를 보냈어. 우리는 저녁 식사를 함께 즐겼어.

Q What was the last product you bought on the Internet?
인터넷에서 마지막으로 산 제품은 뭐였어?

A The last product (which) I bought on the Internet was clothes. I purchased Han-bok, which is Korean traditional clothing. I needed a new one for the holiday.
인터넷에서 마지막으로 산 제품은 옷이었어. 나는 한국 전통 의상인 한복을 구매했어. 명절을 위해 새 한복이 필요했거든.

▶ 의문사 의문문 중 When was the last time ~? / What was the last ~? 유형은 자주 출제되므로 확실히 연습해야 한다. 질문의 When은 의문대명사이고, the last time 뒤에 관계부사 when이 생략되어 있다. 대답할 때는 질문 그대로 관계부사(when)나 목적격 관계대명사(which)를 생략하고 답하는 것이 좋다.

▶ 질문에 과거시제 동사가 있는 경우, 시제에 유의하여 반드시 과거시제로 답해야 한다.

🎧 Q5-7_6

Q How did you make your reservation for your hotel stay? 호텔 숙박 예약은 어떻게 했어요?

A I made my reservation for my hotel stay by phone. 전화로 호텔 숙박을 예약했어요.

Q How do you usually commute to work? 출퇴근은 주로 어떻게 해요?

A I usually commute to work by bus. 주로 버스로 출퇴근해요.

▶ How로 방법을 묻는 질문의 경우, 답변 문장 끝에 '~함으로써'를 의미하는 <by+명사(구)>를 써서 전개한다. 이때, by 뒤에 관사는 넣지 않는 것에 유의한다.

🎧 Q5-7_7

Q **How** do you normally buy a train ticket? 기차표는 보통 어떻게 구매해요?

A I normally buy a train ticket **on the Internet**. 기차표는 보통 인터넷에서 구매해요.

This is because it is fast and convenient, so I can save time. **And also,** I can check things more accurately. (→ it is more affordable, so I can save money because they offer a discounted price there.)
왜냐하면 빠르고 편리해서 시간을 절약할 수 있기 때문이에요. 그리고 또한, 더 정확히 확인할 수도 있어요.
(→ 그곳에서 그들이 할인가를 제공하니까 더 저렴해서 돈을 절약할 수 있어요.)

▶ 구매 관련 답변은 위와 같은 구조로 답변한다.

🎧 Q5-7_8

Q **How long** do you listen to music a day? 하루에 음악을 얼마나 들어요?

A I listen to music **for about three hours** a day. **This is because** it is very enjoyable for me.
하루에 약 3시간 동안 음악을 들어요. 왜냐하면 그것은 매우 즐겁기 때문이에요.

Q **How long does it take** to get to the nearest subway station from your house?
집에서 가장 가까운 지하철역까지 가는 데 얼마나 걸려요?

A **It takes about fifteen minutes** to get to the nearest subway station from my house.
집에서 가장 가까운 지하철역까지 가는 데 15분 정도 걸려요.

I can walk there. / I can go there on foot. 거기까지 걸어서 갈 수 있어요.

I take the bus there. / I go there by bus. 거기까지 버스 타고 가요.

▶ How long은 얼마나 오래 걸리는지를 묻는 표현으로, <for+기간 표현>을 써서 답하고, 'It takes (~이 걸리다)' 표현을 쓸 경우 for를 쓰지 않는다.

🎧 Q5-7_9

Q **Which do you think** is better, owning a car or renting one?
차를 소유하는 것과 빌리는 것 중, 어느 것이 더 낫다고 생각해요?

A **I think**(→ believe) **that owning a car** is better. 차를 소유하는 것이 더 낫다고 생각해요.

▶ Which do you think ~? 의문문은 I think that ~을 써서 답한다.

🎧 Q5-7_10

Q **What is** one good thing about reading e-books rather than paper books?
종이책보다 전자책을 읽는 것의 한 가지 장점은 무엇인가요?

= **Describe** one good thing about reading e-books rather than paper books.
종이책보다 전자책을 읽는 것의 장점을 한 가지 설명하세요.

A One good thing about reading e-books rather than paper books is that it is more comfortable, so I can read them anytime anywhere. **And also,** I can save time.
종이책보다 전자책을 읽는 것의 한 가지 장점은 더 편해서 제가 언제 어디서든지 그것을 읽을 수 있다는 거예요. 그리고 또한, 시간도 절약할 수 있어요.

> **참고** 위와 같은 질문 유형(What is/are ~?)은 아래의 세 가지 형태로 답할 수 있다.
>
> Q) **What is** the best thing about reading e-books? 전자책을 읽는 것의 가장 좋은 점은 무엇인가요?
> A) ① 명사(구) is the best thing about reading e-books. 전자책을 읽는 것의 가장 좋은 점은 ~입니다.
> ② The best thing about reading e-books is 명사(구).
> ③ The best thing about reading e-books is that **S+V** ~.

2 Advantage/Disadvantage 유형

🎧 Q5-7_11

Q **What are** **some advantages** of making phone calls rather than sending e-mails?
메일을 보내는 것보다 전화하는 것의 장점은 무엇인가요?

A **The advantage** of making phone calls rather than sending e-mails is that it is more comfortable. **This is because** I can explain things more easily(→ This is because sending e-mails is not comfortable compared to making phone calls).
And also, when making phone calls, I can save time.
Therefore, making phone calls is more comfortable(→ Therefore, this is the advantage of making phone calls rather than sending e-mails).
메일을 보내는 것보다 전화하는 것의 장점은 더 편하다는 거예요. 왜냐하면 더 쉽게 설명할 수 있기 때문이에요.
(→ 왜냐하면 메일을 보내는 것이 전화하는 것에 비해 편하지 않기 때문이에요.)
그리고 또한, 전화하면 시간을 절약할 수도 있어요.
따라서, 전화하는 것이 더 편합니다. (→ 따라서, 이것이 메일을 보내는 것보다 전화하는 것의 장점이에요.)

🎧 Q5-7_12

Q **What are** **the disadvantages** of making phone calls rather than sending e-mails?
메일을 보내는 것보다 전화하는 것의 단점은 무엇인가요?

A **The disadvantage** of making phone calls rather than sending e-mails is that it is not comfortable. **This is because** I cannot explain things easily(→ This is because sending e-mails is more comfortable than making phone calls).
And also, when making phone calls, it takes more money.
Therefore, making phone calls is not comfortable(→ Therefore, this is the disadvantage of making phone calls rather than sending e-mails).

메일을 보내는 것보다 전화하는 것의 단점은 편하지 않다는 것입니다. 왜냐하면 제가 쉽게 설명할 수 없기 때문입니다. (→ 왜냐하면, 메일을 보내는 것이 전화하는 것보다 더 편하기 때문이에요.)
그리고 또한, 전화하면 돈이 더 듭니다.
따라서, 전화하는 것은 편하지 않습니다. (→ 따라서, 이것이 메일을 보내는 것보다 전화하는 것의 단점이에요.)

▶ Disadvantage 유형은 Advantage 유형의 답변에서 more 대신 not을 쓰면 된다.
▶ Advantage/Disadvantage 유형에서, 추가 문장이 생각나지 않으면 비교 대상을 주어(sending e-mails)로 쓰고, 주장한 문장, it(=making phone calls) is not comfortable을 반대로 해서 붙여도 된다.
⇒ This is because sending e-mails is more comfortable than making phone calls.
▶ 위 질문 유형의 경우, advantage 대신 positive effect(긍정적인 효과)/benefits(이점, 장점, 혜택)로, disadvantage 대신 negative effect(부정적인 효과)/drawback(단점) 등으로 출제되기도 한다.

3 핵심 답변과 마무리 문장 답변 패턴

- **핵심 답변 문장**: 5-7번에 적용

  I think that the advantage of making phone calls rather than sending e-mails is that it is more comfortable, so I can explain things more accurately.
  메일을 보내는 것보다 전화하는 것의 장점은 더 편하다는 것입니다. 그래서 저는 더 정확히 설명할 수 있습니다.

- **마무리 문장**: 7번에 적용

  ① **Therefore, I believe** this is the advantage of making phone calls rather than sending e-mails. 따라서, 이것이 메일을 보내는 것보다 전화하는 것의 장점이라고 생각합니다.

  ② **Therefore, I believe** the advantage of making phone calls rather than sending e-mails is that it is more comfortable.
  따라서, 메일을 보내는 것보다 전화하는 것의 장점은 더 편한 것이라고 생각합니다.

  ③ **Therefore, I believe** making phone calls rather than sending e-mails is more comfortable. 따라서, 메일을 보내는 것보다 전화하는 것이 더 편하다고 생각합니다.

  [참고] What are some advantages of making phone calls rather than sending e-mails?처럼 'of+ -ing' 구조의 질문에 it으로 답변을 시작하면 이는 making phone calls을 가리킨다. 마무리 문장을 핵심 답변 문장과 같은 맥락으로 표현하려면 it 자리에 그것이 지칭하는 making phone calls를 써서 답하면 된다.

  ex Therefore, <u>making phone calls rather than sending e-mails</u> is more comfortable.
  (=it)
  따라서, 메일을 보내는 것보다 전화하는 것이 더 편합니다.

4 추가 문장을 덧붙일 경우

🎧 Q5-7_13

Q5 Do you usually wear a watch? Why or why not?
주로 손목시계를 차나요? 그 이유는 무엇인가요?

A5 Yes, I usually wear a watch because it is more comfortable for me to check the time.
네, 주로 손목시계를 찹니다. 왜냐하면 시간을 확인하기 더 편하기 때문이에요.

Q6 If you were buying a new watch, what characteristics would you look for?
새 손목시계를 산다면, 당신은 어떤 특징들을 살필 것입니까?

A6 If I were buying a new watch, I would look for the price. **This is because I can save money.**(→ If I were buying a new watch, I would look for the design. This is because I can enjoy wearing it.)
새 손목시계를 산다면, 저는 가격을 살필 것입니다. 왜냐하면 돈을 절약할 수 있기 때문이에요. (→ 새 손목시계를 산다면, 저는 디자인을 살필 것입니다. 왜냐하면 즐겨 찰 수 있기 때문이에요.)

Q7 Do you think a watch is a nice gift? Why or why not?
손목시계가 좋은 선물이라고 생각하나요? 그 이유는 무엇인가요?

A7 Yes, I think a watch is a nice gift. **This is because** it is helpful to check the time. **And also,** people can enjoy wearing it anytime anywhere. **Therefore,** I believe a watch is a nice gift.
네, 손목시계는 좋은 선물이라고 생각해요. 왜냐하면 시간을 확인하는 데 도움이 되기 때문이에요. 그리고 또한, 언제 어디서든지 그것을 즐겨 찰 수 있습니다. 따라서, 손목시계는 좋은 선물이라고 생각해요.

▶ 추가 문장을 덧붙일 때, And also를 써서 문장을 추가하면 된다.
▶ 동사 use는 물건/제품 관련 내용에서 추가 문장 전개 시 활용하기에 유용하다. 부사 anytime과 anywhere 역시 문장 뒤에 쓰기에 유용하므로 자주 활용할 것.

ex The person can enjoy wearing it.
⇒ The person can enjoy wearing it *anytime anywhere*.
= The person can enjoy *using* it.
⇒ The person can enjoy *using* it *anytime anywhere*.

2 유형 별 핵심 답변 문장 만들기

1 be동사/조동사 의문문

- be동사와 조동사로 시작하는 의문문은 답변할 때, 질문의 주어와 동사의 순서만 바꾸면 된다. 이때, 주어, 소유격 인칭대명사, 동사의 수, 시제 등을 알맞게 바꿔야 한다.

   Q   Are you willing to buy used furniture? 중고가구를 살 의향이 있어요?

   A   Yes, I am willing to buy used furniture. 네, 중고가구를 살 의향이 있어요.

- 의문문/부정문을 만드는 조동사(do/does/did)는 평서문으로 전환할 때 없어지지만, 그 외의 조동사들은 그대로 써서 답한다.

   Q   Do you buy used furniture? 중고가구를 사요?

   A   Yes, I buy used furniture. 네, 저는 중고가구를 사요.

   Q   Can you buy used furniture? 중고가구 살 수 있어요?

   A   Yes, I can buy used furniture. 네, 중고가구를 살 수 있어요.

   Q   Have you purchased used furniture recently? 최근에 중고가구를 산 적 있어요?

   A   Yes, I have purchased used furniture recently. 네, 최근에 중고가구를 샀어요.

2 의문사 의문문

- 의문사에 해당하는 내용을 반드시 답변에 포함시키고, 의문사에 따라 주격/목적격을 잘 구분하여 알맞은 자리에 넣어 답한다. 의문 부사는 답변 시 해당 내용을 문장 끝 부사 자리에 넣는다.

   Q   Where do you buy used furniture? 중고가구를 어디서 사요?

   A   I buy used furniture on the Internet. 저는 중고가구를 인터넷에서 사요.

- 의문사 의문문에서 주격은 의문사 뒤에 be동사/일반동사, 목적격은 조동사(do/does/did)가 온다.

① 의문사(주격) + be동사/일반동사 ~?

> Q What features are the most important? 어떤 특징이 가장 중요해요?
>
> A Price is the most important. 가격이 가장 중요해요.

▶ 질문에 대한 답을 주어 자리에 넣고 동사의 수를 맞춘다.

> Q What features are the most important? 어떤 특징이 가장 중요해요?
>
> A The most important thing is price. 가장 중요한 건 가격이에요.

▶ '의문사(주격)+be동사 ~?'의 경우 해당 내용을 주어 자리에 넣어서 답해도 되고, 주격 보어로 넣어 답해도 된다. 이때, 질문이 형용사(여기서는 the most important)로 끝나면 답변할 때 어울리는 명사(thing 등)를 붙여 주어로 쓰면 된다.

② 의문사(목적격) + do/does/did/조동사 + S + V ~?

> Q What features do you consider the most? 어떤 특징을 가장 많이 고려해요?
>
> A I consider price the most. 가격을 가장 많이 고려해요.

▶ the most, the best와 같은 부사는 문장 끝에 붙인다.

3 소재 별 추가 문장 활용 표현

일상생활

- It is good (for me). 그것은 저한테 좋습니다.
- It is more helpful (for me). 그것은 더 도움이 됩니다.
- It is easier (for me). 그것은 더 쉽습니다.
- It is my favorite place. 그곳은 제가 가장 좋아하는 장소입니다.
- I personally like + 명사(구)/-ing/to-V. 저는 개인적으로 ~을 좋아합니다.
- It is more affordable (for me). 그것은 더 저렴합니다.
- It is cheaper (for me). 그것은 더 쌉니다.
- It is more economical. 그것은 더 경제적입니다.
- It is more profitable. 그것은 더 이득이 됩니다.
- I can use ~ anytime anywhere. 저는 언제 어디서든 ~을 사용할 수 있습니다.
- I don't have enough free time. 저는 충분한 여유 시간이 없습니다.
- It takes a lot of money(/time). 그것은 많은 돈(/시간)이 듭니다.
- It is more interesting(/exciting) for me. 그것은 더 재미있습니다.
- It is more enjoyable (for me). 그것은 더 즐겁습니다.
- It is more fun (for me). 그것은 더 재미있습니다.

전자기기/인터넷

- It is more convenient (for me). 그것은 더 편리합니다.
- It is more comfortable (for me). 그것은 더 편합니다.
- It is portable. 그것은 휴대 가능합니다.
- I needed a new one. 저는 새로운 것이 필요했습니다.
- I can get more information. 저는 더 많은 정보를 얻을 수 있습니다.
- I can get useful information. 저는 유용한 정보를 얻을 수 있습니다.
- I can get various kinds of information. 저는 다양한 정보를 얻을 수 있습니다.
- I can get useful tips and advice. 저는 유용한 팁과 조언을 얻을 수 있습니다.
- It is more reliable. 그것은 더 신뢰할 만합니다.

교통

- It is faster and more convenient. 그것은 더 빠르고 더 편리합니다.
- It is close to my house. 그것은 저희 집과 가깝습니다.
- It is near my office. 그것은 제 사무실과 가깝습니다.
- It is far from my house. 그것은 저희 집에서 멀리 떨어져 있습니다.
- So, I can go there more easily. 그래서 저는 거기에 더 쉽게 갈 수 있습니다.
- I can save money(/time). 저는 돈(/시간)을 절약할 수 있습니다.
- I can manage money(/time). 저는 돈(/시간)을 관리할 수 있습니다.

건강/음식

- It's my favorite food. 그것은 제가 가장 좋아하는 음식입니다.
- I enjoy + -ing/명사(구) 저는 ~을 즐깁니다.
- I enjoy eating ~. 저는 ~ 먹는 것을 즐깁니다.
- It is good for my health. 그것은 건강에 좋습니다.
- I can relieve my stress. 저는 스트레스를 해소할 수 있습니다.
- I can refresh myself. 저는 기분 전환할 수 있습니다.
- So, I can have a good time. 그래서 저는 좋은 시간을 보낼 수 있습니다.
- I can increase my stamina and build up muscles. 저는 체력을 키우고 근육을 만들 수 있습니다.

의견/정보

- I (can) know about + 명사(구) very well. 저는 ~을 잘 압니다(알 수 있습니다).
- I (can) know what + to-V. 저는 무엇을 ~해야 하는지 압니다(알 수 있습니다).
- I (can) know how + to-V. 저는 어떻게 ~해야 하는지 압니다(알 수 있습니다).
- I can learn more things. 저는 더 많은 것을 배울 수 있습니다.
- I can widen(/broaden) my view. 저는 시야를 넓힐 수 있습니다.
- I can know the culture and customs very well. 저는 문화와 관습을 잘 알 수 있습니다.
- I can have good relationships with other people. 저는 다른 사람들과 좋은 관계를 가질 수 있습니다.
- It can disturb(/bother) other people. 그것은 다른 사람들을 방해할 수 있습니다.

4 추가 문장 응용하기

1 기본 아이디어

이유/원인	This is because + 추가 문장. And (also), + 추가 문장. 참고 ▸ 추가 문장, because(/if/when) ~. = This is because(/if/when) ~, 추가 문장.
구체적 내용	그때 ~했다 / 누구와 ~했다 / 보통 (누구와) ~한다

▶ 핵심 답변 문장 뒤에 추가 문장을 연결할 때 이유/원인 또는 구체적 내용을 넣으면 내용을 전개하기 쉽다.

1. 이유/원인

일반적으로 핵심 답변 문장 뒤에 추가 문장을 연결할 때 'This is because'를 붙이고 'I can ⓥ~' 또는 'It is ~ for me' 구문을 활용한다.

Q Do you usually spend your holiday at your home or somewhere else? Why?
보통 집에서 휴일을 보내나요, 아니면 그밖에 다른 곳에서 보내나요? 그 이유는 무엇인가요?

A (핵심 답변) I usually spend my holiday at my home. 저는 보통 집에서 휴일을 보냅니다.

(추가 문장) **This is because** it is more comfortable for me, so I can have a good time. **And also,** I can save money. 왜냐하면 그것이 더 편하기 때문입니다. 그래서 저는 좋은 시간을 보낼 수 있습니다. 그리고 또한, 돈도 절약할 수 있습니다.

▶ 바로 앞 문장과 연결되는 내용을 붙일 때는 and 또는 so를 쓰면 되고, 핵심 답변 문장과 연결해서 전개할 경우 And also를 쓸 수 있다.

추가 문장 전개 시 활용 구문

① 동명사 주어

Q Do you usually spend your holiday at your home or somewhere else? Why?
보통 집에서 휴일을 보내나요, 아니면 그밖에 다른 곳에서 보내나요? 그 이유는 무엇인가요?

A (핵심 답변) I usually spend my holiday at my home. 저는 보통 집에서 휴일을 보냅니다.

(추가 문장) **This is because** spending my holiday at my home is more comfortable for me. 왜냐하면 집에서 휴일을 보내는 것이 더 편하기 때문입니다.

▶ 위 답변에서 it 자리에 동명사 -ing를 쓰면 더 구체적으로 답변을 전개할 수 있다. 동명사 뒤에 붙일 말이 생각나지 않을 때는 내용에 따라 핵심 답변 문장의 동사 부분을 그대로 붙여도 된다.

② 가주어/진주어

> **핵심 답변** I usually spend my holiday at my home. 저는 보통 집에서 휴일을 보냅니다.
>
> **추가 문장** **This is because it** is more comfortable **for me to** spend my holiday at my home. 왜냐하면 집에서 휴일을 보내는 게 더 편하기 때문입니다.

▶ 가주어/진주어(It is ~ for me to-V) 구문으로 변환할 경우, It은 가주어가 되고 for me는 의미상의 주어로 바뀐다.

③ 부사절

> **핵심 답변** I usually spend my holiday at my home. 저는 보통 집에서 휴일을 보냅니다.
>
> **추가 문장** **When(/If)** I spend my holiday at my home, it is more comfortable for me. **And also,** I can save money.
> = It is more comfortable for me **when(/if)** I spend my holiday at my home. **And also,** I can save money.
> 집에서 휴일을 보내면 더 편합니다. 그리고 또한, 돈도 절약할 수 있습니다.

▶ If(만일 ~라면), When(~할 때, ~한다면), While(~동안)이 들어간 부사절을 먼저 쓰고 추가 문장을 뒤에 전개할 수 있다. 물론, 부사절이 뒤로 가도 무방하다. 일반적으로 핵심 답변 문장 뒤에 접속사 because, since 등을 써서 추가 문장을 붙이지만, If, When, While 같은 접속사를 써도 된다. 접속사가 이끄는 절에 붙일 말이 생각나지 않을 때는 내용에 따라 핵심 답변 문장의 동사 부분을 그대로 붙여도 된다.

④ When/While + (주어+동사) + 형용사/-ing/-ed

> **핵심 답변** I usually spend my holiday at my home. 저는 보통 집에서 휴일을 보냅니다.
>
> **추가 문장** **When (I am)** spending my holiday at my home, it is more comfortable for me. **And also,** I can save money.
> 집에서 휴일을 보내면 더 편합니다. 그리고 또한, 돈도 절약할 수 있습니다.

▶ 접속사 뒤의 <주어+be동사>는 생략 가능하고 그 뒤에는 형용사 또는 현재분사(-ing), 과거분사(p.p.)를 반드시 써야 한다. 특히, When과 While 뒤의 <주어+be동사>는 생략되는 경우가 많다.

2. 구체적 내용

과거시제의 질문에서는 대부분 구체적인 내용이 추가 문장으로 어울린다.

Q When was the last time you went to a movie theater?
마지막으로 영화관에 갔던 때는 언제였나요?

A (핵심 답변) The last time I went to a movie theater was two weeks ago.
제가 마지막으로 영화관에 갔던 때는 2주 전이었어요.

(추가 문장) I went there with my family. We enjoyed watching a movie there. <구체적 내용>
저는 그곳에 가족과 함께 갔어요. 우리는 그곳에서 영화를 즐겨 봤어요.

Q What was the last movie you saw in a movie theater?
마지막으로 영화관에서 본 영화는 뭐였어요?

A (핵심 답변) The last movie I saw in a movie theater was *Spiderman*.
마지막으로 영화관에서 봤던 영화는 <스파이더맨>이었어요.

(추가 문장) I saw it with my family. It was very fun. <구체적 내용>
저는 가족과 함께 봤어요. 매우 재미있었어요.

필수 어휘 및 표현

various (= diverse/varied) — 다양한

I can get *various* kinds of information from the knowledgeable staff.
저는 박식한 직원으로부터 다양한 정보를 얻을 수 있습니다.

be willing to ⓥ — 기꺼이 ~하다

I'*m willing to* take the train instead of an airplane. This is because it is cheaper. And also, I can pack more things in my bag.
저는 비행기 대신 기꺼이 기차를 탑니다. 왜냐하면 더 싸기 때문입니다. 그리고 또한, 제 가방에 더 많은 물건을 넣을 수 있습니다.

commute to — ~로 통근하다 참고 commute 통근 (거리)

I usually *commute to* work by bus because it is more convenient for me.
저는 주로 버스를 타고 통근합니다. 왜냐하면 그게 더 편하기 때문입니다.

rather than — ~보다 오히려, 차라리

The best thing about reading e-books *rather than* paper books is that they are portable, so I can read them anytime anywhere.
종이책보다 전자책을 읽는 것의 가장 좋은 점은 휴대가 가능해서 언제 어디든 읽을 수 있다는 것입니다.

make a reservation — 예약하다

I would consider using a travel agency for my trip. This is because it is more helpful for me to *make a reservation*.
저는 여행을 위해 여행사를 이용하는 것을 고려할 것입니다. 왜냐하면 예약하는 데 더 도움이 되기 때문입니다.

visit tourist attractions — 관광 명소를 방문하다

I *visit tourist attractions* most when going on vacation. This is because they are the most special places in the city, so I can know the culture and customs very well.
저는 휴가 갔을 때 관광 명소를 가장 많이 방문합니다. 왜냐하면 그 도시에서 가장 특별한 장소들이기 때문입니다. 그래서 그 문화와 관습을 매우 잘 알 수 있습니다.

pay attention to — ~에 주의를 기울이다, 집중하다, 신경 쓰다

I would *pay* the most *attention to* the online reviews. This is because they are reliable, so I can get accurate information about the product.
저는 온라인 후기에 가장 주의를 기울일 것입니다. 왜냐하면 그것들은 신뢰할 만해서 제품에 대한 정확한 정보를 얻을 수 있기 때문입니다.

social network (= human relationships) — 대인 관계

I can broaden my *social network* with new people in a new place if I move to other regions.
제가 다른 지역으로 이사 간다면 새로운 장소에서 새로운 사람들과 대인 관계를 넓힐 수 있습니다.

broaden one's view (= widen one's view) — 시야를 넓히다

I would take the job if it required me to live overseas for a year or more. This is because I can broaden my view.

만약 직업상 1년 이상 해외에 살아야 한다면, 저는 그 일을 택할 것입니다. 왜냐하면 시야를 넓힐 수 있기 때문입니다.

real and reliable — 실질적이고 신뢰할 만한

Online reviews are real and reliable, so I can trust them. In addition, I can get useful advice and information from them.

온라인 후기는 실질적이고 신뢰할 만해서 믿을 수 있습니다. 게다가, 그것들로부터 유용한 조언과 정보를 얻을 수 있습니다.

relax and refresh oneself — 휴식을 취하고 기분 전환을 하다

When I travel to my hometown, I can relax and refresh myself.

고향에 가면, 휴식을 취하고 기분 전환을 할 수 있습니다.

alleviate tension — 긴장을 완화시키다, 긴장을 풀다

When traveling abroad, I can relieve stress and alleviate tension.

해외 여행을 가면, 스트레스를 해소하고 긴장을 완화시킬 수 있습니다.

shop for (= buy/purchase) — 구매하다

참고 > shop for + 물건 / shop at + 장소

I would never shop for food on the Internet because it can be spoiled.

저는 인터넷에서 음식을 절대 구매하지 않을 것입니다. 왜냐하면 상할 수 있기 때문입니다.

by oneself (= on one's own) — 직접, 스스로

It is good for my health when cooking with fresh ingredients at home. And also, I enjoy cooking by myself.

집에서 신선한 재료로 요리를 하면 건강에 좋습니다. 그리고 또한, 저는 직접 요리하는 것을 즐깁니다.

be familiar with (= be used to/be accustomed to) — ~에 익숙하다

I prefer to use the same hotel chain whenever possible. This is because I'm familiar with the facilities there.

저는 가능하면 언제든지 같은 호텔 체인점을 이용하는 것을 선호합니다. 왜냐하면 그곳의 시설에 익숙하기 때문입니다.

used to ⓥ — ~하곤 했다

참고 > be used to + ⓝ/ⓥing ~에 익숙하다

When I was a high school student, I used to wear school uniforms. Therefore, I am used to wearing uniforms.

고등학생 때, 저는 교복을 입곤 했습니다. 따라서, 저는 유니폼을 입는 것에 익숙합니다.

typically (= normally/usually) — 전형적으로, 보통, 일반적으로

I typically eat rice and some side dishes for breakfast at home. This is because I can save time. And also, it is more comfortable for me to prepare my meal quickly at home.

저는 주로 아침 식사로 집에서 밥과 반찬을 먹습니다. 왜냐하면 시간을 절약할 수 있기 때문입니다. 그리고 또한, 집에서 식사를 빨리 준비하는 것이 더 편합니다.

| **focus on (= concentrate on)** | ~에 초점을 맞추다, 집중하다 |

I can go back to work and focus on my work more efficiently.
저는 업무에 복귀해서 더 효율적으로 일에 집중할 수 있습니다.

| **physical activity** | 신체 활동, 체육 (활동) |

We should learn social skills such as cooperation and self-control. And also, we can learn those things in our gym classes, doing physical activities such as soccer and baseball.
우리는 협력과 자제력 같은 사회적 능력을 배워야 합니다. 그리고 또한, 우리는 그러한 것들을 체육 수업에서 축구와 야구 같은 신체 활동을 하면서 배울 수 있습니다.

| **take a lot of time and money** | 많은 시간과 돈이 들다 |

I have to go to another community that is far from my home because my hometown doesn't have these transportation systems. Therefore, it takes a lot of time and money for me to go there.
저는 집에서 멀리 떨어져 있는 다른 지역으로 가야 합니다. 왜냐하면 제 고향에는 이러한 교통 시설이 없기 때문입니다. 따라서, 그곳에 가는 것은 많은 시간과 돈이 듭니다.

| **get along with (= socialize with/mingle with)** | ~와 어울리다, 잘 지내다 |

It is better for me to get along with other people because it is very enjoyable.
다른 사람들과 어울리는 것이 더 좋습니다. 왜냐하면 그것은 매우 즐겁기 때문입니다.

| **application** | 적용, 응용, 애플리케이션
참고 application (form) 지원(서), 신청(서) |

I think how easy it is to use is the most important thing when buying applications. It is important for me because I use applications all the time.
저는 애플리케이션을 구매할 때, '얼마나 사용하기 쉬운가'가 가장 중요하다고 생각합니다. 저는 항상 애플리케이션을 이용하기 때문에 그것이 중요합니다.

| **check out** | 대출하다, 확인하다 |

The closest bookstore to my place is Mitchell's Bookstore. The last time I visited it was last week. I went there to check out new books.
저희 집에서 가장 가까운 서점은 Mitchell's 서점입니다. 제가 마지막으로 그곳을 방문했던 때는 지난주였습니다. 저는 신간을 빌리기 위해 그곳에 갔습니다.

| **set** | 정하다, 설정하다 |

If I could set my working hours, I would like to begin at 10 A.M. and finish at 5 P.M. I think it is more efficient to work at that time.
만약 근무 시간을 정할 수 있다면, 저는 오전 10시에 시작해서 오후 5시에 끝내고 싶습니다. 그 시간에 일하는 것이 더 효율적이라고 생각합니다.

neighborhood

근처, 지역 참고> neighbor 이웃 사람

I relocated to my neighborhood three years ago, and my workplace is close to my house. It takes ten minutes to walk there.

저는 저희 동네에 3년 전에 이사 왔고, 제 직장은 집에서 가깝습니다. 거기까지 걸어서 10분 걸립니다.

be busy + ⓥing

~하느라 바쁘다 참고> be busy with + ⓝ

The last time I saw my neighbors was last week. I don't usually have a conversation with them because I am always busy working.

제가 마지막으로 이웃을 봤던 때는 지난주였습니다. 저는 보통 그들과 대화하지 않습니다. 왜냐하면 일하느라 항상 바쁘기 때문입니다.

besides

~이외에도; 게다가

Besides books, my favorite item to buy is magazines. Reading magazines is my favorite hobby. 책 이외에도, 제가 가장 좋아하는 구매 품목은 잡지입니다. 잡지를 읽는 것은 제가 가장 좋아하는 취미입니다.

참고> besides (prep) ~이외에도 (= in addition to/aside from)
　　　besides (adv) 게다가 (= in addition/additionally/moreover/furthermore)
　　　beside (prep) ~옆에 (= next to)

be likely to ⓥ

~할 것 같다, ~하는 경향이 있다, ~하기 쉽다

I am most likely to buy travel books at a bookstore. This is because I travel a lot, and I can get useful information from travel books.

저는 서점에서 여행 책을 가장 많이 사는 경향이 있습니다. 왜냐하면 저는 여행을 많이 다녀서 여행 책으로부터 유용한 정보를 얻을 수 있기 때문입니다.

spend

보내다, 소비하다

I spend about three hours on the telephone per day, and all of that is on a mobile phone. This is because I usually use my smartphone to call people.

저는 하루에 3시간 정도를 전화에 소비합니다. 그리고 그 시간 중 전부를 휴대폰에 사용합니다. 왜냐하면 저는 사람들에게 전화하기 위해 주로 스마트폰을 쓰기 때문입니다.

참고> spend의 용법 : ① spend A(시간/돈) with B(사람) : A를 B와 소비하다
　　　　　　　　　② spend A(시간/돈) on B(사물) : A를 B에 소비하다
　　　　　　　　　③ spend A(시간/돈) (on) -ing ~ : ~하는 것에 A를 소비하다

　　ex ① I usually spend my free time with my family.
　　　 ② I spend my free time on the Internet.
　　　 ③ I spend my free time (on) playing games with my smartphone.

get around

둘러 보다(look around), 돌아다니다
참고> hang out 시간을 보내다, 돌아다니다

If I were planning to take a trip with my friends, I would take taxis to get around.

만약 제가 친구들과 여행을 갈 계획이라면, 저는 돌아다니기 위해 택시를 탈 것입니다.

CHECK-UP TEST

다음 질문에 문항 별로 답변해 보자.

TEST 1

Imagine that a British marketing firm is doing research in your area. You have agreed to participate in a telephone interview about buying clothes.

유형: 의문사 의문문 / 의문사 의문문

Q5 When was the last time you purchased clothes? What did you buy?

A5

유형: 의문사 의문문 / 의문사 의문문

Q6 Where do you usually shop for clothes? Who do you normally go shopping for clothes with?

A6

유형: 의문사 의문문 - Choose A or B / 의문사 의문문

Q7 When shopping for clothes, which do you pay more attention to, the quality of clothes or the design of the clothes? Why?

A7

✓ SELF-CHECK LIST

본인의 답변을 녹음한 후 들으면서 아래 박스에 표시하세요.

- ☐ 핵심 답변 문장을 질문 내용에 맞게 답했다.
- ☐ 내용에 맞는 추가 문장을 덧붙였다.
- ☐ 내용이 명확히 전달될 수 있도록 발음했다.

TEST 2

Imagine that you are talking to a neighbor in your town. You are talking about home repairs.

유형: 의문사 의문문 / 조동사 의문문

Q5 How long have you lived in this neighborhood? Have you repaired something in your house recently?

A5

유형: 의문사 의문문 / 의문사 의문문

Q6 I would like to make some improvements to the bathroom. Where should I go to get the necessary supplies? Why?

A6

유형: 조동사 의문문 / 의문사 의문문

Q7 Do you think it is a good idea to get help from specialists when fixing a house? Why or why not?

A7

✓ SELF-CHECK LIST

본인의 답변을 녹음한 후 들으면서 아래 박스에 표시하세요.

- ☐ 핵심 답변 문장을 질문 내용에 맞게 답했다.
- ☐ 내용에 맞는 추가 문장을 덧붙였다.
- ☐ 내용이 명확히 전달될 수 있도록 발음했다.

TEST 3

Imagine that a computer software developer is doing research in your area. You have agreed to participate in a telephone interview about applications on your smartphone.

유형: 의문사 의문문

Q5 What kind of applications on your smartphone do you use the most?

A5

유형: 조동사 의문문 - Choose A or B / 의문사 의문문

Q6 When using applications on your smartphone, do you use them for your entertainment or education? Why?

A6

유형: 의문사 의문문 - Choose A or B / 의문사 의문문

Q7 What do you think is a more important feature when choosing an application for your smartphone, how popular it is or how easy it is to use? Why?

A7

✓ SELF-CHECK LIST

본인의 답변을 녹음한 후 들으면서 아래 박스에 표시하세요.

☐ 핵심 답변 문장을 질문 내용에 맞게 답했다.
☐ 내용에 맞는 추가 문장을 덧붙였다.
☐ 내용이 명확히 전달될 수 있도록 발음했다.

TEST 4

Imagine that a swimming pool is opening in your area. You have agreed to participate in a telephone interview about using a swimming pool.

유형: 의문사 의문문 / 의문사 의문문

Q5 What season of the year are you most likely to go swimming? Why?

A5

유형: be동사 의문문 / 의문사 의문문

Q6 Is there a good swimming pool in your neighborhood? How far away is it?

A6

유형: 의문사 의문문 - Choose A or B / 의문사 의문문

Q7 Which of the following is the most important factor in a good swimming pool? Why?
- Facility
- Distance
- Popularity

A7

✓ SELF-CHECK LIST

본인의 답변을 녹음한 후 들으면서 아래 박스에 표시하세요.

☐ 핵심 답변 문장을 질문 내용에 맞게 답했다.
☐ 내용에 맞는 추가 문장을 덧붙였다.
☐ 내용이 명확히 전달될 수 있도록 발음했다.

TEST 5

Imagine that an American life magazine is writing an article about your area. You have agreed to participate in a telephone interview about using bikes.

유형: 의문사 의문문 / 의문사 의문문

Q5 How often do you ride a bike? Why do you ride it?

A5

유형: 조동사 의문문 / 조동사 의문문

Q6 Does your area have places where you can ride a bike? Have you visited the place to ride it?

A6

유형: 의문사 의문문 - Advantage / Disadvantage / 의문사 의문문

Q7 What are some advantages of using a bike rather than using a car? Why?

A7

SELF-CHECK LIST

본인의 답변을 녹음한 후 들으면서 아래 박스에 표시하세요.

- ☐ 핵심 답변 문장을 질문 내용에 맞게 답했다.
- ☐ 내용에 맞는 추가 문장을 덧붙였다.
- ☐ 내용이 명확히 전달될 수 있도록 발음했다.

TEST 6

Imagine that Career Development Center is doing research in your area. You have agreed to participate in a telephone interview about a job.

유형: 의문사 의문문

Q5 If you could set the working hours, what time of the day would you like to begin and finish the work?

A5

유형: 의문사 의문문 / 의문사 의문문

Q6 If you could take a job in any area, where would you like to have your workplace? Why?

A6

유형: Describe ~ / 의문사 의문문

Q7 Describe the type of job you would like to have and why you would like to have it.

A7

SELF-CHECK LIST

본인의 답변을 녹음한 후 들으면서 아래 박스에 표시하세요.

☐ 핵심 답변 문장을 질문 내용에 맞게 답했다.
☐ 내용에 맞는 추가 문장을 덧붙였다.
☐ 내용이 명확히 전달될 수 있도록 발음했다.

ACTUAL TEST

TEST 1

TOEIC Speaking

Questions 5-7: Respond to questions

Directions: In this part of the test, you will answer three questions. You will have three seconds to prepare after you hear each question. You will have 15 seconds to respond to Questions 5 and 6 and 30 seconds to respond to Question 7.

TOEIC Speaking

Imagine that someone would like to open a shoe store in your area. You have agreed to participate in a telephone interview about purchasing shoes.

TOEIC Speaking

Question 5 of 11

Imagine that someone would like to open a shoe store in your area. You have agreed to participate in a telephone interview about purchasing shoes.

When do you usually go shopping for shoes?

PREPARATION TIME	RESPONSE TIME
00:00:03	00:00:15

| TOEIC Speaking | Question 6 of 11 | |

Imagine that someone would like to open a shoe store in your area. You have agreed to participate in a telephone interview about purchasing shoes.

Do you have a plan to shop for new shoes within the next six months?
Why?

PREPARATION TIME
00:00:03

RESPONSE TIME
00:00:15

| TOEIC Speaking | Question 7 of 11 | |

Imagine that someone would like to open a shoe store in your area. You have agreed to participate in a telephone interview about purchasing shoes.

Besides the price of shoes, what are some things to consider when purchasing new shoes? Why?

PREPARATION TIME
00:00:03

RESPONSE TIME
00:00:30

TEST 2

TOEIC Speaking

Questions 5-7: Respond to questions

Directions: In this part of the test, you will answer three questions. You will have three seconds to prepare after you hear each question. You will have 15 seconds to respond to Questions 5 and 6 and 30 seconds to respond to Question 7.

TOEIC Speaking

Imagine that a home improvement magazine is doing research in your neighborhood. You have agreed to participate in a telephone interview about maintaining your house.

TOEIC Speaking   **Question 5 of 11**

Imagine that a home improvement magazine is doing research in your neighborhood. You have agreed to participate in a telephone interview about maintaining your house.

How long have you lived in your town? Do you live in a house or an apartment?

PREPARATION TIME	RESPONSE TIME
00:00:03	00:00:15

| TOEIC Speaking | Question 6 of 11 | |

Imagine that a home improvement magazine is doing research in your neighborhood. You have agreed to participate in a telephone interview about maintaining your house.

If you could fix one thing about your house, what would you like to fix? Why?

| PREPARATION TIME | RESPONSE TIME |
| 00:00:03 | 00:00:15 |

| TOEIC Speaking | Question 7 of 11 | |

Imagine that a home improvement magazine is doing research in your neighborhood. You have agreed to participate in a telephone interview about maintaining your house.

What are some disadvantages of repairing a house by hiring experts?
Why?

| PREPARATION TIME | RESPONSE TIME |
| 00:00:03 | 00:00:30 |

Respond to questions using information provided

표 보고 질문에 답하기

QUESTIONS 8-10

+ 미리 보기
+ 기본기 다지기
+ 전략 익히기
+ 유형 공략하기
+ CHECK-UP TEST
+ ACTUAL TEST

QUESTIONS 8-10 미리 보기

기본 정보

+ **문제 번호** Questions 8-10
+ **문제 유형** Respond to questions using information provided
  표 보고 질문에 답하기
+ **답변 준비 시간** 각 3초 (정보 읽는 시간: 45초)
+ **답변 시간** 8번: 15초, 9번: 15초, 10번: 30초
+ **평가 기준** 발음, 억양, 강세, 문법, 어휘, 일관성, 내용의 관련성, 내용의 완성도
+ **배점** 0~3점

진행 순서

TOEIC Speaking

Questions 8-10: Respond to questions using information provided

Directions: In this part of the test, you will answer three questions based on the information provided. You will have 45 seconds to read the information before the questions begin. You will have three seconds to prepare and 15 seconds to respond to Questions 8 and 9. You will hear Question 10 two times. You will have three seconds to prepare and 30 seconds to respond to Question 10.

1 Q8-10 지시문이 음성과 함께 화면에 제시된다.

TOEIC Speaking

G&R Fitness Center

DATE	TIME	CLASS	INSTRUCTOR
May 1	01:30~03:30 P.M.	Spinning	Marcus Cruz
May 5	05:00~06:30 P.M.	Hot Yoga	Mathias Little
May 7	04:00~05:30 P.M.	Maintaining a Diet	Joanna Shaffer
May 14	02:00~03:00 P.M.	~~Weight Training~~ *Canceled*	Justin Henderson
May 15	06:00~07:00 P.M.	Pilates	Joanna Shaffer

PREPARATION TIME
00:00:45

2 Q8-10의 공통 정보가 화면에 제시된다. 음성으로 아래 지시문과 '삐' 소리가 나온 후, 45초의 정보 읽는 시간이 주어진다.
"Begin preparing now."
[Beep]

TOEIC Speaking	Question 8 of 11

G&R Fitness Center

DATE	TIME	CLASS	INSTRUCTOR
May 1	01:30~03:30 P.M.	Spinning	Marcus Cruz
May 5	05:00~06:30 P.M.	Hot Yoga	Mathias Little
May 7	04:00~05:30 P.M.	Maintaining a Diet	Joanna Shaffer
May 14	02:00~03:00 P.M.	~~Weight Training~~ *Canceled*	Justin Henderson
May 15	06:00~07:00 P.M.	Pilates	Joanna Shaffer

PREPARATION TIME 00:00:03
RESPONSE TIME 00:00:15

3 내레이션과 8번 문제가 음성으로 나온다. 그 다음, 아래 지시문과 '삐' 소리가 나온 후, 3초의 준비 시간이 주어진다.
"Begin preparing now."
[Beep]

아래 지시문과 '삐' 소리가 나온 후, 15초의 답변 시간이 주어진다.
"Begin speaking now."
[Beep]

TOEIC Speaking	Question 9 of 11

G&R Fitness Center

DATE	TIME	CLASS	INSTRUCTOR
May 1	01:30~03:30 P.M.	Spinning	Marcus Cruz
May 5	05:00~06:30 P.M.	Hot Yoga	Mathias Little
May 7	04:00~05:30 P.M.	Maintaining a Diet	Joanna Shaffer
May 14	02:00~03:00 P.M.	~~Weight Training~~ *Canceled*	Justin Henderson
May 15	06:00~07:00 P.M.	Pilates	Joanna Shaffer

PREPARATION TIME 00:00:03
RESPONSE TIME 00:00:15

4 9번 문제의 음성이 나온다. 3초의 준비 시간이 주어지고, 15초의 답변 시간이 주어진다.

TOEIC Speaking	Question 10 of 11

G&R Fitness Center

DATE	TIME	CLASS	INSTRUCTOR
May 1	01:30~03:30 P.M.	Spinning	Marcus Cruz
May 5	05:00~06:30 P.M.	Hot Yoga	Mathias Little
May 7	04:00~05:30 P.M.	Maintaining a Diet	Joanna Shaffer
May 14	02:00~03:00 P.M.	~~Weight Training~~ *Canceled*	Justin Henderson
May 15	06:00~07:00 P.M.	Pilates	Joanna Shaffer

PREPARATION TIME 00:00:03
RESPONSE TIME 00:00:30

5 10번 문제의 음성이 나오고 질문은 두 번 들려준다. 3초의 준비 시간이 주어지고, 30초의 답변 시간이 주어진다.

QUESTIONS 8-10 기본기 다지기

기본 전략

1 표 정보 파악하기

표 형식의 정보가 주어지고, 내용을 파악할 수 있도록 45초의 준비 시간이 주어진다. 표를 보고 어떤 질문이 나올지 미리 예측한다.

G&R Fitness Center
May Class Schedule

DATE	TIME	CLASS	INSTRUCTOR
May 1	11:30 A.M. ~ 01:30 P.M.	Introduction to Spinning	Marcus Cruz
May 5	05:00 P.M. ~ 06:00 P.M.	Hot Yoga: What is it?	Mathias Little
May 7	04:00 P.M. ~ 05:30 P.M.	Maintaining a Strict Diet	Joanna Shaffer
May 14	02:30 P.M. ~ 03:30 P.M.	~~Weight Training~~ *Canceled*	Justin Henderson
May 15	06:00 P.M. ~ 07:00 P.M.	Choosing the Right Meal Plan	Joanna Shaffer

* All classes free for members

- 제목/장소
- 본문 내용
- 특이 사항

① 화면에 제시된 표 정보를 보고 내용을 파악한다.
　표의 종류, 제목, 날짜/시간, 장소 등 세부 정보를 파악하고, 특히 특이사항(취소선 표시), 하단 정보를 빠짐없이 파악한다. (정보는 주로 문항 순서대로 나열)
② 준비 시간 동안 파악한 정보를 바탕으로, 내레이션을 듣고 질문을 미리 예측한다.
③ 정보 읽는 시간 동안 특이사항, 특히 숫자가 포함된 표현을 미리 읽어본다.
　반복해서 나오는 단어, 연기나 취소된 항목, 특수 기호(*)로 표시된 정보, 사람 이름 등의 고유 명사를 미리 읽어본다.
④ 날짜 정보를 전달할 때는 오류 없이 정확하게 읽어야 한다.
　정보에서 날짜는 기수(May 1)로 표시되어 있어도, 답할 때에는 서수(May 1st)로 발음해야 한다.

2 문항 별 답변 패턴 익히기

(→: 대체 표현)

Q8	I'm interested in the Hot Yoga class with Mathias Little. What date is the class, and at what time does it begin? Mathias Little의 핫 요가 강좌에 관심 있습니다. 수업이 며칠이고 몇 시에 시작하나요?
A8	It will be held on May 5th from 5 P.M. to 6 P.M. (→ The class is on May 5th, and it begins at 5 P.M.) 5월 5일 오후 5시부터 오후 6시까지 열릴 거예요(→ 그 수업은 5월 5일에 있고 오후 5시에 시작해요).

- 8번 문제에서는 제시된 정보의 전반적인 내용(프로그램의 제목, 날짜·시간, 장소, 비용 등)을 묻는다. 의문사를 중심으로 질문을 파악한 후 해당 정보를 답한다.
- 답변 단서는 주로 상단에 위치하며, 'It will be held ~'를 쓴 후 이어지는 내용에 어울리는 시간 전치사를 붙여 답한다.

Q9 Is the Weight Training class on May 14th still available?
5월 14일에 있는 웨이트 트레이닝 수업은 아직 수강 가능한가요?

A9 Actually(→ Unfortunately), no. Weight Training by Justin Henderson has been canceled. So, you cannot take the class.
사실(→ 안타깝게도), 아닙니다. Justin Henderson의 웨이트 트레이닝은 취소됐습니다. 그래서 그 수업은 들을 수 없습니다.

- 9번 문제에서는 변경 내용(연기, 취소 등), 특수 기호(*)로 표시된 부가 정보를 주로 묻는다.

Q10 I've heard very good things about the nutritionist Joanna Shaffer. Can you tell me about all her classes in detail?
영양사 Joanna Shaffer에 대해 좋은 얘기를 들었어요. 그녀의 모든 강좌에 대해 자세히 말씀해 주실래요?

A10 **There are** two classes led by Joanna Shaffer.
Joanna Shaffer에 의해 진행되는 두 개의 수업이 있습니다.

First, the class on Maintaining a Strict Diet is on May 7th from 4 P.M. to 5:30 P.M.
(→ The first one is the class on Maintaining a Strict Diet on May 7th from 4 P.M. to 5:30 P.M.)
첫째, '엄격한 식이요법 유지'에 대한 수업이 5월 7일 오후 4시부터 오후 5시 30분까지 있습니다.
(→ 첫 번째는 5월 7일 오후 4시부터 오후 5시 30분까지 있을 '엄격한 식이요법 유지'에 대한 수업입니다.)

Second, the class on Choosing the Right Meal Plan is on May 15th from 6 P.M. to 7 P.M.
(→ The second one is the class on Choosing the Right Meal Plan on May 15th from 6 P.M. to 7 P.M.)
두 번째, '올바른 식습관 선택'에 대한 수업은 5월 15일 오후 6시부터 오후 7시까지 있습니다.
(→ 두 번째는 5월 15일 오후 6시부터 오후 7시까지 있을 '올바른 식습관 선택'에 대한 수업입니다.)

- 10번 문제에서는 표에서 반복되는 단어(명칭, 제목 등)와 관련된 정보를 묻거나 여러 사항을 모두 설명하라는 경우가 많다. 2~3가지 항목을 끊지 않고 나열할 수 있도록 연결 구문을 익히자.

QUESTIONS 8-10 전략 익히기

아래 정보를 참고하여 문항 별 답변을 구성해 보자.

🎧 Q8-10_1

International Biology Conference
Saturday, Nov. 27, Convention Center
Fee: Members $20, Non-members $30

TIME	SESSION	INSTRUCTOR	
09:00 A.M. – 10:00 A.M.	Registration & Reception		
10:00 A.M – 11:00 A.M.	Biotechnology (Workshop)	Darrell Anderson	Q10
11:00 A.M. – Noon	Gene Splicing (Lecture)	Kelly Patel	Q8
Noon – 01:00 P.M.	Lunch Break (at Richmond restaurant)		Q9
01:00 P.M. – 02:00 P.M.	Cell Biology (Workshop)	Dean Reynolds	Q10
02:00 P.M. – 03:30 P.M.	Gene Splicing (Panel Discussion)	Sarah Mills	

* Booklet provided

국제 생물학 컨퍼런스
11월 27일, 토요일, 컨벤션 센터
회원: 20달러, 비회원: 30달러

시간	수업	강사
오전 9시 ~ 오전 10시	등록 및 접수	
오전 10시 ~ 오전 11시	생명 공학 (워크숍)	Darrell Anderson
오전 11시 ~ 정오	유전자 접합 (강연)	Kelly Patel
정오 ~ 오후 1시	점심식사 (Richmond 음식점)	
오후 1시 ~ 오후 2시	세포 생물학 (워크숍)	Dean Reynolds
오후 2시 ~ 오후 3시 30분	유전자 접합 (공개 토론회)	Sarah Mills

* 소책자 제공

> Hi, I am attending the International Biology Conference this year, but I have not received the schedule yet. Can you answer a few questions for me?
>
> 안녕하세요, 저는 올해 국제 생물학 컨퍼런스에 참석합니다. 그런데 아직 일정표를 받지 못했습니다. 몇 가지 질문에 응답해 주시겠어요?

Q8 What time is the lecture, and what is the subject?
강연은 몇 시인가요? 그리고 주제는 무엇인가요?

A8 The lecture on Gene Splicing is held from 11:00 A.M. to noon by Kelly Patel.
(→ The lecture is at 11:00 A.M., and it is about Gene Splicing.)
Kelly Patel의 유전자 접합에 대한 강연이 오전 11시부터 정오까지 있습니다.
(→ 강연은 오전 11시에 있고 유전자 접합에 관한 것입니다.)

▶ and로 연결된 2개의 질문에 모두 답해야 한다. 표 안에서 해당 정보를 찾아 간단한 문장으로 답한다.

Q9	Last year, lunch was at Gowest Café, and I enjoyed it very much. Is lunch at the Gowest Café this year as well? 작년에는 점심식사를 Gowest 카페에서 했고 매우 좋았어요. 올해에도 점심식사를 Gowest 카페에서 하나요?
A9	**Unfortunately,** no. The lunch is from noon to 1:00 P.M. at Richmond restaurant. (→ Actually, the lunch is at Richmond restaurant.) 안타깝게도, 아닙니다. 점심식사는 정오부터 오후 1시까지 Richmond 음식점에서 합니다. (→ 사실은, 점심식사는 Richmond 음식점에서 합니다.)

▶ 특수 기호(*)로 표시된 정보나 연기, 취소 등의 변경 내용(취소선 표시 부분)에 단서가 있다. 표에서 해당 정보를 찾아 정정하여 답변을 전개한다.

▶ 앞에 붙이는 표현(Fortunately / Unfortunately / Actually)을 활용해 간략하게 답변한다.

Q10	I want to attend all the workshops this year. Can you tell me about the workshops in detail? 저는 올해 모든 워크숍에 참석하고 싶습니다. 워크숍에 대해 자세히 말씀해 주시겠어요?
A10	**There are** two workshops. 두 개의 워크숍이 있습니다. **First,** the workshop on Biotechnology is from 10:00 A.M. to 11:00 A.M. by Darrell Anderson. (→ The first one is the workshop on Biotechnology from 10:00 A.M. to 11:00 A.M. by Darrell Anderson.) 첫 번째, Darrell Anderson의 생명 공학에 대한 워크숍은 오전 10시부터 오전 11시까지 있습니다. (→ 첫 번째는 오전 10시부터 오전 11시까지 있을 Darrell Anderson의 생명 공학에 대한 워크숍입니다.) **Second,** the workshop on Cell Biology is from 1:00 P.M. to 2:00 P.M. by Dean Reynolds. (→ The second one is the workshop on Cell Biology from 1:00 P.M. to 2:00 P.M. by Dean Reynolds.) 두 번째, Dean Reynolds의 세포 생물학에 대한 워크숍은 오후 1시부터 오후 2시까지 있습니다. (→ 두 번째는 오후 1시부터 오후 2시까지 있을 Dean Reynolds의 세포 생물학에 대한 워크숍입니다.)

▶ 표에서 중복되는 단어(명칭, 제목 등)에 대해 설명하라는 질문이 자주 나온다.

▶ 전체 내용에 대해 설명하라고 하는 경우, 'There are ~'로 전체를 먼저 언급하고 'First(/The first one is ~), Second(/The second one is ~)'로 세부 내용을 덧붙인다.

PRACTICE
질문을 듣고 빈칸을 채운 후, 정보를 바탕으로 답변해 보자.

1. 면접 일정표

Schedule of Job Interviews
Date: September 4
Location: Duke University, Conference Room

Time	Candidates	Positions	Current Employment
09:00 A.M.	Ann Kelly	Study technician	Michigan University
09:30 A.M.	Mario Stevenson	Academic advisor	Boston University
10:00 A.M.	Eddie Dalton	Research specialist	McGill University
~~10:30 A.M.~~	~~Terry Cruise~~	~~Career advisor~~	~~Columbia University~~ *canceled*
11:00 A.M.	Valencia Perez	Teaching assistant	Minnesota University
11:30 A.M.	Evelyn Chung	Research specialist	San Diego University

Q8 Where are my _____ being held, and what time is my first interview?

A8 _____

Q9 I have an interview with a _____ from Columbia University. Can you tell me when I am _____ to interview him?

A9 _____

Q10 I know we are interviewing several candidates for the _____ specialist position this time. And I would like to know more _____ information about them. Can you tell me all the details regarding the interviews for the research specialists?

A10
There are _____
First, _____
Second, _____

2. 여행 일정표

Itinerary for Olivia Moore

Flight Information	
June 16th	Flight no. AZ 5346 Departure: Baltimore Airport, 9:00 A.M. Arrival: Charleston Airport, 2:00 P.M.
June 20th	Flight no. AZ 3076 Departure: Charleston Airport, 4:00 P.M. Arrival: Baltimore Airport, 9:00 P.M.
Hotel Information (Rodeway Hotel)	
June 16th	Check-in: 3:00 P.M.
June 20th	Check-out: 12:00 P.M.
Day trip to Morrison Air Factory (Company driver pick up at hotel lobby)	
June 19th	Departure: Rodeway Hotel, 9:00 A.M. Arrival: Morrison Air Factory, 10:00 A.M. Departure: Morrison Air Factory, 4:00 P.M. Arrival: Rodeway Hotel, 5:00 P.M.

Q8 What is the flight number for _____ from Baltimore?

A8 _____

Q9 A friend of mine has _____ me to a concert on the 20th, the day that I come back. The concert is at 7 P.M. Do you think I will be able to _____ to the concert?

A9 _____

Q10 Can you tell me all the details about my _____ to the Morrison Air Factory?

A10
There are _____
First, _____
_____
Second, _____
_____

3. 메뉴

Antonio Mexican Restaurant
Open from Monday to Saturday, 11 A.M. to 10 P.M.

Day	Daily Specials	Price
Monday	Shrimp Quesadillas	$14
Tuesday	Fajitas (Spicy)	$13
Wednesday	Taco Salad	$9
Thursday	Tex-Mex Fajitas	$14
Friday	Traditional Mexican Favorites	$13
Saturday	Burrito Filled with Fish	$11

* Groups of more than 6 people: Call ahead for a reservation

Q8 What days of the week do you open, and what time do you _____ _____ _____?

A8 _____

Q9 I am planning to have a _____ dinner with more than ten people at your restaurant. I don't need to make a _____, do I?

A9 _____

Q10 I really enjoy Mexican food, and I _____ like fajitas. Can you tell me all the details about fajita specials _____ at your restaurant?

A10
There are _____
First, _____
_____
Second, _____
_____

4. 이력서

Charles Stevens

Campanile Drive, San Diego, CA
Cell: 565-9687-6347 Stevens80@gmail.com

Position	Sales manager, MID-TECH Incorporated
Education	Master's degree, Business Administration, Michigan University (2005) Bachelor's degree, Economics, San Diego University (2003)
Work Experience	Sales director: Mason Factory (2010 – present) Sales assistant: Johnson's Supplies (2007 – 2010)
Others	Fluent in Spanish Certified in programming; made several sales-associated programs

Q8 From which university did he get his bachelor's degree, and what did he _____ _____?

A8 _____

Q9 MID-TECH Incorporated is _____ overseas, and we have recently opened several foreign offices. Is there anything on Mr. Steven's résumé that indicates that he can _____ in a foreign language?

A9 _____

Q10 Can you tell me about his _____ _____ in detail?

A10 There are _____
First, _____
Second, _____

유형 공략하기

1 속전속결 문장 형태

TIME	PROGRAM	PRESENTER
8:00 A.M. 오전 8시	Opening Speech 개회사	Robert Johnson 로버트 존슨

Q What time does the opening speech start? 개회사는 몇 시에 시작하나요?

① The opening speech **is held**(→ will be held) at 8:00 A.M. by Robert Johnson.
   Robert Johnson의 개회사는 오전 8시에 있습니다(→ 있을 것입니다).

② The opening speech by Robert Johnson **is held**(→ will be held) at 8:00 A.M.
   Robert Johnson의 개회사는 오전 8시에 있습니다(→ 있을 것입니다).

③ The time is 8:00 A.M. 시간은 오전 8시입니다.

▶ ①, ②는 '제목/명칭'이 주어로, is held/ will be held가 동사로 쓰였다. 부가 설명(교통 수단, 행위자, 참가자 등)은 어울리는 전치사를 붙여 형용사구나 부사구로 연결해서 전개하면 된다. ③은 수식하는 구가 없는 문장 형태로, 하나의 항목을 간단히 설명할 때 쓰인다.

▶ 표 정보는 대부분 현재 진행 중이거나 미래에 일어날 내용이므로 현재 또는 미래시제를 적절히 쓰면 된다. 단, 이력서 형태의 정보는 과거 이력을 설명할 경우 과거시제를 써야 한다.

1 주어가 사람일 경우

> **ex** At 8:00 A.M., Robert Johnson will **deliver** the opening speech.
> 오전 8시에, Robert Johnson이 개회사를 진행할 것입니다.

2 주어가 사람이 아닐 경우

표에서 사람이 등장하면 아래 전치사 중 하나를 붙여서 답변한다.

> by + 사람(행위자)
> with + 사람(참가자, 행위자)

> **ex** At 8:00 A.M., there will be the opening speech **delivered** by Robert Johnson.
> 오전 8시에, Robert Johnson에 의해 진행되는 개회사가 있을 것입니다.

Flight No.	Time
Sevenstar Airlines Flight 450 Sevenstar Airlines 450편	Depart Los Angeles 9:30 A.M. May 30 5월 30일 오전 9시 30분 로스앤젤레스 출발

Q When does he depart from Los Angeles? 그는 언제 로스앤젤레스에서 출발하나요?

① **Departing** from Los Angeles is at 9:30 A.M. on May 30th by Sevenstar Airlines Flight 450.
로스앤젤레스에서 출발은 Sevenstar Airlines 450편으로 5월 30일 오전 9시 30분에 있습니다.

② He **will depart** from Los Angeles at 9:30 A.M. on May 30th by Sevenstar Airlines Flight 450.
그는 로스앤젤레스에서 Sevenstar Airlines 450편으로 5월 30일 오전 9시 30분에 출발할 것입니다.

3 표에서 동사가 제시될 경우

① 동사를 동명사 또는 명사로 전환한다.

Depart Los Angeles 9:30 A.M. May 30
→ Departing from Los Angeles is at 9:30 A.M. on May 30th.
→ The departure from Los Angeles is at 9:30 A.M. on May 30th.

② 동사를 '조동사(can/will/must) + ⓥ' 형태로 전환한다.

Depart Los Angeles 9:30 A.M. May 30
→ He will depart from Los Angeles at 9:30 A.M. on May 30th.

2 추가 표현 및 답변 전개 구조

1 전체적인 내용 설명: It will be held + 전치사 ~

- 정보의 전체적인 내용(프로그램명, 날짜, 시간, 장소 등)은 'It will be held ~'로 표현하고 그 뒤에 알맞은 전치사를 붙여 전개한다.

It will be held ~ / It is held ~
It will take place ~ / It takes place ~

> **참고** 자주 쓰이는 전치사

① **at** + 특정 장소(구체적인 장소)
　　ex **at** the meeting room 503 503호 회의실에서
② **on** + 층
　　ex **on** the fifth floor 5층에
③ **in** + 장소
　　ex **in** the city hall 시청에
④ **in** + 넓은 장소(시/도/주/국가)
　　ex **in** Seoul 서울에서
⑤ **at** + 시간
　　ex **at** 2 P.M. 오후 2시에
⑥ **on** + 요일/특정 날짜
　　ex **on** Friday, September 17th 9월 17일 금요일에
⑦ **in** + 월/계절/연도
　　ex **in** September 9월에 / **in** summer 여름에 / **in** 2022 2022년에

2 Q10 답변 전개 구조 및 추가 표현

Q10은 전체>세부 내용 순으로 설명하는 것이 좋고, 전체를 설명하기 모호할 경우에는 바로 세부 항목을 전개해도 좋다.

전체	**There will be** three lectures related to financial issues. 금융 문제와 관련된 3개의 강연이 열릴 것입니다.
세부	**First,** the lecture related to Financial Capitalism will be held on March 12th. 첫 번째, 3월 12일에 금융 자본주의에 관련된 강연이 열릴 것입니다. = **The first one is** the lecture related to Financial Capitalism on March 12th. = 첫 번째는 3월 12일에 있을 금융 자본주의에 관련된 강연입니다. **Second**(→ Also), the lecture related to Financial Markets will be held on March 24th. 두 번째(→ 또한), 3월 24일에 금융 시장에 관련된 강연이 열릴 것입니다. = **The second one is**(→ Another one is) the lecture related to Financial Markets on March 24th. = 두 번째는(→ 다른 하나는) 3월 24일에 있을 금융 시장에 관련된 강연입니다. **Third**(→ Finally/ Lastly), the lecture related to Financial Theory will be held on April 23rd. 세 번째(→ 마지막으로), 4월 23일에 금융 이론에 관련된 강연이 열릴 것입니다. = **The third one is**(→ The last one is) the lecture related to Financial Theory on April 23rd. = 세 번째는(→ 마지막은), 4월 23일에 있을 금융 이론에 관련된 강연입니다.

필수 어휘 및 표현

be held	열리다, 개최되다
It will be held on May 5th from 5 P.M. to 6 P.M. 그것은 5월 5일 오후 5시부터 오후 6시까지 열릴 것입니다.	
take place	열리다, 개최되다
It will take place at the National Library. 그것은 국립 도서관에서 개최될 것입니다.	
last	지속되다; ⓐ 마지막의; adv 마지막에
It will last for two hours from 10 A.M. to noon. 그것은 오전 10시부터 정오까지 2시간 동안 지속될 것입니다.	
unfortunately (↔ fortunately)	안타깝게도, 불행하게도
Unfortunately, the fee is forty-five dollars for school coaches with school badges. 안타깝게도, 학교 배지를 가지고 있는 학교 코치들은 회비가 45달러입니다.	
booklet (= brochure/pamphlet)	소책자, 팸플릿
In addition, a booklet will be provided. 게다가, 소책자가 제공될 것입니다.	
depart	출발하다, 떠나다 참고 ~ from + 출발지 / ~ for + 목적지
He will depart from Seattle station and arrive at Portland station. 그는 시애틀 역을 출발하여 포틀랜드 역에 도착할 것입니다.	
make it	해내다, 시간 맞춰 가다, 도착하다
Actually, you will arrive in Baltimore at 9 P.M. So, I'm afraid that you cannot make it to the concert. 사실, 당신은 볼티모어에 오후 9시에 도착할 것입니다. 그래서 유감이지만, 당신은 콘서트에 시간 맞춰 가지 못할 것입니다.	
apply	적용하다 참고 ~ to: 적용하다 / ~ for: 지원하다
In addition, a late check-out charge will be applied. 게다가, 늦게 체크아웃한 비용이 적용될 것입니다.	

renovation	(내부) 수리
	참고> under renovation (내부) 수리 중인

Actually, the restaurant is temporarily under renovation. So, you cannot use it now.
사실, 그 음식점이 일시적으로 내부 수리 중입니다. 그래서 지금은 그곳을 이용할 수 없습니다.

special (= specialty)	ⓝ 특가품, 특제품; ⓐ 특별한

Mexican food, including a kids special, is thirty dollars with a 10 percent discount for hotel guests.
아이들을 위한 특선 요리를 포함한 멕시코 음식은 호텔 손님들에게 10퍼센트 할인되어 30달러입니다.

miss	~을 빠지다, 놓치다

Fortunately, all the sessions finish at noon. So, you won't miss anything.
다행히도, 모든 회의는 정오에 끝납니다. 그래서 당신은 어떤 것도 놓치지 않을 것입니다.

graduate from	~를 졸업하다

He graduated from Boston University in 2017.
그는 2017년에 보스턴 대학교를 졸업했습니다.

major in	~을 전공하다

She majored in Economics for her bachelor's degree.
그녀는 학사 학위로 경제학을 전공했습니다.

degree	학위, 정도, 온도
	참고> bachelor's degree 학사 학위

He received a master's degree in Civil Law in 2018.
그는 2018년에 민법으로 석사 학위를 받았습니다.

be fluent in	~에 유창하다

She can communicate in a foreign language. This is because she is fluent in Spanish.
그녀는 외국어로 의사소통할 수 있습니다. 왜냐하면 그녀는 스페인어에 유창하기 때문입니다.

be familiar with	~에 익숙하다, 잘 알고 있다
	참고> be proficient with ~에 능숙하다

Fortunately, he is proficient with computer information systems, and he is familiar with research software.
다행히도, 그는 컴퓨터 정보 시스템에 능숙하고 검색 소프트웨어를 잘 알고 있습니다.

be certified in
~에 자격증을 가지고 있다

She is certified in programming and has made several sales-associated programs.
그녀는 프로그래밍 자격증을 가지고 있고 몇 가지 영업 관련 프로그램을 제작했습니다.

reference
추천서, 참고 자료
참고 > in(/with) reference to ~에 관한

Also, a reference is available upon request.
또한, 추천서는 요청하는 즉시 가능합니다.

on
① ~에 대한 ② ~ 위에 ③ ~하자마자 (upon)

The session on International Relations will be held on October 7th at conference room C.
국제 관계 관련 회의는 10월 7일 C 회의실에서 개최될 것입니다.

CHECK-UP TEST

다음 표를 참고하여 문항 별로 답변해 보자.

TEST 1

Seven-Point Café
Open daily 10 A.M. – 11 P.M.
March Event Schedule

Date	Time	Event	Note
Mar. 3	3:00 P.M. – 4:00 P.M.	Tea Brewing	
Mar. 10	7:00 P.M. – 9:00 P.M.	Concert: Jetplane Band	Tickets required
Mar. 15	2:00 P.M. – 3:00 P.M.	Book Club: *The Wild*	
Mar. 18	2:00 P.M. – 4:00 P.M.	Tea Ceremony	Materials provided
Mar. 22	7:00 P.M. – 9:00 P.M.	Board Game Night	Bring your own game
Mar. 25	6:00 P.M. – 8:00 P.M.	Greenpeace Meetup	

Q8

Q9

Q10

✓ SELF-CHECK LIST

본인의 답변을 녹음한 후 들으면서 아래 박스에 표시하세요.

☐ 정보(표)를 정확하게 파악하여 질문에 알맞게 답변했다.
☐ 명칭·날짜(서수) 및 전치사를 틀리지 않게 구사했다.
☐ 문법에 맞는 문장으로 답변했다.

TEST 2

Seminars for Managers
Riverside Hotel
10 A.M. – 1 P.M.

Date	Event	Presenter
July 2	Maintaining Calm as a Manager	Emma Tanaka
July 7	Guidelines for Project Managers	Thomas Mathews
July 13	~~Developing High Performing Teams~~ *canceled*	Frank Ray
July 18	Leadership Skills: Important Habits	Jim Whitaker
July 24	Carrots over Sticks: Effective Incentives	Beth Wang
July 30	Servant Leadership: Insights into Success	James Rogers

Q8

Q9

Q10

✓ SELF-CHECK LIST

본인의 답변을 녹음한 후 들으면서 아래 박스에 표시하세요.

- ☐ 정보(표)를 정확하게 파악하여 질문에 알맞게 답변했다.
- ☐ 명칭·날짜(서수) 및 전치사를 틀리지 않게 구사했다.
- ☐ 문법에 맞는 문장으로 답변했다.

TEST 3

Eplus Mart
Quarterly Meeting – Monday, October 2

Time	Agenda	Presenter
9:00 A.M. – 9:30 A.M.	Review of Previous Sales Activity	Kelly Beckett
9:30 A.M. – 10:30 A.M.	Sales Analysis 1. Feedback: customers 2. Success stories: top sales	Jennifer Ross
10:30 A.M. – 11:30 A.M.	Update: online advertisements 1. Marketing trends 2. Web page: design and layout	Angelina Winter
11:30 A.M. – 11:45 A.M.	Q&A session	

Q8

Q9

Q10

SELF-CHECK LIST

본인의 답변을 녹음한 후 들으면서 아래 박스에 표시하세요.

- ☐ 정보(표)를 정확하게 파악하여 질문에 알맞게 답변했다.
- ☐ 명칭·날짜(서수) 및 전치사를 틀리지 않게 구사했다.
- ☐ 문법에 맞는 문장으로 답변했다.

TEST 4

Castor Company Retreat Schedule
April 17, Lake Campground

9:00 A.M.	Chartered bus pick up at company parking lot	
10:00 A.M. – 11:00 A.M.	Presentation: Next Year's Plans	Louise Castor
11:00 A.M. – Noon	Demonstration: New Product Launches	Candice Wu, HR
Noon – 2:00 P.M.	Lunch	
2:00 P.M. – 4:00 P.M.	Discussion: Marketing New Products	Neil Bryson, Sales
4:00 P.M. – 5:00 P.M.	Team-Building Exercises	Carl Wallace, Marketing
5:00 P.M. – 6:00 P.M.	Volleyball Tournament	
6:00 P.M.	Chartered bus back to offices	

Q8

Q9

Q10

✓ SELF-CHECK LIST

본인의 답변을 녹음한 후 들으면서 아래 박스에 표시하세요.

☐ 정보(표)를 정확하게 파악하여 질문에 알맞게 답변했다.
☐ 명칭·날짜(서수) 및 전치사를 틀리지 않게 구사했다.
☐ 문법에 맞는 문장으로 답변했다.

TEST 5

Cooksville Community Center
Upcoming Community Events

Date	Event	Fee
August 24–28	Classical Movie Week	$11
August 30	Local Music Showcase	By donation
September 10–15	~~Cooksville Fair~~ *(canceled due to renovation)*	
October 7	Museum Day	All museum passes: $9
October 11–17	Baseball Classic	$6(All proceeds go to charity)
October 21–29	Flea Market	Free
November 3	Music Festival: Regional Pop Music	$13

Q8

Q9

Q10

✓ SELF-CHECK LIST

본인의 답변을 녹음한 후 들으면서 아래 박스에 표시하세요.

☐ 정보(표)를 정확하게 파악하여 질문에 알맞게 답변했다.
☐ 명칭·날짜(서수) 및 전치사를 틀리지 않게 구사했다.
☐ 문법에 맞는 문장으로 답변했다.

TEST 6

Adventure Biking Races
June through July, 9 A.M. – 6 P.M.

Date	Race	Trail	Length
June 6	H&M Championship	Calvinia Hills	13.2 km
June 14	Cape Challenge	Cape Winelands	16.0 km
June 21	Extreme Stage Race	Bidwell Trail	9.7 km
July 3	Train Run	Prince Albert	11.5 km
July 17	Family Biking Race	Pretoria Park	16.0 km

* Required for members: protective gear

Q8

Q9

Q10

✓ SELF-CHECK LIST

본인의 답변을 녹음한 후 들으면서 아래 박스에 표시하세요.

☐ 정보(표)를 정확하게 파악하여 질문에 알맞게 답변했다.
☐ 명칭·날짜(서수) 및 전치사를 틀리지 않게 구사했다.
☐ 문법에 맞는 문장으로 답변했다.

ACTUAL TEST

TEST 1

TOEIC Speaking

Questions 8-10: Respond to questions using information provided

Directions: In this part of the test, you will answer three questions based on the information provided. You will have 45 seconds to read the information before the questions begin. You will have three seconds to prepare and 15 seconds to respond to Questions 8 and 9. You will hear Question 10 two times. You will have three seconds to prepare and 30 seconds to respond to Question 10.

TOEIC Speaking

Questions 8-10 of 11

KC Body & Soul Gym

58th St, Kansas City
Winter Special Classes: January 5 – February 4
$40 per class, registered by January 2, $30

Class	Day	Time	Note
Pilates	Mondays	3:30 P.M. – 4:30 P.M.	
Self-Defence	Tuesdays	6:00 P.M. – 7:00 P.M.	entry level
Fightfit	Wednesdays	3:00 P.M. – 4:00 P.M.	experience needed
Grappling	Thursdays	3:30 P.M. – 4:30 P.M.	experience needed
Yoga	Wednesdays	4:30 P.M. – 5:30 P.M.	
Martial Arts	Fridays	6:30 P.M. – 7:30 P.M.	experience needed

PREPARATION TIME
00:00:45

PREPARATION TIME	PREPARATION TIME	PREPARATION TIME
00:00:03	00:00:03	00:00:03

RESPONSE TIME	RESPONSE TIME	RESPONSE TIME
00:00:15	00:00:15	00:00:30

TEST 2

TOEIC Speaking

Questions 8-10: Respond to questions using information provided

Directions: In this part of the test, you will answer three questions based on the information provided. You will have 45 seconds to read the information before the questions begin. You will have three seconds to prepare and 15 seconds to respond to Questions 8 and 9. You will hear Question 10 two times. You will have three seconds to prepare and 30 seconds to respond to Question 10.

TOEIC Speaking

Questions 8-10 of 11

Staff Meeting

Michigan University, Conference Room 5B
Monday, May 15, 10:00 A.M. – 12:45 P.M.

Time	Topic	Presenter
10:00 A.M.	New Classes	Ellen Cranston
10:30 A.M.	Membership Program a. Fee increase b. Additional benefits	Mike Roberts
11:00 A.M.	New Employee Training	Gina Barlow
11:30 A.M.	Changes to the Center a. Locker room renovations b. Tennis court construction	Fred Coatman
12:15 P.M.	Gym Policy Changes	Kaila Colbin

PREPARATION TIME
00:00:45

PREPARATION TIME 00:00:03	PREPARATION TIME 00:00:03	PREPARATION TIME 00:00:03
RESPONSE TIME 00:00:15	RESPONSE TIME 00:00:15	RESPONSE TIME 00:00:30

Express an opinion
의견 제시하기

QUESTION 11

+ 미리 보기
+ 기본기 다지기
+ 전략 익히기
+ 유형 공략하기
+ CHECK-UP TEST
+ ACTUAL TEST

QUESTION 11 미리 보기

기본 정보

- 문제 번호   Question 11
- 문제 유형   Express an opinion 의견 제시하기
- 답변 준비 시간   45초
- 답변 시간   60초
- 평가 기준   발음, 억양, 강세, 문법, 어휘, 일관성, 내용의 관련성, 내용의 완성도
- 배점   0~5점

진행 순서

TOEIC Speaking

Question 11: Express an opinion

Directions: In this part of the test, you will give your opinion about a specific topic. Be sure to say as much as you can in the time allowed. You will have 45 seconds to prepare. Then you will have 60 seconds to speak.

1 Q11 지시문이 음성과 함께 화면에 제시된다.

TOEIC Speaking   **Question 11 of 11**

Do you agree or disagree with this statement?
When looking for a job, it is better to ask friends for advice.
Use specific reasons and examples to support your opinion.

2 11번 문제가 음성과 함께 화면에 제시된다.

| TOEIC Speaking | Question 11 of 11 | |

Do you agree or disagree with this statement?
When looking for a job, it is better to ask friends for advice.
Use specific reasons and examples to support your opinion.

PREPARATION TIME
00:00:45

3 질문이 끝나면, 아래 지시문이 음성으로 나온 후, '삐' 소리와 함께 45초의 준비 시간이 주어진다.
"Begin preparing now."
[Beep]

| TOEIC Speaking | Question 11 of 11 | |

Do you agree or disagree with this statement?
When looking for a job, it is better to ask friends for advice.
Use specific reasons and examples to support your opinion.

RESPONSE TIME
00:01:00

4 아래 지시문이 음성으로 나온 후, '삐' 소리와 함께 60초의 답변 시간이 주어진다.
"Begin speaking now."
[Beep]

기본기 다지기

1 질문 유형 파악 → 입장 정하기 → 근거 떠올리기

> Do you agree or disagree with this statement?
> *When looking for a job, it is better to ask friends for advice.*
> Use specific reasons and examples to support your opinion.
> 다음 진술에 동의하나요, 아니면 동의하지 않나요?
> 직업을 구할 때 친구들에게 조언을 구하는 것이 더 좋다.
> 의견을 뒷받침하기 위한 구체적인 이유와 예시를 제시하세요.

▶ 45초의 준비 시간 동안 질문 유형 파악 후 입장을 정한 다음, 해당 근거를 떠올린다. 답변 시간이 시작되면 앞서 떠올렸던 입장과 근거를 이유, 예시 등을 포함해 2가지 정도 언급한다.

질문 유형

- **Agree/Disagree**: 찬성/반대 의견 말하기
- **Prefer A or B**: 선호 사항 말하기
- **Choose A or B (or C)**: 선택 사항 말하기
- **Advantage/Disadvantage**: 장단점 설명하기

만능 답변 표현

의견(찬성/반대, 선호 사항)	I agree(↔ disagree) that ~ ~에 찬성(↔ 반대)합니다 I prefer ~ ~을 선호합니다 In my opinion, 제 의견으로는, I think(/believe) ~ ~라고 생각합니다
이유 & 예시	Because ~ 왜냐하면 ~ The reason is that ~ 이유는 ~입니다 There are two reasons for that. 그 이유는 두 가지가 있습니다. For example(/instance), 예를 들면,
열거	First, Second(ly), 첫 번째는/우선은, 두 번째로는 In addition, 덧붙여, 게다가
마무리	Therefore, 그러므로, That's why I ~ 그게 제가 ~한 이유입니다 For this reason(/these reasons), 이러한 이유로,

답변 구성

| 서론(의견) | 본론(근거 - 이유/예시) | 결론(마무리) |

▶ 위 구성에 따라 답하고 의사를 명확히 전달하는 것이 중요하므로, 자신의 의견이나 실제 경험보다는 말하기 쉬운 일반적인 내용을 선택해 근거를 구성하는 것이 좋다. (선택지가 있는 경우, 먼저 나온 것, 긍정적인 것이 유리!)
▶ 그대로 쓸 수 있는 만능 답변 표현을 익혀서, 60초 동안 끊지 않고 답변을 전개하는 연습을 한다.

2 답변 패턴 익히기

서론 (의견)	**I agree that** when looking for a job, it is better to ask friends for advice. 직업을 구할 때, 친구들에게 조언을 구하는 것이 더 좋다는 것에 동의합니다.
본론 (근거)	**And there are two reasons for that.** **First,** it is more helpful for me, so I can save time. This is because I don't have to waste time on getting useful tips. **That's why it is more beneficial for me.** **Second,** it is reliable so I can get accurate information. **For example,** two weeks ago, when I was looking for a job, I asked my friend for advice. And it was reliable because he had experience in searching for a job, so I could get accurate information from him. And I could get a good job. **That's why it was a good experience for me.** 그리고 그 이유는 두 가지가 있습니다. 첫 번째, 그것이 제게 더 도움이 되어서 시간을 절약할 수 있습니다. 왜냐하면 유용한 팁을 얻는 데 시간을 낭비할 필요가 없기 때문입니다. 그래서 그게 저한테 더 이롭습니다. 두 번째, 그것은 신뢰할 만해서 정확한 정보를 얻을 수 있습니다. 예를 들면, 2주 전에 제가 직업을 구하고 있을 때, 제 친구에게 조언을 구했습니다. 그리고 그는 직업을 구했던 경험이 있었기 때문에 신뢰할 만해서, 그에게서 정확한 정보를 얻을 수 있었습니다. 그리고 저는 좋은 직업을 얻을 수 있었습니다. 그래서 그것은 제게 좋은 경험이었습니다.
결론 (마무리)	**For these reasons, I think** it is better to ask friends for advice when looking for a job. 이러한 이유로, 직업을 구할 때 친구들에게 조언을 구하는 것이 더 좋다고 생각합니다.

QUESTION 11 전략 익히기

1 아래 템플릿 구조를 익힌 후, 답변에 적용해 보자.

서론 (의견)	• I prefer A (to B). • I agree(↔ disagree) that ~. • I think(/believe) that ~. • In my opinion, ~. • (I think) there are some advantages of ~. • (I think) there is an advantage of ~. • (I think) the advantage of ... is ~.
본론 (근거)	• And there are two reasons for that. First, ~. Second, ~. • That's why it is more beneficial for me. • That's why it was a good experience for me.
결론 (마무리)	• For these reasons, I prefer(/like) ~. • I agree(↔ disagree) that ~. • For these reasons, I think(/believe) that ~. • For these reasons, I don't think(/believe) that ~. • For these reasons, I think(/believe) these are the advantages of ~. • For this reason, I think(/believe) this is the advantage of ~. • For this reason, I think(/believe) the advantage of ... is ~.

> Do you agree or disagree with this statement?
> *When looking for a job, it is better to ask friends for advice.*
> Use specific reasons and examples to support your opinion.
> 다음 진술에 동의하나요, 아니면 동의하지 않나요?
> 직업을 구할 때 친구들에게 조언을 구하는 것이 더 좋다.
> 의견을 뒷받침하기 위한 구체적인 이유와 예시를 제시하세요.

1. 서론

서론 (의견)	**I agree that** when looking for a job, it is better to ask friends for advice. 직업을 구할 때, 친구들에게 조언을 구하는 것이 더 좋다는 것에 동의합니다.

▶ 질문에 나온 문장을 평서문으로 바꿔 서론을 시작한다.

  ex Do you prefer watching movies at home or in a movie theater?
    → I prefer watching movies at home to watching them in a movie theater.

2. 본론

- 근거가 하나인 경우: And the reason is that ~.
- 근거가 두 개인 경우: And there are two reasons for that. First, ~. Second, ~.

전략 1

만능 문장: That's why it is more beneficial for me.

| 본론
(근거 1) | **And there are two reasons for that.**
First, it is more helpful for me, so I can save time.
This is because I don't have to waste time on getting useful tips.
That's why it is more beneficial for me. ← 만능 문장
그리고 그 이유는 두 가지가 있습니다.
첫 번째, 그것이 저에게 더 도움이 되어서 시간을 절약할 수 있습니다. 왜냐하면 유용한 팁을 얻는 데 시간을 낭비할 필요가 없기 때문입니다. 그래서 그것이 저한테 더 이롭습니다. |

▶ 근거 1 문장에 뒷받침 문장(This is because ~)을 현재시제로 덧붙인다. 접속사 so/because와 만능 문장을 활용한다.

전략 2

만능 문장: That's why it was a good experience for me.

| 본론
(근거 2) | **Second,** it is reliable so I can get accurate information.
For example, two weeks ago, when I was looking for a job, I asked my friend for advice. And it was reliable because he had experience in searching for a job, so I could get accurate information from him. And I could get a good job. That's why it was a good experience for me. ← 만능 문장
두 번째, 그것은 신뢰할 만해서 정확한 정보를 얻을 수 있습니다.
예를 들면, 2주 전에 직업을 구하고 있을 때, 제 친구에게 조언을 구했습니다. 그리고 그는 직업을 구했던 경험이 있었기 때문에 그것은 신뢰할 만해서, 저는 정확한 정보를 얻을 수 있었습니다. 그리고 저는 좋은 직업을 얻을 수 있었습니다. 그래서 그것은 저에게 좋은 경험이었습니다. |

▶ 위 근거 1 문장과 근거 2 문장(현재시제)을 말한 후, 이를 뒷받침하는 예시나 경험을 과거시제로 덧붙인다.

▶ 과거 예시는 아래의 표현을 이용해 나타낸다.

> **cf 과거 시점 표현:** yesterday, last week, last month, last year, two weeks ago, two months ago, two years ago, when I was(과거동사) ~

▶ 어느 시점까지 지속되는 내용을 전개할 때, 과거 시점 표현 앞에 until을 붙이고 과거시제를 쓴다.

　cf until을 이용한 표현: until today, until yesterday, until last week, until last month....

▶ 근거 문장의 개수에 따라, And the reason is that ~ 또는 And there are two reasons for that ~ 으로 전개한다. 근거 문장은 너무 길지 않게 넣는 것이 좋다.

▶ 예시의 경우, 과거의 경험을 들 때 과거시제 표현을 쓰고, 서론 및 근거 문장을 과거시제로 바꾼다. 이때, 앞서 언급한 것의 동의 표현으로 바꾸면 된다. 서론 및 근거 문장을 과거시제로 바꿔 적용할 때, 단어를 추가하거나 유사한 내용의 단어나 문장으로 변형시키면 더 좋다.

　ex I prefer watching movies at home. → Yesterday, I watched a movie at home.

▶ 과거 예시의 경우, 근거 문장의 동사만 과거시제로 바꿔 전개한다. 그 뒤에 뒷받침 문장을 1~2개 정도 짧게 덧붙이면 좋다. 이때도 과거시제로 쓴다.

▶ 만능 문장은 답변 구성 시 활용도가 높으므로, 외워서 최대한 활용하면 좋다.

만능 문장 1	That's why it is more(↔ not) beneficial for me. 그래서 그것은 제게 더 이롭습니다(↔ 이롭지 않습니다).
만능 문장 2	That's why it was a good(↔ bad) experience for me. 그래서 그것은 제게 좋은(↔ 나쁜) 경험이었습니다.

▶ 만능 문장은 내용에 따라 변형이 필요한 경우가 있으므로 주의해야 한다.

　ex That's why it is more beneficial for me. 그래서 그것은 제게 더 이롭습니다.
　　→ That's why it is more beneficial for the company. 그래서 그것은 회사에 더 이롭습니다.

▶ 근거 문장 뒤에 다른 근거 문장을 추가할 경우, In addition/Additionally를 쓸 수 있다.

3. 결론

- 마무리 문장은 For this reason(/For these reasons)으로 시작해 서론 문장의 동의 표현으로 바꾸거나 그대로 써서 답변을 전개한다.

결론 (마무리)	For these reasons, I think it is better to ask friends for advice when looking for a job. 이러한 이유들로, 직업을 구할 때 친구들에게 조언을 구하는 것이 더 좋다고 생각합니다.

▶ 서론 문장을 마무리 문장에 그대로 넣고, 내용에 맞는 동의어로 바꾸면 된다.

　ex I prefer watching movies at home to watching them in a movie theater.
　　→ For these reasons, I like to watch movies at home.

▶ 서론 문장에서 쓴 표현은 마무리 문장에서 동의 표현으로 바꿔 답하는 것이 좋지만 시간이 촉박할 경우, 다음과 같이 짧게 마무리한다.

Agree or disagree 유형	• 근거 1개: **For this reason,** I agree(↔ disagree) with the statement. • 근거 2개: **For these reasons,** I agree(↔ disagree) with the statement.
Advantage/ Disadvantage 유형	• 근거 1개: **For this reason,** this is the advantage(↔ disadvantage). • 근거 2개: **For these reasons,** these are the advantages (↔ disadvantages).
기타 유형	• 근거 1개: This is the reason why. • 근거 2개: These are the reasons why.

PRACTICE
다음 문제를 보고 답변을 완성해 보자.

1. Prefer A or B (선호 사항)

Do you prefer owning a home or renting?
Give reasons and examples to support your opinion.

근거 1 + 예시 1

서론 (의견)	_____
본론 (근거)	And the reason is that _____ For example, _____ _____ _____ That's why it was a good experience for me. And also, it was more beneficial for me.
결론 (마무리)	For this reason, _____

근거 2 + 예시 1

서론 (의견)	_____
본론 (근거 1)	And there are two reasons for that. First, _____ _____ That's why it is more beneficial for me.
본론 (근거 2)	Second, _____ For example, _____ _____ _____ That's why it was a good experience for me.
결론 (마무리)	For these reasons, _____

🎧 Q11_1~4 / 해설 p.264

2. Agree or Disagree (찬성/반대)

Do you agree or disagree with this statement?
People should know how to cook.
Give reasons and examples to support your opinion.

근거 1 + 예시 1

서론 (의견)	_____
본론 (근거)	And the reason is that _____ For example, _____ _____ _____ That's why it was a good experience for me. And also, it was more beneficial for me.
결론 (마무리)	For this reason, _____

근거 2 + 예시 1

서론 (의견)	_____
본론 (근거 1)	And there are two reasons for that. First, _____ _____ That's why it is more beneficial for me.
본론 (근거 2)	Second, _____ For example, _____ _____ _____ That's why it was a good experience for me.
결론 (마무리)	For these reasons, _____

3. Choose A or B or C (선택 사항)

> Which of the following attributes is the most important for a supervisor to have?
> - Problem-solving skills
> - Communication skills
> - Organizational skills
> Use specific ideas and examples to support your opinion.

근거 1 + 예시 1

서론 (의견)	_____
본론 (근거)	And the reason is that _____ For example, _____ _____ That's why it was a good experience for us. And also, it was more beneficial for us.
결론 (마무리)	For this reason, _____

근거 2 + 예시 1

서론 (의견)	_____
본론 (근거 1)	And there are two reasons for that. First, _____ _____ That's why it is more beneficial for the company.
본론 (근거 2)	Second, _____ For example, _____ _____ That's why it was a good experience for us.
결론 (마무리)	For these reasons, _____

4. Advantage/Disadvantage (장단점)

What are the advantages of reading customer reviews when shopping online? Use specific reasons and examples to support your opinion.

근거 1 + 예시 1

서론 (의견)	
본론 (근거)	And the reason is that _____ For example, _____ _____ _____ That's why it was a good experience for me. And also, it was more beneficial for me.
결론 (마무리)	For this reason, _____

근거 2 + 예시 1

서론 (의견)	
본론 (근거 1)	And there are two reasons for that. First, _____ _____ That's why it is more beneficial for me.
본론 (근거 2)	Second, _____ For example, _____ _____ That's why it was a good experience for me.
결론 (마무리)	For these reasons, _____

QUESTION 11 유형 공략하기

1 유형 별 근거 문장 익히기

- 근거 문장에 활용 가능한 문장 패턴을 익혀두면 답변 전개 시 훨씬 수월하다. Questions 5-7의 "소재 별 추가 문장 활용 표현"을 참고하고(p. 91~92), 아래의 패턴도 익혀 두자.

> **예 직장/학교**
>
> **A** It is more competitive / efficient / effective / productive / profitable.
> 그것은 더 경쟁이 치열하다/효율적이다/생산적이다/이익이 된다.
>
> **+** and, so, because
>
> **B** I can study(/work) harder 더 열심히 공부할(/일할) 수 있다
> I can get a better result(/performance) 더 좋은 결과를 얻을 수 있다
> I can be motivated 동기 부여될 수 있다

▶ 내용에 따라 not을 붙여서 연결하면 되고 A, B 중 하나만 근거 문장으로 써도 된다.
▶ A, B를 and, so, because 등으로 연결해서 쓸 수 있다.

> **참고 기타 추가 표현**
>
> I can socialize with(/mingle with) other people more easily.
> 다른 사람들과 더 쉽게 어울릴 수 있습니다.
> They can make the right decision. 그들은 올바른 결정을 할 수 있습니다.
> They are responsible (for ~). 그들은 (~에 대한) 책임감이 있습니다.
> They can be careless. 그들은 부주의할 수 있습니다.
> They can be spoiled. 그들은 버릇 없어질 수 있습니다.

2 근거 문장과 어울리는 예시 만들기

- 아래의 도입부 표현을 활용하면 더욱 쉽게 예시 답변을 전개할 수 있다.

> For example, two years ago, when I worked at my company(/department/team),
> 예를 들어, 2년 전에, 제가 이전 회사(/부서/팀)에서 일했을 때,
>
> For example, when I studied at my school(/university/college),
> 예를 들어, 제가 대학생이었을 때,
>
> For example, when I was a high(/a middle/an elementary) school student,
> 예를 들어, 제가 고등학생(/중학생/초등학생)이었을 때,
>
> For example, when I was a child, 예를 들어, 제가 어렸을 때,

▶ 문장을 연결할 경우, 접속사 when 대신에 콤마(,)와 등위접속사(and)를 넣어 연결해도 된다.

ex For example, two years ago, when I worked at my old company, my manager had good communication skills.
예를 들면, 2년 전에 이전 회사에서 일했을 때, 제 상사는 훌륭한 의사소통 능력을 갖추고 있었습니다.

= For example, two years ago, I worked at my old company, and my manager had good communication skills.
예를 들면, 2년 전에 이전 회사에서 일했고, 제 상사는 훌륭한 의사소통 능력을 갖추고 있었습니다.

3 근거 문장 응용하기

- 순발력 있게 답변을 전개해 나가려면 근거 문장 만드는 연습을 해야 한다. 다음 구문을 익혀서 답변 구성 시 활용하자.

1 근거 문장 뒤에 붙여 전개하기

① 근거 문장 + and/so ~

▶ 여러 문장을 연결할 때 and/so를 붙이면 자연스럽게 전개된다. 또한, 문장이 끝난 뒤에 새로 시작하는 문장 앞에 붙일 수도 있다.

ex It is cheaper, so I can save money. 그게 더 쌉니다. 그래서 저는 돈을 절약할 수 있습니다.

▶ 추가로 내용을 덧붙일 때 And also 또는 Also를 붙여 전개한다.

ex I watched a movie at home, and it was very comfortable. So, I could have a good time. And also, I was able to save a lot of time.
저는 집에서 영화를 봤고 매우 편했습니다. 그래서 저는 좋은 시간을 보낼 수 있었습니다. 그리고 또한, 많은 시간을 아낄 수 있었습니다.

② 근거 문장 + because/since/as ~

▶ 접속사 because/since/as는 상황에 따라 접속사절을 앞에 쓰고 근거 문장을 뒤로 보내도 된다.

ex It was really helpful for me because(/since/as) my friend had experience in searching for a job.
그것은 제게 정말 도움이 되었습니다. 왜냐하면 제 친구가 직업을 구했던 경험이 있었기 때문입니다.

ex Because(/Since/As) I'm a student, I don't have a lot of money.
저는 학생이기 때문에 많은 돈을 가지고 있지 않습니다.

2 근거 문장 앞에 붙여 전개하기

① It is important for me because + 근거 문장

▶ 이 구문은 근거 문장을 길게 붙일 때 유용하게 쓸 수 있다. because 뒤에는 구체적으로 전개하는 것이 좋다.

ex It is very important because I can save time at work.
그것은 매우 중요합니다. 왜냐하면 제가 직장에서 시간을 절약할 수 있기 때문입니다.

② When/If/While/Although ~, 근거 문장

▶ 접속사 When/If/While/Although 절은 근거 문장 앞에 사용하기 좋다. 이 구성 뒤에 because를 붙여 구체적인 내용을 전개할 수 있다.

ex If I know how to cook, I can save money because I don't have to pay for buying expensive food.
요리하는 방법을 안다면, 저는 돈을 절약할 수 있습니다. 왜냐하면 비싼 음식을 사는 데 돈을 지불할 필요가 없기 때문입니다.

▶ 접속사 When/While 뒤에 <주어+be동사>는 생략할 수 있다. 이때, <주어+be동사>만 생략할 수 있으므로, be동사 뒤의 형용사 또는 ⓥing(현재분사), ⓥed(과거분사)만 남게 된다.

ex When (they are) teaching, teachers might face challenges and difficulties.
(그들이) 가르칠 때, 교사들은 힘든 문제들과 어려움을 직면할지도 모릅니다.

ex While (they are) playing sports games, children can learn how to socialize with other people.
(그들이) 스포츠 경기를 할 때, 아이들은 다른 사람들과 어울리는 법을 배울 수 있습니다.

3 질문 유형 별 답변 구성하기

질문 유형 Prefer A or B (선호 사항) 🎧 Q11_5

> Do you prefer watching movies at home or in a movie theater?
> Use specific reasons and examples to support your opinion.
> 집에서 영화 보는 것을 선호하나요, 아니면 영화관에서 보는 것을 선호하나요?
> 당신의 의견을 뒷받침하기 위한 구체적인 이유와 예시를 드세요.

답변 1 | 근거 1 + 예시 1

서론 (의견)	**I prefer** watching movies at home to watching them in a movie theater. 저는 영화관에서 영화를 보는 것보다 집에서 영화를 보는 것을 선호합니다.
본론 (근거 & 예시)	**And the reason is that** it is more comfortable, so I can have a good time. **For example,** yesterday, I watched a movie at home, and it was very comfortable. Therefore, I could have a good time. And also, I was able to save a lot of time. That's why it was a good experience for me. And also, it was more beneficial for me. 〔만능 문장〕 그리고 그 이유는 그게 더 편하기 때문에 저는 좋은 시간을 보낼 수 있습니다. 예를 들면, 어제 저는 집에서 영화를 봤고 매우 편했습니다. 따라서 저는 좋은 시간을 보낼 수 있었습니다. 그리고 또한, 저는 많은 시간을 아낄 수 있었습니다. 그래서 그것이 제게 좋은 경험이었습니다. 그리고 또한, 더 이로웠습니다.
결론 (마무리)	**For this reason,** I like to watch movies at home. 이러한 이유로, 저는 집에서 영화 보는 것을 좋아합니다.

답변 2 | 근거 2 + 예시 1

서론 (의견)	**I prefer** watching movies at home to watching them in a movie theater. 저는 영화관에서 영화를 보는 것보다 집에서 영화를 보는 것을 선호합니다.
본문 (근거 1 & 근거 2 & 예시)	**And there are two reasons for that.** **First,** it is more affordable, so I can save money. Since(→ Because/As) I'm a student, I don't have a lot of money. That's why it is more beneficial for me. 〔만능 문장〕 **Second,** it is more comfortable, so I can have a good time. **For example,** yesterday, I watched a movie at home, and it was very comfortable. Therefore, I could have a good time. And also, I was able to save a lot of time. That's why it was a good experience for me. 〔만능 문장〕

	그리고 그 이유는 두 가지가 있습니다. 첫 번째, 그것은 더 저렴해서 돈을 절약할 수 있습니다. 저는 학생이기 때문에 많은 돈을 갖고 있지 않습니다. 그래서 그것은 제게 더 이롭습니다. 두 번째, 그것은 더 편해서 좋은 시간을 보낼 수 있습니다. 예를 들면, 어제 저는 집에서 영화를 봤고 매우 편했습니다. 따라서 저는 좋은 시간을 보낼 수 있었습니다. 그리고 또한, 저는 많은 시간을 아낄 수 있었습니다. 그래서 그것은 제게 좋은 경험이었습니다.
결론 (마무리)	**For these reasons,** I like **to watch movies at home.** 이러한 이유들로, 저는 집에서 영화 보는 것을 좋아합니다.

질문 유형 Agree or Disagree (찬성/반대)   🎧 Q11_6

Do you agree or disagree with this statement?
Young people are not responsible with money.
Use specific reasons and examples to support your opinion.

다음 진술에 동의하나요? 아니면 동의하지 않나요?
젊은 사람들은 돈에 책임감이 없다.
당신의 의견을 뒷받침하기 위한 구체적인 이유와 예시를 드세요.

답변 1 | 근거 1 + 예시 1

서론 (의견)	**I agree that** young people are not responsible with money. 저는 젊은 사람들이 돈에 책임감이 없다는 것에 동의합니다.
본론 (근거 & 예시)	**And the reason is that** they are careless. **For example,** when I was a high school student, I was not responsible with money because I spent money freely and easily. I couldn't know the value of money very well since I didn't work to earn money. Moreover, I couldn't make the right decision on spending money because I was still young. <mark>That's why it was a bad experience for me. And also, it was not beneficial for me.</mark> 〈만능 문장〉 그리고 그 이유는 그들이 부주의하기 때문입니다. 예를 들면, 고등학생 때 저는 돈을 마음대로 쉽게 썼기 때문에 돈에 대한 책임감이 없었습니다. 저는 돈을 벌기 위해 일하지 않았기 때문에 돈의 가치를 잘 알 수 없었습니다. 게다가, 아직 어렸기 때문에 돈을 쓰는 데 올바른 결정을 할 수 없었습니다. 그래서 그것은 제게 좋지 않은 경험이었습니다. 그리고 또한, 제게 이롭지 않았습니다.
결론 (마무리)	**For this reason, I think that** young people are not responsible with money. 이러한 이유로, 저는 젊은 사람들이 돈에 대한 책임감이 없다고 생각합니다.

답변 2 | 근거 2 + 예시 1

서론 (의견)

I agree that young people are not responsible with money.
저는 젊은 사람들이 돈에 책임감이 없다는 것에 동의합니다.

본문 (근거 1 & 근거 2 & 예시)

And there are two reasons for that.
First, they cannot manage money because their parents take care of money, and they get the money from their parents. Therefore, young people don't feel responsible with their money. **That's why it is not beneficial for them.** 〔만능 문장〕

Second, they are careless.
For example, when I was a high school student, I was not responsible with money because I spent money freely and easily. I couldn't know the value of money very well since I didn't work to earn money. Moreover, I couldn't make the right decision on spending money because I was still young. **That's why it was a bad experience for me.** 〔만능 문장〕

그리고 그 이유는 두 가지가 있습니다.
첫 번째, 그들은 돈을 관리할 수 없습니다. 왜냐하면 부모가 돈을 관리하고 그들은 부모로부터 그 돈을 받기 때문입니다. 따라서 젊은 사람들은 돈에 대한 책임감을 느끼지 못합니다. 그래서 그것은 그들에게 이롭지 않습니다.
두 번째, 그들은 부주의합니다.
예를 들면, 고등학생 때 저는 돈을 마음대로 쉽게 썼기 때문에 돈에 책임감이 없었습니다. 저는 돈을 벌기 위해 일하지 않았기 때문에 돈의 가치를 잘 알 수 없었습니다. 게다가, 아직 어렸기 때문에 돈을 쓰는 데 올바른 결정을 할 수 없었습니다. 그래서 그것은 제게 좋지 않은 경험이었습니다.

결론 (마무리)

For these reasons, I think that young people are not responsible with money. 이러한 이유들로, 저는 젊은 사람들이 돈에 대한 책임감이 없다고 생각합니다.

질문 유형 Choose A or B or C (선택 사항)　　🎧 Q11_7

Which of the following aspects do you think would be the most important as a manager?
- Intelligence
- Sociability
- Patience

Use specific ideas and examples to support your opinion.

다음 중 어떤 측면이 상사로서 가장 중요한 것이라고 생각하나요?
- 지성 / 사회성 / 인내심
당신의 의견을 뒷받침하기 위한 구체적인 아이디어와 예시를 드세요.

답변 1 | 근거 1 + 예시 1

서론 (의견)	**I think that** intelligence would be the most important aspect as a manager. 저는 지성이 상사로서 가장 중요한 측면이라고 생각합니다.
본론 (근거 & 예시)	**And the reason is that** it is more helpful for me because I can get various kinds of information(→ because I can learn more things). **For example,** when I worked at my old company, my manager was intelligent, and I asked him for advice(→ I asked my manager, who was intelligent, for advice). And it was really helpful for me because I could get various kinds of information from him. That's why it was a good experience for me. And also, it was more beneficial for me. 〔만능 문장〕 그리고 그 이유는 다양한 정보를 얻을 수 있기 때문에(→ 더 많은 것들을 배울 수 있기 때문에) 제게 더 도움이 됩니다. 예를 들면, 제가 이전 회사에서 일했을 때, 제 상사는 아는 게 많아서 저는 그에게 조언을 구했습니다. (→ 저는 아는 게 많은 제 상사에게 조언을 구했습니다.) 그리고 그에게서 다양한 정보를 얻을 수 있었기 때문에 정말 도움이 되었습니다. 그래서 그것은 제게 좋은 경험이었습니다. 그리고 또한, 더 이로웠습니다.
결론 (마무리)	**For this reason, I believe** intelligence is the most important aspect as a manager. 이러한 이유로, 저는 지성이 상사로서 가장 중요한 측면이라고 믿습니다.

답변 2 | 근거 2 + 예시 1

서론 (의견)	**I think that** intelligence would be the most important aspect as a manager. 저는 지성이 상사로서 가장 중요한 측면이라고 생각합니다.
본문 (근거 1 & 근거 2 & 예시)	**And there are two reasons for that.** **First,** if my manager is intelligent, I can be motivated at work because he is knowledgeable, and he can solve problems more easily, so I can work harder. That's why it is more beneficial for me. 〔만능 문장〕 **Second,** it is more helpful for me because I can get various kinds of information(→ because I can learn more things). **For example,** when I worked at my old company, my manager was intelligent, and I asked him for advice(→ I asked my manager, who was intelligent, for advice). And it was really helpful for me because I could get various kinds of information from him. That's why it was a good experience for me. 〔만능 문장〕 그리고 그 이유는 두 가지가 있습니다. 첫 번째, 제 상사가 아는 게 많으면, 저는 직장에서 동기 부여될 수 있습니다. 왜냐하면 그는 아는 게 많아서 문제를 더 쉽게 해결할 수 있기 때문입니다. 그래서 저는 더 열심히 일할 수 있습니다. 그래서 그것은 제게 더 이롭습니다.

	두 번째, 다양한 정보를 얻을 수 있기 때문에(→ 더 많은 것들을 배울 수 있기 때문에) 제게 더 도움이 됩니다. 예를 들면, 제가 이전 회사에서 일했을 때, 제 상사는 아는 게 많아서 저는 그에게 조언을 구했습니다. (→ 저는 아는 게 많은 제 상사에게 조언을 구했습니다.) 그리고 그에게서 다양한 정보를 얻을 수 있었기 때문에 정말 도움이 되었습니다. 그래서 그것은 제게 좋은 경험이었습니다.
결론 (마무리)	**For these reasons, I believe** intelligence is the most important aspect as a manager. 이러한 이유들로, 저는 지성이 상사로서 가장 중요한 측면이라고 믿습니다.

참고 다음과 같이, 동일한 문제가 다른 어휘로 출제되기도 한다.

ex Which of the following aspects(/factors/attributes/qualities/features/characteristics) do you think would be the most important as a manager?

질문 유형 Advantage/Disadvantage (장단점)   🎧 Q11_8

What are the advantages(↔ disadvantages) of working in a group in the workplace? Use specific reasons and examples to support your opinion.
직장에서 그룹으로 일하는 것의 장/단점은 무엇인가요?
당신의 의견을 뒷받침하기 위한 구체적인 이유와 예시를 드세요.

답변 1 | 근거 1 + 예시 1 (장점일 경우)

서론 (의견)	**I think there is an advantage of** working in a group in the workplace. 직장에서 그룹으로 일하는 것의 장점이 있다고 생각합니다.
본론 (근거 & 예시)	**And the reason is that** it is more efficient to work in a group(→ team) because we can share the work. So, we can perform better. **For example,** last year, when I worked at my old company(→in my old department), I worked in a group on an important task. And it was very efficient because my group members shared the work, and we could deal with the work more easily. Therefore, our performance(→ result) at work could be better. That's why it was a good experience for me. And also, it was more beneficial for me. ◁ 만능 문장 그리고 그 이유는 그룹으로 일하는 것은 더 효율적인데, 일을 나눠서 할 수 있기 때문입니다. 그래서 더 좋은 성과를 얻을 수 있습니다. 예를 들면, 작년에 제가 이전 회사(→ 부서)에서 일했을 때, 저는 그룹으로 중요한 업무를 작업했습니다. 그리고 그것은 매우 효율적이었습니다. 왜냐하면 저의 그룹 구성원들이 일을 나눠서 해서 더 쉽게 일 처리를 할 수 있었기 때문입니다. 따라서 직장에서의 성과는 향상될 수 있었습니다. 그래서 그것은 제게 좋은 경험이었습니다. 그리고 또한, 더 이로웠습니다.
결론 (마무리)	**For this reason, I believe** this is the advantage of working in a group in the workplace(→ at work). 이러한 이유로, 이것이 직장에서 그룹으로 일하는 것의 장점이라고 믿습니다.

답변 2 | 근거 1 + 예시 1 (단점일 경우)

서론 (의견)

I think there is a disadvantage of working in a group in the workplace.
직장에서 그룹으로 일하는 것의 단점이 있다고 생각합니다.

본론 (근거 & 예시)

And the reason is that it is not efficient to work in a group because there can be conflicts or disagreements. So, we cannot work harder.
For example, last year, when I worked at my old company, I worked in a group on an important task. And it was not efficient because my group members had conflicts while doing the work together. Therefore, I couldn't work harder in our team. As a result, we couldn't complete the task properly. That's why it was a bad experience for me. And also, it was not beneficial for me. ― 만능 문장

그리고 그 이유는 그룹으로 일하는 것은 효율적이지 않습니다. 왜냐하면 갈등이나 의견 불일치가 있을 수 있기 때문입니다. 그래서 우리는 더 열심히 일할 수 없습니다.
예를 들면, 작년에 제가 이전 회사에서 일했을 때, 저는 그룹으로 중요한 업무를 작업했습니다. 그리고 그것은 효율적이지 않았는데, 저희 그룹 구성원들이 함께 일하는 동안 갈등이 있었기 때문입니다. 따라서 저는 팀에서 더 열심히 일할 수 없었습니다. 그 결과, 우리는 제대로 일을 끝낼 수 없었습니다. 그래서 그것은 제게 좋지 않은 경험이었습니다. 그리고 또한, 제게 이롭지 않았습니다.

결론 (마무리)

For this reason, I believe this is the disadvantage of working in a group in the workplace. 이러한 이유로, 이것이 직장에서 그룹으로 일하는 것의 단점이라고 믿습니다.

답변 3 | 근거 2 + 예시 1 (장점일 경우)

서론 (의견)

I think there are some advantages of working in a group in the workplace.
직장에서 그룹으로 일하는 것의 몇 가지 장점이 있다고 생각합니다.

본문 (근거 1 & 근거 2 & 예시)

And there are two reasons for that.
First, when working in a group, it is more helpful for me. This is because I can learn more things and get useful information and advice from the group members. That's why it is more beneficial for me. ― 만능 문장

Second, it is more efficient to work in a group because we can share the work.
For example, last year, when I worked at my old company, I worked in a group on an important task. And it was very efficient because my group members shared the work, and we could deal with the work more easily. Therefore, our performance at work was better. That's why it was a good experience for me. ― 만능 문장

그리고 그 이유는 두 가지가 있습니다.
첫 번째, 그룹으로 일하면 제게 더 도움이 됩니다. 왜냐하면 저는 그룹 구성원들로부터 더 많은 것들을 배울 수 있고 유용한 정보와 조언을 얻을 수 있기 때문입니다. 그래서 그것은 제게 더 이롭습니다.
두 번째, 그룹으로 일하는 것이 더 효율적입니다. 왜냐하면 우리가 일을 나눠서 할 수 있기 때문입니다.

	예를 들면, 작년에 제가 이전 회사에서 일했을 때, 저는 그룹으로 중요한 업무를 작업했습니다. 그리고 그것은 매우 효율적이었습니다. 왜냐하면 그룹 구성원들이 일을 나눠서 해서 더 쉽게 일을 처리할 수 있었기 때문입니다. 따라서 직장에서 우리의 성과는 더 좋아졌습니다. 그래서 그것은 제게 좋은 경험이었습니다.
결론 (마무리)	**For these reasons, I believe these are the advantages of** working in a group in the workplace. 이러한 이유들로, 이것들이 직장에서 그룹으로 일하는 것의 장점이라고 믿습니다.

답변 4 | 근거 2 + 예시 1 (단점일 경우)

서론 (의견)	**I think there are some disadvantages of** working in a group in the workplace. 직장에서 그룹으로 일하는 것의 몇 가지 단점들이 있다고 생각합니다.
본문 (근거 1 & 근거 2 & 예시)	**And there are two reasons for that.** **First,** when working in a group, it is not helpful for me. This is because I can waste time. I can spend a lot of time listening to all of the opinions of my team members when making a decision. **That's why it is not beneficial for me.** ← 만능 문장 **Second,** it is not efficient to work in a group because there can be conflicts or disagreements. So, we cannot work harder. **For example,** last year, when I worked at my old company, I worked in a group on an important task. And it was not efficient because my group members had conflicts while doing the work together. Therefore, I couldn't work harder in our team. As a result, we couldn't complete the task properly. **That's why it was a bad experience for me.** ← 만능 문장 그리고 그 이유는 두 가지가 있습니다. 첫 번째 그룹으로 일하면, 저에게 도움이 되지 않습니다. 왜냐하면 시간을 낭비할 수 있기 때문입니다. 저는 결정할 때 팀 구성원들의 모든 의견을 듣는 데 많은 시간을 소비하게 될 수 있습니다. 그래서 그것은 제게 이롭지 않습니다. 두 번째, 그룹으로 일하는 것은 효율적이지 않습니다. 왜냐하면 갈등이나 의견 불일치가 있을 수 있기 때문입니다. 그래서 우리는 더 열심히 일할 수 없습니다. 예를 들면, 작년에 제가 이전 회사에서 일했을 때, 저는 그룹으로 중요한 업무를 작업했습니다. 그리고 그것은 효율적이지 않았습니다. 왜냐하면 그룹 구성원들이 함께 일하는 동안 갈등이 있었기 때문입니다. 따라서, 저는 팀에서 더 열심히 일할 수 없었습니다. 그 결과, 우리는 제대로 일을 끝낼 수 없었습니다. 그래서 그것은 제게 좋지 않은 경험이었습니다.
결론 (마무리)	**For these reasons, I believe these are the disadvantages of** working in a group in the workplace. 이러한 이유들로, 이것들이 직장에서 그룹으로 일하는 것의 단점이라고 믿습니다.

필수 어휘 및 표현

| **culture and customs** | 문화와 관습 |

We need to know other people's culture and customs since we live in a multicultural society. 우리는 다문화 사회에 살고 있기 때문에 다른 사람들의 문화와 관습을 알아야 합니다.

| **information and entertainment** | 정보 및 오락(물) |

We use computers for information and entertainment.
우리는 정보와 오락을 위해 컴퓨터를 사용합니다.

| **get in touch with (= contact)** | ~와 연락하다
참고> keep in touch with ~와 연락을 유지하다 |

Online communication helps us get in touch with people who live far away from us.
온라인 통신은 멀리 떨어져 사는 사람들과 연락하는 데 도움을 줍니다.

| **social networking site (= SNS)** | 소셜 네트워크 사이트 |

Social networking sites, such as Facebook and Twitter, help us contact our friends and family more easily.
페이스북이나 트위터와 같은 소셜 네트워크 사이트들은 친구 및 가족과 더 쉽게 연락하는 데 도움을 줍니다.

| **get useful tips and advice** | 유용한 팁과 조언을 얻다 |

I can get useful tips and advice from my friends who have experience in searching for a job. 저는 직업을 구했던 경험이 있는 친구들로부터 유용한 팁과 조언을 얻을 수 있습니다.

| **customer review** | 고객 후기 |

By reading customer reviews, I can get more accurate information.
고객 후기를 읽음으로써, 저는 더 정확한 정보를 얻을 수 있습니다.

| **security issues** | 보안 문제 |

Shopping online is convenient, but it can be dangerous due to security issues.
인터넷 쇼핑은 편리하지만 보안 문제 때문에 위험할 수 있습니다.

| **make a purchase on impulse** | 충동구매를 하다 |

I tend to make a purchase on impulse when I shop at online shopping malls.
저는 인터넷 쇼핑몰에서 쇼핑하면 충동구매를 하는 경향이 있습니다.

| **haggle** | (가격을) 흥정하다 |

We can save money at traditional markets because we can haggle.
재래시장에서는 흥정을 할 수 있기 때문에 돈을 절약할 수 있습니다.

| **make a transaction** | 거래하다 |

The advantage of making transactions on the Internet is that it is fast and convenient.
온라인 거래의 장점은 빠르고 편리하다는 것입니다.

| **widen one's view (= broaden one's view)** | 시야를 넓히다 |

I think that traveling widens my view.
저는 여행이 시야를 넓혀준다고 생각합니다.

| **refresh oneself** | 기분 전환하다 |

Visiting my hometown helps me relax, and also I can refresh myself.
고향을 방문하는 것은 저를 편히 쉴 수 있게 하고, 기분 전환도 할 수 있습니다.

| **life span** | 수명 |

Development in medical science has increased people's life span, so people can live longer. 의학 발전이 사람들의 수명을 연장시켜서 사람들은 더 오래 살 수 있습니다.

| **alternative energy** | 대체 에너지 |

Current energy resources such as oil and gas are limited, so we have to develop alternative energy. 석유와 가스 같은 현재 에너지 자원은 제한되어 있어서, 우리는 대체 에너지를 개발해야 합니다.

| **reference** | 참고 (자료), 추천(서) |

When discussing things with others, I can use other people's experience for reference.
다른 사람들과 의논하면, 저는 그들의 경험담을 참고할 수 있습니다.

| **cost-efficient** | 비용 효율적인 |

It is more cost-efficient, so we can save more money.
그것은 더 비용 효율적이어서 우리는 더 많은 돈을 절약할 수 있습니다.

| **have a tight budget** | 예산이 부족하다, 예산이 빠듯하다 |

Because I am a student, I don't have a lot of money. Therefore, I usually have a tight budget. 저는 학생이기 때문에 돈이 많지 않습니다. 따라서, 저는 주로 예산이 빠듯합니다.

ingredient	(음식의) 재료, 성분
	참고 material (물건, 물질의) 재료

When cooking at home, I can make food with fresh **ingredients**. And it's good for my health. 집에서 요리하면, 저는 신선한 재료로 음식을 만들 수 있습니다. 그리고 그것은 건강에 좋습니다.

nuclear family	핵가족 (↔ extended family 대가족)

Most children are brought up in a **nuclear family** these days.
요즘 대부분의 아이들은 핵가족 가정에서 자랍니다.

get a job	취업하다

Nowadays, we need to have many skills and qualifications to **get a job**.
요즘에는 취업하기 위해 많은 기량과 자질을 지녀야 합니다.

get various kinds of experience	다양한 경험을 하다

We can **get various kinds of experience** by working abroad.
우리는 해외에서 일함으로써 다양한 경험을 할 수 있습니다.

build one's career	경력을 쌓다

People can **build their career** by working at one company for a long time.
사람들은 한 회사에서 오랫동안 일함으로써 경력을 쌓을 수 있습니다.

concentrate on (= focus on)	~에 집중하다

I can **concentrate on** my work better when I work by myself.
저는 혼자 일할 때 일에 더 집중할 수 있습니다.

stay focused	계속 집중하다

It was very enjoyable, so I was able to **stay focused**.
그것은 매우 즐거워서 저는 계속 집중할 수 있었습니다.

work in a team	팀으로 일하다

I can learn more things from my coworkers by **working in a team**.
팀으로 일함으로써, 저는 동료들로부터 더 많은 것들을 배울 수 있습니다.

meet one's deadline	기한을 맞추다, 마감일을 맞추다

Working in a team is very efficient, so we can **meet our deadline** more easily.
팀으로 일하는 것은 매우 효율적이어서, 우리는 더 쉽게 기한을 맞출 수 있습니다.

| **motivate** | 동기 부여하다 |

When I worked at a fast food restaurant, my manager motivated me.
제가 패스트푸드점에서 일했을 때, 상사가 제게 동기를 부여했습니다.

| **be responsible for**
(= be in charge of/take charge of) | ~에 책임이 있다, ~을 담당하다 |

A leader has to be responsible for his team and work since many people depend on him.
많은 사람들이 그에게 의지하기 때문에 리더는 팀과 일에 책임을 져야 합니다.

| **increase productivity** | 생산성을 높이다 |

Technological advances have increased productivity at work.
기술 발전이 직장에서 생산성을 높였습니다.

| **maternity leave** | (여성의) 출산 휴가
참고 paternity leave (남성의) 출산 휴가 |

It is very important for women to get maternity leave.
여성에게 출산 휴가를 얻는 것은 매우 중요합니다.

| **socialize with (= mingle with)** | ~와 어울리다, 잘 지내다 |

I like to socialize with my coworkers after work because I can have a good relationship with others. 다른 사람들과 좋은 관계를 가질 수 있기 때문에 저는 퇴근 후에 동료들과 어울리는 것을 좋아합니다.

| **conflict** | 충돌, 갈등 |

My supervisor could deal with difficult problems such as conflicts among co-workers.
제 상사는 동료들 간의 갈등과 같은 어려운 문제들을 처리할 수 있었습니다.

| **competitive** | 경쟁적인(경쟁이 심한), 경쟁력 있는 |

These days, people tend to be self-centered because society has become competitive.
요즘, 사회가 경쟁이 심해졌기 때문에 사람들은 자기중심적인 경향이 있습니다.

| **go back to work with a positive mind** | 긍정적인 마음으로 업무에 복귀하다 |

I could relieve my stress and go back to work with a positive mind.
저는 스트레스를 해소하고 긍정적인 마음으로 업무에 복귀할 수 있었습니다.

| **learning ability** | 학습 능력 |

A teacher must recognize the students' learning abilities and adjust the class materials accordingly. 교사는 학생들의 학습 능력을 이해하고 그에 맞게 수업 자료를 조절해야 합니다.

academic subject	학문적인 과목

Academic subjects are emphasized in high school because they are considered to be important for getting students into universities.
학문적인 과목들은 학생들이 대학교에 입학하는 데 중요하다고 여겨지기 때문에 고등학교에서 강조됩니다.

extracurricular activities	과외 활동

Non-academic extracurricular activities such as music can help students improve creativity because they involve hands-on learning.
음악과 같은 비학문적인 과외 활동은 체험 학습을 포함하기 때문에 학생들의 창의력 향상에 도움이 될 수 있습니다.

physical education	체육

Physical education is important for students because they can increase their stamina and build up muscles.
체력을 키우고 근육을 만들 수 있기 때문에 체육은 학생들에게 중요합니다.

make crafts	공예를 하다, 손으로 만들다

When I was an elementary school student, I made crafts in my art class.
저는 초등학생 때, 미술 시간에 공예를 했습니다.

online course	온라인 수업

Online courses can be a convenient way to learn more.
온라인 수업은 더 많이 배울 수 있는 편리한 방법입니다.

interact with	~와 교류하다, 소통하다, 상호 작용하다

By interacting with teachers and peers, learning can be accelerated.
선생님 및 또래들과 교류함으로써, 배움을 가속화할 수 있습니다.

learn to cooperate with other people	다른 사람들과 협력하는 법을 배우다

Children can learn to cooperate with other people by playing sports together.
아이들은 함께 스포츠를 함으로써 다른 사람들과 협력하는 법을 배울 수 있습니다.

eyesight	시력

Watching too much TV is bad for children's eyesight and posture.
지나친 TV 시청은 아이들의 시력과 자세에 좋지 않습니다.

raise (= bring up)
~을 키우다, 양육하다

Parents prefer raising their children in the city to raising them in the countryside.
부모들은 아이들을 시골에서 키우는 것보다 도시에서 키우는 것을 선호합니다.

co-ed school
남녀공학
참고 single-gender school 남학교, 여학교

Attending co-ed schools can encourage social development in teenagers through interactions between boys and girls.
남녀공학에 다니는 것은 남학생들과 여학생들간의 교류를 통해 청소년들의 사회성 발달에 도움이 될 수 있습니다.

corporal punishment
체벌

I don't think that corporal punishment is necessary to discipline children in school.
저는 학교에서 아이들을 훈육하는 데 체벌이 필요하다고 생각하지 않습니다.

scholarship
장학금

If scholarships are offered to more college students, the students will be able to focus on their studies better.
더 많은 대학생들에게 장학금이 주어진다면, 학생들은 학업에 더 전념할 수 있을 것입니다.

student loan
학자금 대출

Many students get a student loan to pay for their tuition and fees in university.
많은 학생들이 대학에서 수업료와 등록금을 내기 위해 학자금 대출을 받습니다.

manage money
돈을 관리하다

Teenagers can learn how to manage money by making their own money and budget.
십대들은 스스로 돈을 벌고 예산을 세움으로써 돈을 관리하는 법을 배울 수 있습니다.

CHECK-UP TEST

다음 문제를 보고 답변을 완성해 보자.

TEST 1

When learning about other cultures, would you rather go on vacation to other countries or read travel books? Use specific ideas and examples to support your opinion.

근거 1 + 예시 1

서론 (의견)	
본론 (근거)	
결론 (마무리)	

근거 2 + 예시 1

서론 (의견)	
본론 (근거 1)	
본론 (근거 2)	
결론 (마무리)	

✓ SELF-CHECK LIST

본인의 답변을 녹음한 후 들으면서 아래 박스에 표시하세요.

- ☐ 서론 문장을 틀리지 않게 잘 답변했다.
- ☐ 질문과 어울리는 근거 문장을 제시했다.
- ☐ 서론 문장 및 근거 문장과 어울리는 추가 문장을 전개했다.

TEST 2

Which do you think is better, living in the same place all of your life or moving frequently and living in many different places throughout your life? Give reasons and examples to support your opinion.

근거 1 + 예시 1

서론 (의견)	
본론 (근거)	
결론 (마무리)	

근거 2 + 예시 1

서론 (의견)	
본론 (근거 1)	
본론 (근거 2)	
결론 (마무리)	

✓ SELF-CHECK LIST

본인의 답변을 녹음한 후 들으면서 아래 박스에 표시하세요.

- ☐ 서론 문장을 틀리지 않게 잘 답변했다.
- ☐ 질문과 어울리는 근거 문장을 제시했다.
- ☐ 서론 문장 및 근거 문장과 어울리는 추가 문장을 전개했다.

TEST 3

Do you think that the best employees are those who complete their work in the shortest amount of time? Why? Give reasons or examples to support your opinion.

근거 1 + 예시 1

서론 (의견)	
본론 (근거)	
결론 (마무리)	

근거 2 + 예시 1

서론 (의견)	
본론 (근거 1)	
본론 (근거 2)	
결론 (마무리)	

✓ SELF-CHECK LIST

본인의 답변을 녹음한 후 들으면서 아래 박스에 표시하세요.

- ☐ 서론 문장을 틀리지 않게 잘 답변했다.
- ☐ 질문과 어울리는 근거 문장을 제시했다.
- ☐ 서론 문장 및 근거 문장과 어울리는 추가 문장을 전개했다.

TEST 4

Do you agree or disagree with the following statement?
Companies should prohibit employees from using social networking Web sites in the workplace.
Give specific reasons and examples to support your opinion.

근거 1 + 예시 1

서론 (의견)	
본론 (근거)	
결론 (마무리)	

근거 2 + 예시 1

서론 (의견)	
본론 (근거 1)	
본론 (근거 2)	
결론 (마무리)	

✔ SELF-CHECK LIST

본인의 답변을 녹음한 후 들으면서 아래 박스에 표시하세요.

- ☐ 서론 문장을 틀리지 않게 잘 답변했다.
- ☐ 질문과 어울리는 근거 문장을 제시했다.
- ☐ 서론 문장 및 근거 문장과 어울리는 추가 문장을 전개했다.

TEST 5

Do you think that it is important for children to participate in sports or other activities outside of school? Use specific ideas and examples to support your opinion.

근거 1 + 예시 1

서론 (의견)	
본론 (근거)	
결론 (마무리)	

근거 2 + 예시 1

서론 (의견)	
본론 (근거 1)	
본론 (근거 2)	
결론 (마무리)	

✓ SELF-CHECK LIST

본인의 답변을 녹음한 후 들으면서 아래 박스에 표시하세요.

☐ 서론 문장을 틀리지 않게 잘 답변했다.
☐ 질문과 어울리는 근거 문장을 제시했다.
☐ 서론 문장 및 근거 문장과 어울리는 추가 문장을 전개했다.

TEST 6

What are some negative effects of giving money to children for doing housework such as washing laundry? Use specific ideas and examples to support your opinion.

근거 1 + 예시 1

서론 (의견)	
본론 (근거)	
결론 (마무리)	

근거 2 + 예시 1

서론 (의견)	
본론 (근거 1)	
본론 (근거 2)	
결론 (마무리)	

✓ SELF-CHECK LIST

본인의 답변을 녹음한 후 들으면서 아래 박스에 표시하세요.

- ☐ 서론 문장을 틀리지 않게 잘 답변했다.
- ☐ 질문과 어울리는 근거 문장을 제시했다.
- ☐ 서론 문장 및 근거 문장과 어울리는 추가 문장을 전개했다.

ACTUAL TEST

TEST 1

TOEIC Speaking

Question 11: Express an opinion

Directions: In this part of the test, you will give your opinion about a specific topic. Be sure to say as much as you can in the time allowed. You will have 45 seconds to prepare. Then you will have 60 seconds to speak.

TOEIC Speaking — Question 11 of 11

What are the disadvantages of using the Internet as a main source of news? Use specific reasons and examples to support your opinion.

PREPARATION TIME	RESPONSE TIME
00:00:45	00:01:00

TEST 2

TOEIC Speaking

Question 11: Express an opinion

Directions: In this part of the test, you will give your opinion about a specific topic. Be sure to say as much as you can in the time allowed. You will have 45 seconds to prepare. Then you will have 60 seconds to speak.

TOEIC Speaking

Question 11 of 11

Some people think that managers and employees should be able to socialize outside of work. Other people think that they should not be able to socialize outside of work. Which do you think is better and why?

PREPARATION TIME	RESPONSE TIME
00:00:45	00:01:00

- Final Test 1
- Final Test 2
- Final Test 3

온라인에서 도서 인증 후 실제 시험처럼 테스트해 보세요.
http://books.english.co.kr

FINAL TEST 1

TOEIC Speaking

Questions 1-2: Read a text aloud

Directions: In this part of the test, you will read aloud the text on the screen. You will have 45 seconds to prepare. Then you will have 45 seconds to read the text aloud.

TOEIC Speaking

Question 1 of 11

Fascinating Apparel will be holding our annual warehouse sale this weekend. We have clothes for every season and carry a wide variety of brands. Come and see our large selection of women's, men's, and children's clothing, all reduced twenty to forty percent. Come down to our store today, and check out the lowest prices around at our warehouse sale.

PREPARATION TIME	RESPONSE TIME
00:00:45	00:00:45

TOEIC Speaking

Question 2 of 11

Thank you for flying with JetGold Airways. We are pleased to offer the industry's best entertainment system on all our flights. To begin, please press the On button and tap Start on the screen. We offer you the latest movies, popular TV shows, and all kinds of music. First, however, please pay attention to the flight attendants for the in-flight safety demonstration.

PREPARATION TIME	RESPONSE TIME
00:00:45	00:00:45

TOEIC Speaking

Questions 3-4: Describe a picture

Directions: In this part of the test, you will describe the picture on your screen in as much detail as you can. You will have 45 seconds to prepare your response. Then you will have 30 seconds to speak about the picture.

TOEIC Speaking — Question 3 of 11

PREPARATION TIME 00:00:45

RESPONSE TIME 00:00:30

TOEIC Speaking

Questions 5-7: Respond to questions

Directions: In this part of the test, you will answer three questions. You will have three seconds to prepare after you hear each question. You will have 15 seconds to respond to Questions 5 and 6 and 30 seconds to respond to Question 7.

TOEIC Speaking

Imagine that an American marketing firm is doing research in your country. You have agreed to participate in a telephone interview about purchasing products.

TOEIC Speaking — Question 5 of 11

Imagine that an American marketing firm is doing research in your country. You have agreed to participate in a telephone interview about purchasing products.

What was the last product you bought? How did you buy it?

PREPARATION TIME	RESPONSE TIME
00:00:03	00:00:15

TOEIC Speaking   Question 6 of 11

Imagine that an American marketing firm is doing research in your country. You have agreed to participate in a telephone interview about purchasing products.

How frequently do you shop for products online? Why do you purchase them online?

PREPARATION TIME	RESPONSE TIME
00:00:03	00:00:15

TOEIC Speaking   Question 7 of 11

Imagine that an American marketing firm is doing research in your country. You have agreed to participate in a telephone interview about purchasing products.

Which of the following features would you look for if you bought a product online? Why?
– Customer reviews
– Advertisements
– Pictures with descriptions

PREPARATION TIME	RESPONSE TIME
00:00:03	00:00:30

TOEIC Speaking

Questions 8-10: Respond to questions using information provided

Directions: In this part of the test, you will answer three questions based on the information provided. You will have 45 seconds to read the information before the questions begin. You will have three seconds to prepare and 15 seconds to respond to Questions 8 and 9. You will hear Question 10 two times. You will have three seconds to prepare and 30 seconds to respond to Question 10.

TOEIC Speaking — Questions 8-10 of 11

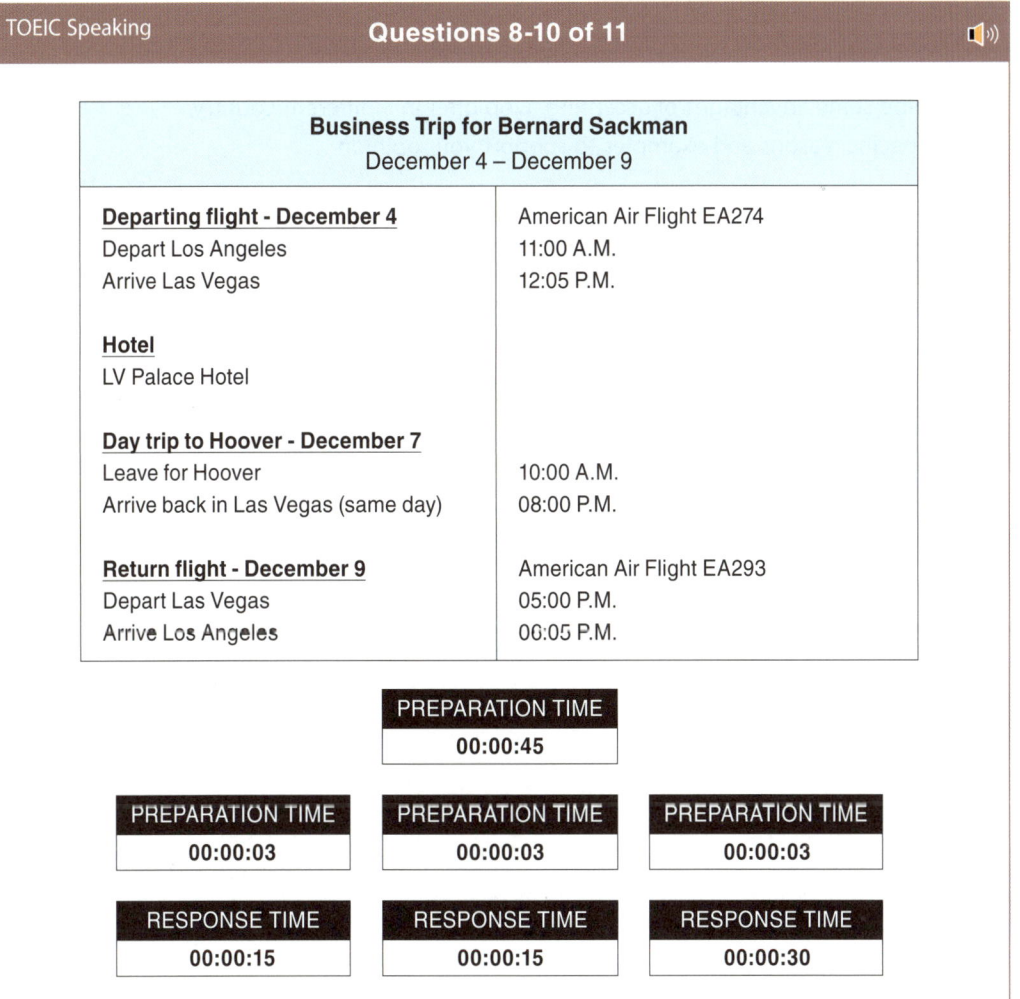

Business Trip for Bernard Sackman	
December 4 – December 9	
Departing flight - December 4	American Air Flight EA274
Depart Los Angeles	11:00 A.M.
Arrive Las Vegas	12:05 P.M.
Hotel	
LV Palace Hotel	
Day trip to Hoover - December 7	
Leave for Hoover	10:00 A.M.
Arrive back in Las Vegas (same day)	08:00 P.M.
Return flight - December 9	American Air Flight EA293
Depart Las Vegas	05:00 P.M.
Arrive Los Angeles	00:05 P.M.

PREPARATION TIME 00:00:45

PREPARATION TIME 00:00:03	PREPARATION TIME 00:00:03	PREPARATION TIME 00:00:03
RESPONSE TIME 00:00:15	RESPONSE TIME 00:00:15	RESPONSE TIME 00:00:30

TOEIC Speaking

Question 11: Express an opinion

Directions: In this part of the test, you will give your opinion about a specific topic. Be sure to say as much as you can in the time allowed. You will have 45 seconds to prepare. Then you will have 60 seconds to speak.

TOEIC Speaking

Question 11 of 11

Describe some advantages of accepting a job offer in a different country. Use specific reasons and examples to support your opinion.

PREPARATION TIME	RESPONSE TIME
00:00:45	00:01:00

FINAL TEST 2

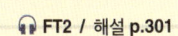

TOEIC Speaking

Questions 1-2: Read a text aloud

Directions: In this part of the test, you will read aloud the text on the screen. You will have 45 seconds to prepare. Then you will have 45 seconds to read the text aloud.

TOEIC Speaking — Question 1 of 11

You have reached Long Beach Properties. Currently, all of our lines are busy. If you're interested in more information about our real estate, you can visit our Web site at any time. If you would like to leave a message, please stay on the line. Please leave your name and phone number with your message after the beep.

PREPARATION TIME	RESPONSE TIME
00:00:45	00:00:45

TOEIC Speaking — Question 2 of 11

Here's the latest traffic information from Channel Seven News. Starting this weekend, a large section of Riverside Freeway will be closed for construction. Work will be done to repave the roadway, install new traffic lights, and add bicycle lanes. During this period, all motorists are advised to take detours through Route 57 and Interstate 10.

PREPARATION TIME	RESPONSE TIME
00:00:45	00:00:45

TOEIC Speaking

Questions 3-4: Describe a picture

Directions: In this part of the test, you will describe the picture on your screen in as much detail as you can. You will have 45 seconds to prepare your response. Then you will have 30 seconds to speak about the picture.

TOEIC Speaking
Question 3 of 11

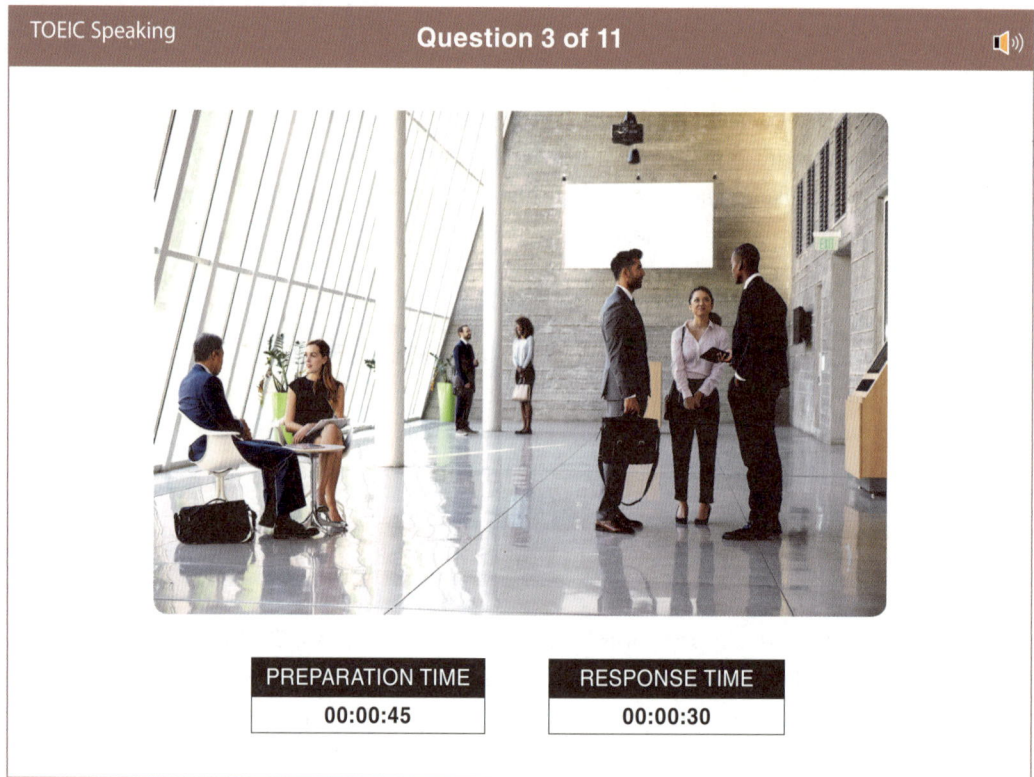

PREPARATION TIME	RESPONSE TIME
00:00:45	00:00:30

TOEIC Speaking

Questions 5-7: Respond to questions

Directions: In this part of the test, you will answer three questions. You will have three seconds to prepare after you hear each question. You will have 15 seconds to respond to Questions 5 and 6 and 30 seconds to respond to Question 7.

TOEIC Speaking

Imagine that a telephone service company is doing research in your area. You have agreed to participate in a telephone interview about using phones.

TOEIC Speaking   Question 5 of 11

Imagine that a telephone service company is doing research in your area. You have agreed to participate in a telephone interview about using phones.

How much time do you spend using a telephone per day?
And how much of that is on a smartphone?

PREPARATION TIME	RESPONSE TIME
00:00:03	00:00:15

TOEIC Speaking — **Question 6 of 11**

Imagine that a telephone service company is doing research in your area. You have agreed to participate in a telephone interview about using phones.

Do you use the same telephone service provider for your smartphone and home telephone? Why or why not?

PREPARATION TIME	RESPONSE TIME
00:00:03	00:00:15

TOEIC Speaking — **Question 7 of 11**

Imagine that a telephone service company is doing research in your area. You have agreed to participate in a telephone interview about using phones.

What factors would you pay the most attention to when changing your current telephone service provider to a different one?

PREPARATION TIME	RESPONSE TIME
00:00:03	00:00:30

TOEIC Speaking

Questions 8-10: Respond to questions using information provided

Directions: In this part of the test, you will answer three questions based on the information provided. You will have 45 seconds to read the information before the questions begin. You will have three seconds to prepare and 15 seconds to respond to Questions 8 and 9. You will hear Question 10 two times. You will have three seconds to prepare and 30 seconds to respond to Question 10.

Questions 8-10 of 11

Carl Mears
700 North Branch St, Chicago, IL 60621 (Mears81@gmail.com)

Interviewing for: Pastry chef at Jefferson Hotel Restaurant Work

Experience: Pastry chef at Paul's Bakery (2014 – present)
　　　　　　 Assistant baker at Crown Donuts (2011 – 2014)

Education: Bachelor's degree in Culinary Arts – Kendall College (2011)
　　　　　　Certificate in Pastry – CA Institute (2008)

Skills: Fluent in Korean / Conversational level in French
　　　　Familiar with accounting software

Reference: Available upon request

PREPARATION TIME
00:00:45

PREPARATION TIME	PREPARATION TIME	PREPARATION TIME
00:00:03	00:00:03	00:00:03
RESPONSE TIME	RESPONSE TIME	RESPONSE TIME
00:00:15	00:00:15	00:00:30

TOEIC Speaking

Question 11: Express an opinion

Directions: In this part of the test, you will give your opinion about a specific topic. Be sure to say as much as you can in the time allowed. You will have 45 seconds to prepare. Then you will have 60 seconds to speak.

TOEIC Speaking

Question 11 of 11

Which of the following would be the most difficult at work?

– Having a new supervisor
– Learning a new skill
– Performing a project by yourself

Use specific ideas and examples to support your opinion.

PREPARATION TIME	RESPONSE TIME
00:00:45	00:01:00

FINAL TEST 3

TOEIC Speaking

Questions 1-2: Read a text aloud

Directions: In this part of the test, you will read aloud the text on the screen. You will have 45 seconds to prepare. Then you will have 45 seconds to read the text aloud.

TOEIC Speaking

Question 1 of 11

This weekend, the East Coast will get its first hurricane of this season. Although it is expected to be a weak category three, residents are advised to stay indoors. The hurricane season has arrived earlier, but experts forecast that this season will be a short one. We'll be back to the usual sunny, fair, and warm weather shortly.

PREPARATION TIME	RESPONSE TIME
00:00:45	00:00:45

TOEIC Speaking

Question 2 of 11

Welcome to the North Shore High School Talent Show. Our actors have been preparing for the event for months hoping to become the winners of this year's talent show. During the performance, student clubs will be selling food and drinks to raise funds for their activities. Please turn off your mobile phones, and have a great time.

PREPARATION TIME	RESPONSE TIME
00:00:45	00:00:45

TOEIC Speaking

Questions 3-4: Describe a picture

Directions: In this part of the test, you will describe the picture on your screen in as much detail as you can. You will have 45 seconds to prepare your response. Then you will have 30 seconds to speak about the picture.

TOEIC Speaking — Question 3 of 11

PREPARATION TIME 00:00:45

RESPONSE TIME 00:00:30

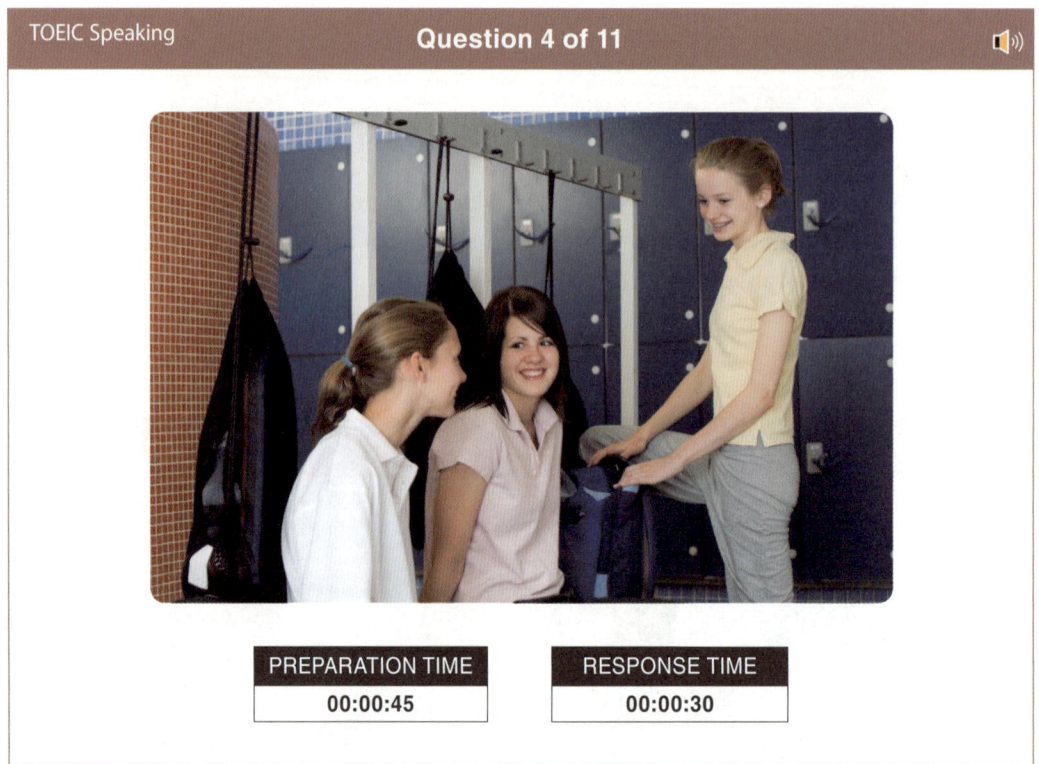

TOEIC Speaking

Questions 5-7: Respond to questions

Directions: In this part of the test, you will answer three questions. You will have three seconds to prepare after you hear each question. You will have 15 seconds to respond to Questions 5 and 6 and 30 seconds to respond to Question 7.

TOEIC Speaking

Imagine that a British pet magazine is writing an article about pets in your area. You have agreed to participate in a telephone interview about raising pets.

TOEIC Speaking

Question 5 of 11

Imagine that a British pet magazine is writing an article about pets in your area. You have agreed to participate in a telephone interview about raising pets.

What sort of pet is the most popular in your area? Do you have one?

PREPARATION TIME	RESPONSE TIME
00:00:03	00:00:15

TOEIC Speaking   Question 6 of 11

Imagine that a British pet magazine is writing an article about pets in your area. You have agreed to participate in a telephone interview about raising pets.

Besides the price, what is the most important aspect when buying a pet? Why?

PREPARATION TIME	RESPONSE TIME
00:00:03	00:00:15

TOEIC Speaking   Question 7 of 11

Imagine that a British pet magazine is writing an article about pets in your area. You have agreed to participate in a telephone interview about raising pets.

What are some drawbacks of keeping pets?

PREPARATION TIME	RESPONSE TIME
00:00:03	00:00:30

TOEIC Speaking

Questions 8-10: Respond to questions using information provided

Directions: In this part of the test, you will answer three questions based on the information provided. You will have 45 seconds to read the information before the questions begin. You will have three seconds to prepare and 15 seconds to respond to Questions 8 and 9. You will hear Question 10 two times. You will have three seconds to prepare and 30 seconds to respond to Question 10.

TOEIC Speaking

Questions 8-10 of 11

The Privilege Hotel
Schedule of Interviews: June 2

Time	Job Applicant	Position	Experience
10:00 A.M. – 10:30 A.M.	Matt Carter	Concierge	2 years
10:30 A.M. – 11:00 A.M.	Steven Upton	Assistant manager	6 years
11:00 A.M. – 11:30 A.M.	Mary Howard	Receptionist	1 year
11:30 A.M. – Noon	Pat Robertson	Waiter	1 year
01:00 P.M. – 01:30 P.M.	Anna Wilson	Receptionist	2 years
01:30 P.M. – 02:00 P.M.	Justin Lee	Chef	4 years

PREPARATION TIME
00:00:45

PREPARATION TIME	PREPARATION TIME	PREPARATION TIME
00:00:03	00:00:03	00:00:03
RESPONSE TIME	RESPONSE TIME	RESPONSE TIME
00:00:15	00:00:15	00:00:30

TOEIC Speaking

Question 11: Express an opinion

Directions: In this part of the test, you will give your opinion about a specific topic. Be sure to say as much as you can in the time allowed. You will have 45 seconds to prepare. Then you will have 60 seconds to speak.

TOEIC Speaking

Question 11 of 11

Do you agree or disagree with the following statement?
These days, employees are less likely to take time off from work.
Use specific reasons and examples to support your opinion.

PREPARATION TIME	RESPONSE TIME
00:00:45	00:01:00

모범답변 및 해설

- Q 1-2 지문 크게 읽기
- Q 3-4 사진 묘사하기
- Q 5-7 질문에 답하기
- Q 8-10 표 보고 질문에 답하기
- Q 11 의견 제시하기
- Final Test 1-3

QUESTIONS 1-2 전략 익히기

PRACTICE 본문 p.21

1. 광고

Olsen's has opened a new location in the Houston area↘. // If you are in the neighborhood, / drop by / and experience authentic deli sandwiches↗, kosher favorites↗, and our fantastic service↘. // In addition, / we are offering delivery services in the area / starting this week↘. // So come by / and see what Olsen's offers↘. //	Olsen's가 휴스턴 지역에 새로운 지점을 열었습니다. 근처에 계신다면, 들러서 정통 조제 식품 샌드위치와 정갈한 인기 요리와 환상적인 서비스를 경험하시기 바랍니다. 게다가, 저희는 이번 주부터 이 지역에 배달 서비스를 제공합니다. 그러니 오셔서 Olsen's가 무엇을 제공하는지 확인하시기 바랍니다.

어휘 location 위치, 장소 neighborhood 근처, 이웃 drop by 들르다 authentic 진짜의 favorite 특히 좋아하는 것 delivery 배송 come by 잠깐 들르다

▶ 업체명, 지역명(Olsen's, Houston)은 강하게 읽는다.
▶ 나열 부분(deli sandwiches↗, kosher favorites↗, and our fantastic service↘)의 억양에 주의해서 읽는다.
▶ 중요 정보(this week)는 강조해서 읽는다.

2. 공지/안내

Thank you / for attending the annual shareholders' meeting of Best Electronics↘. // Today, / the board will be discussing new ventures for the new year↘. // Best Electronics will enter the Internet security↗, robotics↗, and mining industries↘ / in the coming year↘. // Following the presentation, / the board will answer questions from shareholders↘. //	Best Electronics의 연례 주주 회의에 참석해 주셔서 감사합니다. 오늘 이사회가 신년의 새로운 사업들을 의논할 것입니다. Best Electronics는 내년에 인터넷 보안, 로봇 공학 및 채광 산업에 진출할 것입니다. 발표 후에, 이사회는 주주들의 질문에 답할 것입니다.

어휘 shareholders' meeting 주주총회 board 이사회 venture (벤처) 사업 security 보안 robotics 로봇 공학 mining 채광, 채굴 industry 산업

▶ 인사말(Thank)을 강하게 읽어 주의를 끈다.
▶ 업체명(Best Electronics)은 강하게 읽는다.
▶ 나열 부분(the Internet security↗, robotics↗, and mining industries↘)의 억양에 주의해서 읽는다.

3. 방송/뉴스

Good morning / and welcome to your local news report↘. // This weekend is the annual National Day parade↘. // Carson Street↗, First Avenue↗, and Broadway↘ / will be closed for the parade in the downtown area↘. // If you need to get somewhere on these roads, / please park elsewhere / and walk to your destination↘. // The parade will run from ten A.M. to two P.M.↘ //	안녕하세요, 지역 뉴스 보도에 오신 것을 환영합니다. 이번 주에는 연례 국경일 퍼레이드가 있습니다. 카슨 스트리트, 1번 대로 그리고 브로드웨이는 중심가에서 있을 퍼레이드를 위해 폐쇄될 것입니다. 이 도로들의 어딘가로 가셔야 한다면, 다른 곳에 주차하시고 목적지까지 걸어가시기 바랍니다. 퍼레이드는 오전 10시부터 오후 2시까지 진행됩니다.

어휘 local 지역의 National Day 국경일 downtown 시내의, 도심의 destination 목적지

▶ 인사말(morning, welcome)을 강하게 읽어 주의를 끈다.
▶ 중요 정보(This weekend, National Day, ten A.M., two P.M.)는 강하게 읽는다.
▶ 나열 부분(Carson Street↗, First Avenue↗, and Broadway↘)의 억양에 주의해서 읽는다.

4. 공지/안내

Welcome / to the Exciting Historic Tour↘. // Next, / we will continue our tour with a visit to a farm↘. // During the tour, / we'll explore how people lived hundreds of years ago↘. // We will see how people worked↗, lived↗, and entertained themselves↘ / in earlier times↘. // The farm / we will be visiting / was established three hundred years ago↘. //	Exciting Historic Tour에 오신 것을 환영합니다. 다음으로, 우리는 농장을 방문하면서 관광을 계속할 것입니다. 관광하는 동안, 수백 년 전에 사람들이 어떻게 살았는지 답사할 것입니다. 우리는 오래 전에 어떻게 사람들이 일했고, 거주했고, 스스로 즐겼는지를 볼 것입니다. 우리가 방문할 농장은 3백 년 전에 지어졌습니다.

어휘 continue 계속하다 explore 탐험하다 entertain 즐겁게 해주다 establish 설립하다

▶ 인사말(Welcome)을 강하게 읽어 주의를 끈다.
▶ 업체/행사명(Exciting Historic Tour)과 숫자 정보(hundreds, three hundred)는 강하게 읽는다.
▶ 나열 부분(worked↗, lived↗, and entertained themselves↘)의 억양에 주의해서 읽는다.

5. 자동응답 메시지

You've reached Grand City Bus Tours↘. // As our offices are now closed, / we are unable to take your call↘. // Please leave a message, / and one of our representatives will call you back / the next business day↘. // Please include your name↗, contact information↗, and the reason for your call↘. // Thank you↘. //	그랜드 시티 버스 투어에 연락하셨습니다. 현재 사무실이 문을 닫았으므로, 귀하의 전화에 응답할 수 없습니다. 메시지를 남겨 주시면 저희 직원 중 한 명이 다음 영업일에 귀하께 다시 전화 드리겠습니다. 성함, 연락처 그리고 전화하신 이유를 포함해서 남겨 주세요. 감사합니다.

어휘 reach 이르다, 연락하다 unable 할 수 없는 representative 직원, 대표자 include 포함시키다
contact information 연락처

▶ 업체명(Grand City Bus Tours)을 강하게 읽는다.
▶ 나열 부분(your name↗, contact information↗, and the reason for your call↘)의 억양에 주의해서 읽는다.
▶ 인사말(Thank)은 강하게 읽는다.

6. 방송/뉴스

Here is your local news↘. // The Bay City Concert tonight has been canceled / due to the bad weather↘. // However, / the concert series will continue next weekend as planned↘. // There will be a variety of musicians performing jazz↗, rock↗, and other popular music↘. // Besides the performances, / there will be lots of food trucks to eat at↘. // So, / come down to Bay City / and have fun↘! //	지역 뉴스입니다. 악천후로 인해 오늘 밤 베이 시티 콘서트가 취소되었습니다. 그러나 콘서트는 예정대로 다음 주말에 계속될 것입니다. 재즈, 록, 그리고 다른 대중 음악을 공연할 다양한 뮤지션들이 출연할 것입니다. 공연 이외에도, 식사할 수 있는 푸드 트럭이 많이 있을 것입니다. 그러니 베이 시티로 오셔서 즐거운 시간을 보내시기 바랍니다!

어휘 a variety of 다양한 perform 공연하다 performance 공연

▶ 주의를 환기시키는 말(Here)은 강조해서 읽는다.
▶ 행사명(Bay City Concert tonight), 일정(next weekend), 장소(Bay City) 등의 중요 정보는 강하게 읽는다.
▶ 나열 부분(jazz↗, rock↗, and other popular music↘)의 억양에 주의해서 읽는다.

7. 인물 소개

Tomorrow on the show, / we will be interviewing Jennifer Rivera, / the director of the hit film / *Magic Lane*↘. // The movie has received excellent reviews / from critics↗, journalists↗, and the public↘. // Ms. Rivera will be hosting a special screening of *Magic Lane* / at the Great Wall Theater on Saturday↘. //	내일 쇼에서, 우리는 인기 영화 <Magic Lane>의 감독인 Jennifer Rivera 씨를 인터뷰할 것입니다. 그 영화는 평론가, 기자 그리고 대중들로부터 훌륭한 평가를 받았습니다. Rivera 씨는 토요일에 Great Wall Theater에서 <Magic Lane>의 특별 상영을 주최할 것입니다.

어휘 director 감독 receive 받다 excellent 뛰어난 critic 비평가 journalist 기자 public 대중 host 열다, 주최하다 screening 상영

▶ 첫 단어(Tomorrow)는 강하게 읽어 주의를 끈다.
▶ 사람 이름이나 작품명, 장소(Jennifer Rivera, Magic Lane, Great Wall Theater) 등의 고유 명사는 강조해서 읽는다.
▶ 나열 부분(critics↗, journalists↗, and the public↘)의 억양에 주의해서 읽는다.
▶ 날짜나 요일(Saturday)은 중요 정보이므로 강하게 읽는다.

8. 공지/안내

Attention, moviegoers at the Town Center Cinemas↘. // This is an announcement informing you / that the theater's main concession stand is closed / due to renovations↘. // Please use the other three concession stands located / on the third↗, fourth↗, and fifth floor↘. // We truly apologize for this inconvenience↘. //	Town Center Cinemas의 영화 팬 여러분, 주목해 주세요. 이 안내는 극장의 주요 매점이 내부 수리로 인해 폐쇄된다는 것을 여러분께 알리기 위한 것입니다. 3층, 4층 그리고 5층에 위치한 다른 3개의 매점을 이용하시기 바랍니다. 불편을 드려 대단히 죄송합니다.

어휘 moviegoer 영화 팬 announcement 안내 inform 알리다 concession stand 구내 매점 renovation 보수 located 위치한 truly 진심으로 apologize for ~ ~에 대해 사과하다 inconvenience 불편

▶ 첫 단어(Attention)는 강하게 읽어 주의를 끈다.
▶ 업체명(Town Center Cinemas)은 중요 정보이므로 강조해서 읽는다.
▶ 나열 부분(third↗, fourth↗, and fifth floor↘)의 억양에 주의해서 읽는다.

QUESTIONS 1-2 CHECK-UP TEST

TEST 1   본문 p.28

1. 공지/안내

Thanks / for choosing the Santa Ana Cinemas↘. // Before the movie begins, / please switch off all cell phones↗, tablets↗, and other electronic devices↘. // If you must use your device, / please do so / outside the theater↘. // Thank you / for your cooperation↘. // Enjoy your movie↘. //	Santa Ana Cinemas를 선택해 주셔서 감사합니다. 영화가 시작되기 전에, 휴대폰, 태블릿과 다른 전자기기들을 모두 꺼주십시오. 기기를 사용해야 한다면, 극장 밖에서 사용하시기 바랍니다. 여러분의 협조에 감사 드립니다. 즐거운 영화 관람 되세요.

어휘 switch off 끄다 electronic device 전자기기 cooperation 협조

▶ 인사말(Thanks)은 강조해서 읽는다.
▶ 업체명(Santa Ana Cinemas)은 중요 정보이므로 강하게 읽는다.
▶ 나열 부분(cell phones↗, tablets↗, and other electronic devices↘)의 억양에 주의해서 읽는다.

2. 방송/뉴스

Welcome back / to the Channel Six Morning News↘. // Our guest today is Lucas Anderson, / a city planner↘. // We will be interviewing him on the new city plans / to develop a commercial zone / in the southern outskirts of the city↘. // Some key advantages of the development are reducing traffic↗, redeveloping unused lots↗, and encouraging economic growth↘. // Viewers are encouraged to call in / and ask any questions for Mr. Anderson↘. //	Channel 6 Morning News에 다시 오신 것을 환영합니다. 오늘 게스트는 도시 계획자인 Lucas Anderson 씨입니다. 우리는 도시의 남쪽 외곽에 있는 상업 지구를 개발하기 위한 새로운 도시 계획에 대해 그와 인터뷰할 것입니다. 그 개발의 주요 장점들은 교통량 감소, 사용하지 않는 부지의 재개발과 경제 성장 장려입니다. 시청자분들께서는 Anderson 씨에게 전화해서 어떤 것이든 물어보시기 바랍니다.

어휘 city planner 도시 계획가 develop 개발하다 commercial zone 상업 구역 outskirts 야외, 변두리 key 주요한 advantage 이점 development 개발 reduce 줄이다 lot 부지 encourage 독려하다 economic growth 경제 성장 viewer 시청자

▶ 인사말(Welcome)은 강조해서 읽는다.
▶ 프로그램, 사람 이름(Channel Six Morning News, Lucas Anderson, Mr. Anderson)은 강하게 읽는다.
▶ 나열 부분(reducing traffic↗, redeveloping unused lots↗, and encouraging economic growth↘)의 억양에 주의해서 읽는다.

TEST 2

1. 프로그램 소개

Good afternoon / and thank you / for joining me for my presentation / on using the latest technology in the workplace↘. // I will present new programs↗, devices↗, and other technological solutions↘ / that you can use in business↘. // As technology changes quickly, / workers need to keep up with new developments / to succeed at work↘. //	안녕하세요, 직장 내 최신 기술 사용에 대한 제 발표에 와주셔서 감사 드립니다. 저는 여러분이 업무에서 사용할 수 있는 새로운 프로그램, 장치 그리고 다른 기술 솔루션을 발표할 것입니다. 기술이 빠르게 변화하므로, 직장인들은 직장에서 성공하기 위해 새로운 발전을 따라가야 합니다.

어휘 presentation 발표 technology 기술 workplace 직장 device 장치 technological 기술적인 solution 솔루션, 해결책 keep up with ~에 밝다, 뒤지지 않다

▶ 인사말(afternoon/thank)은 강조해서 읽는다.
▶ 나열 부분(new programs↗, devices↗, and other technological solutions↘)의 억양에 주의해서 읽는다.

2. 프로그램 소개

Welcome / to the third annual Business Convention↘. // The themes for this year's convention are online marketing↗, new technologies↗, and customer outreach↘. // Susan Conley, / a marketing firm CEO, / will talk about the latest trends in advertisements / in her keynote speech↘. // I hope / you will meet new people / and learn new strategies / that you can take back to your companies / during the convention↘. //	제3회 연례 Business Convention에 오신 것을 환영합니다. 올해 컨벤션의 주제는 온라인 마케팅, 신기술 그리고 고객 지원입니다. 마케팅 회사 CEO인 Susan Conley 씨는 그녀의 기조 연설에서 최신 광고 트렌드에 대해 연설할 것입니다. 컨벤션 동안 여러분이 새로운 사람들을 만나고 회사로 가져갈 수 있는 새로운 전략들을 배우길 바랍니다.

어휘 outreach 지원, 원조 firm 회사 advertisement 광고 keynote speech 기조 연설 strategy 전략

▶ 인사말(Welcome)은 강조해서 읽는다.
▶ 행사나 사람 이름(Business Convention, Susan Conley)은 중요 정보이므로 강조해서 읽는다.
▶ 나열 부분(online marketing↗, new technologies↗, and customer outreach↘)의 억양에 주의해서 읽는다.

TEST 3

1. 자동응답 메시지

Thank you / for calling FSG Internet Services↘. // If you know the extension of the department / you would like to reach, / you may enter it now↘. // If not, / press one for customer service↘. // Press two to manage your account↗, or press three for installation services↘. // If you need assistance, / please press pound / or stay on the line / for the operator↘. // Thank you↘. //	FSG Internet Services에 전화 주셔서 감사합니다. 연락하려는 부서의 내선 번호를 아신다면, 지금 입력하시기 바랍니다. 그렇지 않으면, 고객 서비스는 1번을 누르세요. 계좌 관리는 2번을 누르고, 설치 서비스는 3번을 누르세요. 도움을 원하시면, 상담원 연결을 위해 # 버튼을 누르거나 끊지 말고 기다리시기 바랍니다. 감사합니다.

어휘 extension 내선 번호 department 부서 reach 연락하다 enter 입력하다 account 계정, 계좌 installation 설치 assistance 지원, 도움 pound (key) 우물정자 키 operator 전화 교환원

▶ 인사말(Thank)은 강조해서 읽는다.
▶ 업체명(FSG Internet Services)은 강조해서 읽는다.
▶ 숫자 정보(one, two, three)는 중요 정보이므로 강조해서 읽는다.

2. 인물 소개

New Jersey Radio News is proud to report / that our lead reporter, / Elena Adams, / has won the International Journalism Award↘. // Ms. Adams joined our team four years ago, / bringing her extensive experience↗, investigative background↗, and leadership↘. // Today, / she will join us for an interview / about her career↗ and achievements in journalism↘. //	New Jersey Radio News는 우리의 수석 기자인 Elena Adams 씨가 국제 언론상을 수상했다는 것을 전하게 되어 자랑스럽습니다. Adams 씨는 광범위한 경험, 연구 경력 그리고 리더십을 갖추고 4년 전에 우리 팀에 합류했습니다. 오늘 그녀는 언론 분야의 경력과 성과물에 대한 인터뷰를 위해 우리와 함께할 것입니다.

어휘 report 알리다 reporter 기자 international 국제의 journalism 언론, 저널리즘 extentisve 광범위한 investigative 조사의 background 배경 career 경력 achievement 성취, 성과

▶ 프로그램이나 상 이름(New Jersey Radio News, International Journalism Award) 등의 고유 명사는 강조해서 읽는다.
▶ 사람 이름(Elena Adams, Ms. Adams)은 중요 정보이므로 강조해서 읽는다.
▶ 나열 부분(extensive experience↗, investigative background↗, and leadership↘)의 억양에 주의해서 읽는다.

TEST 4

1. 방송/뉴스

This is your Radio Five evening traffic update↘. // Construction will begin on Highway Seven for repairs tomorrow morning↘. // Work is expected to last all week, / so commuters will need to take detours / around the construction zone↘. // We recommend that drivers use alternate routes, / such as Route Four↗, Main Street↗, or Park Avenue↘ / instead↘. //	Radio 5 저녁 교통 정보입니다. 내일 아침에 수리 작업을 위해 7번 고속도로에서 공사가 시작될 것입니다. 작업은 일주일 내내 지속될 예정이니 통근자분들은 공사 지역 주변의 우회로를 이용해야 합니다. 운전자들은 대신에 4번 도로, 메인 가 또는 파크 애비뉴 같은 다른 도로를 이용할 것을 권장합니다.

어휘 update 최신 정보 construction 공사 commuter 통근자 take a detour 우회하다 construction zone 공사 지역 recommend 추천하다 alternate 대체의

▶ 프로그램이나 도로 이름(Radio Five, Highway Seven, Route Four, Main Street, Park Avenue) 등은 중요 정보이므로 강조해서 읽는다.
▶ 시기나 일정(tomorrow morning, all week)은 중요 정보이므로 강조해서 읽는다.
▶ 나열 부분(Route Four↗, Main Street↗, or Park Avenue↘)의 억양에 주의해서 읽는다.

2. 광고

Are you tired of expensive rates and poor service↗? // Switch to High-Speed Telecom for your Internet↗ and cell phone services↘. // We offer competitive pricing / for private↗, commercial↗, and industrial customers↘. // Drop by our store today / to find out more about our special promotional rates↘. // Don't hesitate / — start saving now↘! //	비싼 요금과 형편없는 서비스가 지겨우신가요? 여러분의 인터넷과 휴대폰 서비스를 High-Speed Telecom으로 바꾸세요. 저희는 개인, 상업 및 산업 고객들을 위해 경쟁력 있는 가격을 제공합니다. 특별 홍보용 가격에 대해 더 알려면 오늘 저희 매장을 방문하세요. 주저하지 마시고 지금 바로 절약하세요!

어휘 switch 바꾸다 competitive 경쟁력 있는 pricing 가격 책정 private 개인의, 전용의 commercial 상업의 industrial 산업의 drop by 들르다 promotional 홍보의 hesitate 망설이다 save 절약하다

▶ 업체명(High-Speed Telecom)은 강조해서 읽는다.
▶ 시기나 일정(today, now)은 중요 정보이므로 강조해서 읽는다.
▶ 나열 부분(private↗, commercial↗, and industrial customers↘)의 억양에 주의해서 읽는다.

TEST 5

1. 방송/뉴스

| Welcome to *Auto Talk*, / the best podcast for automobile news↗ and maintenance advice↘. // Today, / we'll talk about basic maintenance / that you can do at home↘. // You'll learn the best way / to care for your engine↗, transmission↗, and tires↘. // By following our tips, / you'll be able to save a lot of money / on car maintenance↘. // | 자동차 소식과 관리 조언을 위한 최고의 팟캐스트인 <Auto Talk>에 오신 것을 환영합니다. 오늘 저희는 집에서 할 수 있는 기본적인 관리에 대해 얘기할 것입니다. 여러분들은 엔진, 변속기 그리고 타이어를 관리하는 최고의 방법을 배울 것입니다. 저희 조언을 따름으로써, 여러분은 자동차 관리에 많은 돈을 절약할 수 있을 것입니다. |

어휘 automobile 자동차 maintenance 관리, 유지 transmission 변속기

- ▶ 인사말(Welcome)은 강조해서 읽어 주의를 끈다.
- ▶ 프로그램 이름이나 핵심 정보(Auto Talk, automobile news, maintenance advice)는 강조해서 읽는다.
- ▶ 시기나 일정(Today)은 중요 정보이므로 강조해서 읽는다.
- ▶ 나열 부분(engine↗, transmission↗, and tires↘)의 억양에 주의해서 읽는다.

2. 인물 소개

| Good morning↘. // Now / I'd like to introduce our new communications director, / John Saymour↘. // Mr. Saymour has worked in television↗ and newspapers↘. // At his new position, / Mr. Saymour will focus on marketing↗, public relations↗, and coordinating events↘. // Let's welcome Mr. Saymour to the stage↘. // | 안녕하세요. 이제 저희 신임 홍보이사인 John Saymour 씨를 소개하려고 합니다. Saymour 씨는 텔레비전과 신문 분야에서 일했습니다. 새로운 직책에서, Saymour 씨는 마케팅, 홍보 그리고 행사 조직에 주력할 것입니다. Saymour 씨를 무대로 모시겠습니다. |

어휘 introduce 소개하다 communications director 홍보이사 position 위치, 자리 focus on ~에 주력하다
　　　public relations 홍보 coordinate 조직하다, 편성하다 stage 무대

- ▶ 인사말(morning)은 강조해서 읽어 주의를 끈다.
- ▶ 인물 소개에서 사람 이름(John Saymour, Mr. Saymour)은 핵심 정보이므로 강조해서 읽는다.
- ▶ 중요 정보(television, newspapers)는 강조해서 읽는다.
- ▶ 나열 부분(marketing↗, public relations↗, and coordinating events↘)의 억양에 주의해서 읽는다.

TEST 6

1. 인물 소개

Thank you / for joining us at this press conference↘. // As city manager, / I want to introduce the new school superintendent, / Dr. Angelina Green↘. // As superintendent, / Dr. Green will be responsible for maintaining school standards↗, balancing education budgets↗, and negotiating with the teacher's union↘. // Dr. Green has extensive experience / from a life-long career in education↘. //	이번 기자회견에 저희와 함께해 주셔서 감사합니다. 시 행정 담당관으로서, 저는 새로운 교육감인 Angelina Green 박사를 소개하려고 합니다. 교육감으로서, Green 박사는 학교 기준 유지, 교육 예산 조정과 교원 노조와의 협상을 담당할 것입니다. Green 박사는 교육 분야의 오랜 경력을 바탕으로 광범위한 경험을 가지고 있습니다.

어휘 press conference 기자회견 city manager 시 행정 담당관 school superintendent 교육감 be responsible for ~에 책임이 있다 maintain 유지하다 standard 기준 balance 균형을 유지하다 education 교육 budget 예산 negotiate 협상하다 union 조합 extensive 광범위한 life-long 일생의 career 경력

▶ 인사말(Thank)은 강조해서 읽어 주의를 끈다.
▶ 인물 소개에서 사람 이름(Dr. Angelina Green, Dr. Green)은 핵심 정보이므로 강조해서 읽는다.
▶ 나열 부분(maintaining school standards↗, balancing education budgets↗, and negotiating with the teacher's union↘)의 억양에 주의해서 읽는다.

2. 광고

Home Improvement Warehouse will be starting its annual holiday sales this coming weekend↘. // For the next three weeks, / all customers can take advantage of some amazing deals↗ and promotional events / on all lawn mowers↗, plumbing equipment↗, and lumber↘. // Stop by our store / or visit our Web site / at www.hiwarehouse.com / for more details↘. //	Home Improvement Warehouse는 이번 주말에 연례 휴일 세일을 시작할 것입니다. 앞으로 3주 동안, 전 고객들은 모든 잔디 깎는 기계, 배수 설비 및 목재에 대한 놀라운 가격과 홍보 행사를 이용할 수 있습니다. 더 많은 세부 내용을 원하시면 우리 상점에 오시거나 웹 사이트 www.hiwarehouse.com을 방문하시기 바랍니다.

어휘 improvement 향상, 개선 warehouse 창고 take advantage of ~을 이용하다 amazing 놀라운 deal 거래 promotional event 홍보 행사 lawn mower 잔디 깎는 기계 plumbing equipment 배수 설비 lumber 목재

▶ 광고에서 업체명(Home Improvement Warehouse)은 핵심 정보이므로 강조해서 읽는다.
▶ 시기나 일정(this coming weekend, next three weeks)은 강조해서 읽는다.
▶ 나열 부분(lawn mowers↗, plumbing equipment↗, and lumber↘)의 억양에 주의해서 읽는다.

QUESTIONS 1-2　ACTUAL TEST

TEST 1　본문 p.34

Q1. 광고

Welcome / to Mountain Regional Park↘. // This park was created about thirty years ago / to protect the unique wildlife in this area↘. // As part of our conservation program, / we also hold workshops for local residents↘. // People can come to the park / to learn about botany↗, zoology↗, and wildlife preservation↘. // For more information about the workshops, / please visit our Web site / or call the main office↘. //	마운틴 지역 공원에 오신 것을 환영합니다. 이 공원은 이 지역의 독특한 야생생물을 보호하기 위해 약 30년 전에 만들어졌습니다. 보존 프로그램의 일부로, 저희는 지역 주민들을 위한 워크숍도 주관합니다. 식물학, 동물학과 야생생물 보호에 대해 배우시려면 공원에 오시면 됩니다. 워크숍에 대한 더 많은 정보를 원하면, 저희 웹 사이트에 방문하시거나 본사에 전화하세요.

어휘 regional 지역의 create 생성하다, 창조하다 protect 보호하다 unique 독특한 wildlife 야생동물 conservation 보호, 보존 local resident 지역 주민 botany 식물학 zoology 동물학 preservation 보존

▶ 인사말(Welcome)은 강조해서 읽어 주의를 끈다.
▶ 공원 이름(Mountain Regional Park) 등의 고유 명사는 강조해서 읽는다.
▶ 나열 부분(botany↗, zoology↗, and wildlife preservation↘)의 억양에 주의해서 읽는다.

Q2. 방송/뉴스

This is Melinda Jones with the Eight O'clock Weather Report↘. // We previously reported / that a rainstorm was expected tonight↘. // However, / prevailing winds have pushed the storm out towards the east↘. // We do expect some lower temperatures↗, showers↗, and thunderstorms↘ / this weekend↘. // Temperatures will drop below zero again, / and we'll see some snowstorms early next week↘. //	8시 일기 예보의 Melinda Jones입니다. 저희는 앞서 오늘 밤 폭우가 예상된다고 보도했습니다. 그러나 우세풍이 폭풍을 동쪽으로 밀어냈습니다. 이번 주말에는 다소 낮은 기온, 소나기 그리고 뇌우가 예상됩니다. 기온은 다시 영하로 떨어질 것이며, 다음 주 초에는 눈보라가 몰아칠 것입니다.

어휘 previously 이전에 rainstorm 폭우 prevailing wind 우세풍 temperature 기온 showers 소나기 thunderstorm 뇌우 below zero 영하 snowstorm 눈보라

▶ 사람 이름이나 프로그램명(Melinda Jones, Eight O'clock Weather Report) 등의 고유 명사는 강조해서 읽는다.
▶ 시기나 일정(tonight, this weekend, next week)은 중요 정보이므로 강조해서 읽는다.
▶ 나열 부분(lower temperatures↗, showers↗, and thunderstorms↘)의 억양에 주의해서 읽는다.

TEST 2

Q1. 방송/뉴스

In science news, / students from National University have created a new type of bacteria↘. // The bacteria was developed by a research team / led by Dr. Norman Zeller, / a leading researcher in genetics↘. // The new bacteria is expected to have a significant impact / on technology↗, industry↗, and the environment↘. //	과학 뉴스로, 국립대 학생들이 새로운 종류의 박테리아를 만들어냈습니다. 박테리아는 유전학 수석 연구관인 Norman Zeller 박사가 이끄는 연구팀에 의해 개발되었습니다. 새로운 박테리아는 기술, 산업 및 환경에 상당한 영향을 미칠 것으로 예상됩니다.

어휘 bacteria 세균, 박테리아 develop 개발하다 leading researcher 수석 연구원 genetics 유전학
significant 중요한 impact 영향 technology 기술 industry 산업 environment 환경

▶ 강조하고자 하는 단어(science)는 강하게 읽는다.
▶ 대학이나 사람 이름(National University, Dr. Norman Zeller) 등의 고유 명사는 강조해서 읽는다.
▶ 나열 부분(technology↗, industry↗, and the environment↘)의 억양에 주의해서 읽는다.

Q2. 공지/안내

Thank you / for choosing Kansas City Tours as your guide to Kansas City↘. // Before we finish the tour, / I would like to tell you about our new services↘. // We are pleased to offer you ticketing / for local events↗, vacation packages↗, and downtown shuttle services↘. // If you require more information on our ticketing services, / please visit our Web site / or call our offices↘. //	여러분의 캔자스시티 여행 가이드로서 캔자스시티 투어를 선택해 주셔서 감사 드립니다. 투어를 끝내기 전에, 저희의 새로운 서비스에 대해 알려드리고 싶습니다. 저희는 여러분들께 지역 행사, 휴가 패키지 및 도심 셔틀버스 서비스에 대한 티켓 판매를 제공하게 되어 기쁩니다. 티켓 판매 서비스에 대한 더 많은 정보가 필요하면, 저희 웹 사이트에 방문하시거나 사무실로 전화하세요.

어휘 ticketing 매표 local 지역의 vacation 휴가 downtown 도심의 require 필요하다 information 정보

▶ 인사말(Thank)은 강조해서 읽어 주의를 끈다.
▶ 업체나 지역명(Kansas City Tours, Kansas City) 등의 고유 명사는 강조해서 읽는다.
▶ 나열 부분(local events↗, vacation packages↗, and downtown shuttle services↘)의 억양에 주의해서 읽는다.

QUESTIONS 3-4 전략 익히기

PRACTICE 본문 p.47 (→ : 대체 표현)

1.

장소	**This picture was taken** indoors(→ in a library).	이 사진은 실내에서(→ 도서관에서) 찍혔습니다.
중심 대상	**The first thing I see is** two people sitting at the desk. On the left, there is a woman wearing a purple long-sleeved shirt, and she is writing something down. Next to her(→ On the right), there is a woman wearing a gray long-sleeved shirt(→ a woman is wearing a gray long-sleeved shirt), and she is writing something down as well. **I think** they are studying hard for an exam (→ I think they are college students).	가장 먼저 보이는 것은 책상에 앉아 있는 두 사람입니다. 왼쪽에, 보라색 긴 소매 셔츠를 입은 여자가 있고 그녀는 무언가를 적고 있습니다. 그녀 옆에(→ 우측에), 회색 긴 소매 셔츠를 입은 여자가 있고 (→ 여자가 회색 긴 소매 셔츠를 입고 있고) 그녀도 무언가를 적고 있습니다. 그들은 시험을 위해 열심히 공부하고 있는 것 같습니다(→ 그들은 대학생 같습니다).
배경/주변 대상	**In the background**(→ In the back / Around them), **there are**(→ I can see) a wide range of books on the bookshelf.	배경에는(→ 뒷부분에/그들 주위에), 책꽂이에 다양한 책들이 있습니다. (→ ~이 보입니다.)
느낌/마무리	**Generally, it seems like** it is peaceful at the library.	전반적으로, 도서관은 평온해 보입니다.

어휘 long-sleeved 긴 소매의 write down 적다 bookshelf 책꽂이 peaceful 평화로운

▶ 앞에 묘사한 행동을 다시 언급할 경우 also와 as well 둘 중 하나를 쓴다. also는 문장 앞부분, be동사/조동사 뒤 또는 일반동사 앞에 쓰고, as well은 문장 뒷부분에 쓴다.

> **ex** A woman is also writing something down. = A woman is writing something down as well.
> 여자는 또한 무언가를 적고 있다.

▶ 다수의 인물이 등장한 사진의 중심 대상 묘사는 비중이 큰 대상부터 한 사람씩 인상착의를 설명하면 된다.

▶ 중심 대상 묘사에서 의상과 행동을 설명할 때 'There is ~, and he/she is ~.' 구문을 쓸 수 있다.

> **ex** On the left, there is a woman wearing a purple long-sleeved shirt, and she is writing something down. 왼쪽에, 보라색 긴 소매 셔츠를 입은 여자가 있고, 그녀는 무언가를 적고 있다.

▶ 중심 대상 묘사에서 의상과 행동 중 하나만 묘사할 경우, 'A man/woman is ~' 구문을 쓴다. 두 가지 모두 묘사할 경우, 'A man/woman is ~' 뒤에 'and he/she is ~' 구문을 붙여 전개한다.

> **ex** A woman is wearing a gray long-sleeved shirt, and she is also writing something down.
> 여자가 회색 긴 소매 셔츠를 입고 있고, 그녀도 무언가를 적고 있다.

2.

장소	**This picture was taken** outdoors(→ on some stairs).	이 사진은 야외에서(→ 계단에서) 찍혔습니다.
중심 대상	**The first thing I see is** three people walking on the stairs. On the right, there is a man wearing a black suit, and he is holding a file. 『**Behind him**(→ On the left), **there is a woman wearing a black jacket and white pants** (→ a woman is wearing a black jacket and white pants), and she is also holding a file. Next to her, **I can see a man wearing a tie** (→ a man is wearing a tie), and he is talking on the phone.』 **I think** they are going home after work. (→ I think they are colleagues.)	가장 먼저 보이는 것은 계단을 걷고 있는 세 사람입니다. 오른쪽에, 검은색 정장을 입은 남자가 있고 그는 파일을 들고 있습니다. 『그 뒤에(→ 좌측에), 검은색 재킷과 흰색 바지를 입은 여자가 있고 그녀도 파일을 들고 있습니다. 그녀 옆에, 넥타이를 맨 한 남자가 보이고 그는 전화 통화를 하고 있습니다.』 그들은 일을 끝낸 후 집으로 가는 중인 것 같습니다. (→ 그들은 직장 동료인 것 같습니다.)
배경/주변 대상	**In the background**(→ In the back / Around them), **I can see** a building with many windows.	배경에는(→ 뒷부분에/그들 주위에), 창문이 많은 건물이 보입니다.
느낌/마무리	**Generally, it seems like** it is peaceful.	전반적으로, 평온해 보입니다.

어휘 suit 정장 hold 쥐다, 잡다 colleague 동료

▶ 「A」처럼 묘사할 중심 대상이 많을 경우, 다음과 같이 '여러 사람을 묶어서 표현하기' 방식으로 전개할 수 있다:
There are ~. / One of them is ~. / The other one is ~. / The others are ~.

ex Behind him, there are two people. One of them is a woman, and she is wearing a black jacket and white pants. She is also holding a file. The other one is a man, and he is wearing a tie.
그 뒤에, 두 사람이 있다. 그 중 한 명은 여자이고 그녀는 검은색 재킷과 흰색 바지를 입고 있다. 그녀도 파일을 들고 있다. 다른 한 사람은 남자이고 그는 넥타이를 매고 있다.

3.

장소	This picture was taken indoors(→ in a house).	이 사진은 실내에서(→ 집에서) 찍혔습니다.
중심 대상	The first thing I see is some people sitting on the couch. On the right, there is a man wearing a blue shirt, and he is holding a glass. Next to him, there are two children. ᴬ『One of them is a boy, and he is holding a plate while looking at the girl next to him.』 Behind them, I can see three people. One of them is a man, and he is holding a plate as well. ᴮ『Next to him(→ On the left), a woman wearing a beige top is also holding a glass.』 I think they are enjoying the Christmas holiday.(→ I think they are a family.)	가장 먼저 보이는 것은 소파에 앉아 있는 사람들입니다. 오른쪽에, 파란색 셔츠를 입은 한 남자가 있고 그는 유리잔을 들고 있습니다. 그 옆에, 두 명의 아이들이 있습니다. ᴬ『그들 중 한 명은 소년이고 그는 옆에 있는 소녀를 보면서 접시를 들고 있습니다.』 그들 뒤에, 세 명의 사람들이 보입니다. 그들 중 한 명은 남자이고 그도 접시를 들고 있습니다. ᴮ『그 옆에(→ 좌측에), 베이지색 상의를 입은 여자도 유리잔을 들고 있습니다.』 그들은 크리스마스 휴일을 즐기고 있는 것 같습니다. (→ 그들은 가족 같습니다.)
배경/주변 대상	In the background(→ In the back / Around them), I can see many things such as a variety of items on the shelf, a fireplace, and a tree with decorations.	배경에는(→ 뒷부분에/그들 주위에), 선반 위의 다양한 물건, 벽난로 그리고 장식이 되어 있는 나무 같은 많은 것들이 보입니다.
느낌/마무리	Generally, it seems like they are having a good time.	전반적으로, 그들은 좋은 시간을 보내고 있는 것 같습니다.

어휘 couch 소파 shelf 선반 fireplace 벽난로 decoration 장식

▶ 『A』처럼 두 가지 이상의 행동을 묘사할 때, and 대신 while을 쓸 수 있다.

> ex One of them is a boy, and he is holding a plate and(= while) looking at the girl next to him.
> 그 중 한 명은 소년이고 그는 접시를 들고 옆에 있는 소녀를 보고 있다.

▶ 접속사 뒤 <주어+be동사>는 생략할 수 있다. <주어+be동사>를 생략하면 그 뒤에는 반드시 -ing/-ed가 붙은 동사 형태가 와야 한다.

> ex One of them is a boy, and he is holding a plate while (he is) looking at the girl next to him.
> 그 중 한 명은 소년이고 그는 옆에 있는 소녀를 보면서 접시를 들고 있다.

▶ 『B』처럼 '의상(헤어스타일)+행동'을 묘사할 때, 주어 뒤에 현재분사 수식어구로 의상이나 헤어스타일을 묘사하고 본동사나 be동사로 행동을 묘사할 수 있다. 주어와 수식어구(현재분사, 과거분사, 전치사구) 사이에는 <주격 관계대명사(who, which)+be동사>가 생략된 형태다.

> ex On the left, a woman (who is) wearing a beige top is also holding a glass.
> 왼쪽에, 베이지색 상의를 입은 여자도 유리잔을 들고 있다.

▶ 전치사구를 수식어구로 써서 방향이나 위치를 표현할 수도 있다.

> ex A woman (who is) on the left is also holding a glass.
> 왼쪽에 있는 여자도 유리잔을 들고 있다.

▶ 중심 묘사에서 '의상+행동'을 묘사할 때, 가장 쉬운 문장 형태로 아래 ①처럼 'A man/woman is -ing ~, and he/she is ~.' 구문을 쓸 수 있다.

② 'There is a man/woman -ing ~, and he/she is ~.' 구문을 가장 많이 쓰지만, ③처럼 주어 뒤에 -ing(현재분사)를 써서 'A man/woman -ing ~ is ~.'로 묘사할 수도 있다.

중심 묘사 주요 구문

① On the left, a woman is wearing a beige top, and she is holding a glass.

② On the left, there is a woman wearing a beige top, and she is holding a glass.

③ On the left, a woman wearing a beige top is holding a glass.

4.

장소	**This picture was taken** outdoors(→ on the street).	이 사진은 실외에서(→ 거리에서) 찍혔습니다.
중심 대상	**The first thing I see is** a lot of people. On the left, there are two people. They are standing on the street while talking to each other. One of them is wearing glasses. The other person is wearing a blue shirt. At the bottom right, I can see two people riding a motorbike. They are both wearing helmets. **I think** they are delivering something. (→ I think they are a couple.)	가장 먼저 보이는 것은 많은 사람들입니다. 왼쪽에, 두 사람이 있습니다. 그들은 서로 대화하면서 거리에 서 있습니다. 그 중 한 명은 안경을 쓰고 있습니다. 또 다른 사람은 파란색 셔츠를 입고 있습니다. 오른쪽 하단에, 오토바이를 타는 두 사람이 보입니다. 그들은 둘 다 헬멧을 쓰고 있습니다. 그들은 무언가를 배달하는 중인 것 같습니다. (→ 그들은 커플 같습니다.)
배경/주변 대상	**In the background**(→ In the back / Around them), **I can see** many buildings with signs and a lot of people walking.	배경에는(→ 뒷부분에/그들 주위에), 간판이 있는 많은 건물들과 걸어다니는 많은 사람들이 보입니다.
느낌/마무리	**Generally, it seems like** it is very busy on the street.	전반적으로, 거리가 매우 붐비는 것 같습니다.

어휘 bottom 하단 motorbike 오토바이 sign 간판

QUESTIONS 3-4 CHECK-UP TEST

TEST 1 본문 p.60 (→ : 대체 표현)

1.

장소	This picture was taken outdoors(→ at a park).	이 사진은 실외에서(→ 공원에서) 찍혔습니다.
중심 대상	The first thing I see is three people. On the left, there is a man wearing a blue jacket, and he is taking a picture while kneeling down. Next to him(→ On the right), there is a woman wearing blue jeans and yellow shoes(→ a woman is wearing blue jeans and yellow shoes), and she is holding a boy and looking at the camera. All of them are smiling. I think they are a family.	가장 먼저 보이는 것은 세 명의 사람들입니다. 왼쪽에, 파란색 재킷을 입은 한 남자가 있고 그는 무릎을 꿇고 사진을 찍고 있습니다. 그 옆에(→ 우측에), 청바지를 입고 노란 신발을 신은 여자가 있고(→ 한 여자가 청바지를 입고 노란 신발을 신고) 그녀는 아이를 안고 카메라를 보고 있습니다. 그들 모두가 웃고 있습니다. 그들은 가족 같습니다.
배경/주변 대상	In the background(→ In the back / Around them), I can see some plants, trees, and buildings with many windows.	배경에는(→ 뒷부분에/그들 주위에), 식물, 나무 그리고 창문이 많은 건물들이 보입니다.
느낌/마무리	Generally, it seems like they are having a good time at the park.	전반적으로, 그들은 공원에서 좋은 시간을 보내고 있는 것 같습니다.

어휘 take a picture 사진을 찍다 kneel down 무릎을 꿇다

2.

장소	**This picture was taken** indoors(→ in an airport).	이 사진은 실내에서(→ 공항에서) 찍었습니다.
중심 대상	**The first thing I see is** some people standing in a line. On the left, there is a man wearing a white shirt, and he is carrying a brown bag while talking on the phone. Next to him, there are two people picking up a bag. One of them is a woman, and she is carrying a handbag on her shoulder. The other is a man, and he is wearing a suit. **I think** they are trying to find their baggage.(→ I think they are travelers.)	가장 먼저 보이는 것은 한 줄로 서 있는 몇 명의 사람들입니다. 왼쪽에, 흰색 셔츠를 입은 한 남자가 있고 그는 전화 통화를 하면서 갈색 가방을 메고 있습니다. 그 옆에, 가방을 들어 올리는 두 명의 사람이 있습니다. 그들 중 한 명은 여자이고 그녀는 어깨에 핸드백을 메고 있습니다. 다른 사람은 남자이고 그는 정장을 입고 있습니다. 그들은 수하물을 찾으려는 것 같습니다. (→ 그들은 여행객 같습니다.)
배경/주변 대상	**In the background**(→ In the back / Around them), **I can see** a high ceiling and a white pole.	배경에는(→ 뒷부분에/그들 주위에), 높은 천장과 하얀색 기둥이 보입니다.
느낌/마무리	**Generally, it seems like** they are busy.	전반적으로, 그들은 바빠 보입니다.

어휘 carry 지니다, 소지하다 baggage 짐, 수하물 ceiling 천장 pole 기둥

TEST 2

1.

장소	**This picture was taken** outdoors(→ at an outdoor market).	이 사진은 실외에서(→ 야외 시장에서) 찍혔습니다.
중심 대상	**The first thing I see is** three people standing in front of a store. In the middle, there is a woman wearing a red sleeveless shirt, and she is holding a product. Next to her (→ On the right), there are two people. One of them is a man, and he is wearing a blue cap and glasses. The other is a woman. She is wearing a green top and carrying a black backpack. **I think** they are shopping for souvenirs. (→ I think they are tourists.)	가장 먼저 보이는 것은 상점 앞에 서 있는 세 사람입니다. 가운데에, 빨간색 민소매 셔츠를 입은 한 여자가 있고 그녀는 제품을 들고 있습니다. 그녀 옆에(→ 우측에), 두 명의 사람들이 있습니다. 그들 중 한 명은 남자이고 파란색 모자와 안경을 쓰고 있습니다. 다른 사람은 여자입니다. 그녀는 녹색 상의를 입고 있고 검은색 배낭을 메고 있습니다. 그들은 기념품을 사는 것 같습니다. (→ 그들은 관광객 같습니다.)
배경/주변 대상	**In the background**(→ In the back / Around them), **I can see** many things such as various kinds of hats and accessories.	배경에는(→ 뒷부분에/그들 주위에), 다양한 모자와 액세서리 같은 많은 것들이 보입니다.
느낌/마무리	**Generally, it seems like** it is peaceful.	전반적으로, 평온해 보입니다.

어휘 sleeveless 소매 없는 product 제품 top 상의 backpack 배낭 souvenir 기념품 accessories 장신구

2.

장소	This picture was taken outdoors(→ on the road).	이 사진은 실외에서(→ 도로에서) 찍혔습니다.
중심 대상	**The first thing I see is** many people crossing the road. On the left, there is a man wearing a brown suit and glasses. Next to him, another man is wearing a black suit and sunglasses. Behind him, I can see another man wearing a suit. He is walking with his hand in his pocket while carrying a brown bag. Around him, I can see many people passing by. **I think** they are commuting to work.	가장 먼저 보이는 것은 길을 건너는 많은 사람들입니다. 왼쪽에, 갈색 정장을 입고 안경을 낀 남자가 있습니다. 그 옆에, 다른 남자가 검은색 정장을 입고 선글라스를 쓰고 있습니다. 그 뒤에, 정장을 입은 또 다른 남자가 보입니다. 그는 갈색 가방을 메고 주머니에 손을 넣은 채로 걸어가고 있습니다. 그 주위에, 많은 사람들이 지나가는 게 보입니다. 그들은 통근 중인 것 같습니다.
배경/주변 대상	**In the background**(→ In the back / Around them), **I can see** many things such as stores and buildings with signs, a traffic light, and some cars.	배경에는(→ 뒷부분에/그들 주위에), 간판이 있는 상점과 건물, 신호등 그리고 몇 대의 자동차 같은 많은 것이 보입니다.
느낌/마무리	**Generally, it seems like** it is very busy on the road.	전반적으로, 도로가 매우 혼잡해 보입니다.

어휘 cross the road 길을 건너다 pass by 지나가다 commute 통근하다 traffic light 신호등

TEST 3

1.

장소	This picture was taken outdoors(→ at a park).	이 사진은 실외에서(→ 공원에서) 찍혔습니다.
중심 대상	**The first thing I see is** a lot of people. On the left, there are four people. They are walking while talking to each other. One of them is wearing sunglasses and looking at the people next to him. The other person is wearing a red long-sleeved shirt and looking at the same people as well. **I think** they are sightseeing.	가장 먼저 보이는 것은 많은 사람들입니다. 왼쪽에, 네 명의 사람들이 있습니다. 그들은 서로 이야기하면서 걷고 있습니다. 그들 중 한 명은 선글라스를 쓰고 있고, 옆에 있는 사람들을 보고 있습니다. 다른 사람은 빨간색 긴 소매 셔츠를 입고 있고, 역시 같은 사람들을 보고 있습니다. 그들은 관광하는 중인 것 같습니다.
배경/주변 대상	**Around them, I can see** many things such as a lamppost, a railing, and some green trees. **I can also see** a group of people and many tall buildings in the back.	그들 주위에, 가로등, 난간 그리고 몇 그루의 푸른 나무들과 같은 많은 것들이 보입니다. 뒤에, 한 무리의 사람들과 많은 고층 건물들도 보입니다.
느낌/마무리	**Generally, it seems like** they are having a good time at the park.	전반적으로, 그들은 공원에서 좋은 시간을 보내고 있는 것 같습니다.

어휘 sightsee 관광하다 lamppost 가로등 railing 난간

2.

장소	**This picture was taken** indoors(→ in a classroom).	이 사진은 실내에서(→ 교실에서) 찍혔습니다.
중심 대상	**The first thing I see is** some people sitting at the desks. In the middle, there is a man wearing blue jeans. He is standing in the classroom while pointing at the woman in the middle. The woman in the middle is raising her hand. She has blonde hair. Around her, there are several people looking at her. **I think** the student is asking a question to the teacher.(→ I think they are a teacher and students.)	가장 먼저 보이는 것은 책상에 앉아 있는 몇 명의 사람들입니다. 가운데에, 청바지를 입은 남자가 있습니다. 그는 가운데에 있는 여자를 가리키면서 교실에 서 있습니다. 가운데에 있는 여자는 손을 들고 있습니다. 그녀는 금발입니다. 그녀 주위에, 그녀를 보고 있는 사람들이 몇 명 있습니다. 학생이 선생님에게 질문하고 있는 것 같습니다. (→ 그들은 교사와 학생들 같습니다.)
배경/주변 대상	**In the background**(→ In the back / Around them), **I can see** some whiteboards.	배경에는(→ 뒷부분에/그들 주위에), 화이트보드가 보입니다.
느낌/마무리	**Generally, it seems like** they are serious.	전반적으로, 그들은 진지해 보입니다.

어휘 point at 손가락으로 가리키다 raise a hand 손을 들다 blonde 금발인 whiteboard 화이트보드, 칠판

QUESTIONS 3-4　ACTUAL TEST

TEST 1　본문 p.66

Q3.

장소	**This picture was taken** indoors(→ in a café).	이 사진은 실내에서(→카페에서) 찍혔습니다.
중심 대상	**The first thing I see is** some people. In the middle, there is a woman wearing an apron and a white shirt. She is standing while holding a tray. In front of her, I can see two people. One of them is a man wearing a blue shirt. The other is a woman wearing a white dress. They are both smiling and looking at the woman. **I think** the woman is serving some coffee to the couple.(→ I think they are a couple.)	가장 먼저 보이는 것은 몇 명의 사람들입니다. 가운데에, 앞치마와 흰색 셔츠를 입은 여자가 있습니다. 그녀는 쟁반을 들고 서 있습니다. 그녀 앞에, 두 명의 사람이 보입니다. 그들 중 한 명은 파란색 셔츠를 입은 남자입니다. 다른 사람은 흰색 드레스를 입은 여자입니다. 그들은 둘 다 웃으면서 여자를 보고 있습니다. 여자가 커플에게 커피를 제공하고 있는 것 같습니다.(→ 그들은 커플 같습니다.)
배경/주변 대상	**In the background**(→ In the back / Around them), **I can see** a door and some items on the shelves.	배경에는(→ 뒷부분에/그들 주위에), 문과 선반 위의 물건들이 보입니다.
느낌/마무리	**Generally, it seems like** they are having a good time at the café.	전반적으로, 그들은 카페에서 좋은 시간을 보내고 있는 것 같습니다.

어휘 apron 앞치마　serve 제공하다　shelves 선반

Q4.

장소	**This picture was taken** indoors(→ at a supermarket).	이 사진은 실내에서(→ 슈퍼마켓에서) 찍혔습니다.
중심 대상	**The first thing I see is** three people. On the left, there is a man wearing a blue checkered shirt. He is holding a boy with one hand while putting an item into the cart. The boy has blonde hair and is looking down. Next to them, a woman is also wearing a blue checkered shirt, and she is holding a bottle while looking at the label. **I think** she is checking something about the product.(→ I think they are a family.)	가장 먼저 보이는 것은 세 명의 사람입니다. 왼쪽에, 파란색 체크무늬 셔츠를 입은 남자가 있습니다. 그는 한 손으로 소년을 안고서 물건을 카트에 넣고 있습니다. 소년은 금발이고 아래를 보고 있습니다. 그들 옆에, 여자도 파란색 체크무늬 셔츠를 입고 있고 라벨을 보면서 병을 들고 있습니다. 그녀는 제품에 대한 무언가를 확인하고 있는 것 같습니다.(→ 그들은 가족 같습니다.)
배경/주변 대상	**Around them**, **I can see** a wide range of products displayed on the shelves.	그들 주위에, 선반 위에 진열된 다양한 제품들이 보입니다.
느낌/마무리	**Generally, it seems like** they are having a good time at the supermarket.	전반적으로, 그들은 슈퍼마켓에서 좋은 시간을 보내고 있는 것 같습니다.

어휘 checkered 체크무늬의 label 라벨, 상표 display 진열하다

TEST 2

Q3.

장소	**This picture was taken** outdoors(→ at a park).	이 사진은 야외에서(→ 공원에서) 찍었습니다.
중심 대상	**The first thing I see is** a woman walking in the park. She is wearing a brown coat and blue jeans. She is also wearing a black hat. She is holding an umbrella and carrying a backpack while looking at something. **I think** she is taking a walk by herself.	가장 먼저 보이는 것은 공원을 거닐고 있는 여자입니다. 그녀는 갈색 코트와 청바지를 입고 있습니다. 그녀는 검은 모자도 쓰고 있습니다. 그녀는 무언가를 보면서 우산을 들고 있고 배낭을 메고 있습니다. 그녀는 혼자 산책을 하고 있는 것 같습니다.
배경/주변 대상	**In the background**(→ In the back / Around her), **I can see** green grass, some trees, and lampposts.	배경에는(→ 뒷부분에/그녀 주위에), 푸른 잔디, 나무 몇 그루와 가로등이 보입니다.
느낌/마무리	**Generally, it seems like** she is having a good time at the park.	전반적으로, 그녀는 공원에서 좋은 시간을 보내고 있는 것 같습니다.

어휘 backpack 배낭 take a walk 산책하다 by oneself 혼자서 lamppost 가로등

Q4.

장소	**This picture was taken** indoors(→ at a kitchen).	이 사진은 실내에서(→ 부엌에서) 찍 혔습니다.
중심 대상	**The first thing I see is** two men standing in the kitchen. In the middle, there is a man wearing a white short-sleeved shirt, and he is washing dishes(→ doing the dishes). On the left(→ In the back / Next to him), a man is wearing glasses and a dark green shirt, and he is smiling while looking at something. **I think** they are a family.	가장 먼저 보이는 것은 주방에 서 있는 두 남자입니다. 가운데에, 하얀색 반팔 셔츠를 입은 남자가 있고 그는 설거지를 하고 있습니다. 왼쪽에(→ 뒷부분에/그 옆에), 한 남자가 안경을 쓰고 진녹색 셔츠를 입고 있고, 그는 무언가를 보면서 웃고 있습니다. 그들은 가족 같습니다.
배경/주변 대상	**In the background**(→ In the back / Around them), **I can see** a brown cabinet, some cooking tools, and a white window.	배경에는(→ 뒷부분에/그들 주위에), 갈색 찬장, 요리 도구와 하얀색 창문이 보입니다.
느낌/마무리	**Generally, it seems like** it is busy at the kitchen.	전반적으로, 주방은 바쁜 것 같습니다.

어휘 wash dishes 설거지를 하다 cabinet 캐비닛, 찬장

QUESTIONS 5-7 전략 익히기

PRACTICE 본문 p.80 (→ : 대체 표현)

1.

> Imagine that an American marketing firm is doing research in your area. You have agreed to participate in a telephone interview about ice cream.
> 미국의 한 마케팅 회사가 당신의 지역에서 설문조사를 한다고 가정하세요. 당신은 아이스크림에 대한 전화 인터뷰 참여에 동의했습니다.

Q5		Do you like ice cream? How often do you buy ice cream?	아이스크림을 좋아하세요? 얼마나 자주 아이스크림을 사나요?
A5	핵심 답변	Yes, I like ice cream. And I buy ice cream twice a week.	네, 저는 아이스크림을 좋아해요. 그리고 일주일에 두 번 아이스크림을 사요.
	추가 문장	**This is because** I enjoy eating ice cream.	왜냐하면 저는 아이스크림을 먹는 것을 즐기기 때문이에요.

Q6		What kind of ice cream do you like?	어떤 종류의 아이스크림을 좋아하세요?
A6	핵심 답변	I like various kinds of ice cream such as chocolate and vanilla.	초콜릿과 바닐라 같은 다양한 종류의 아이스크림을 좋아해요.
	추가 문장	**This is because** they are my favorite flavors. They are very tasty.	왜냐하면 그것들은 제가 가장 좋아하는 맛이에요. 그것들은 매우 맛있어요.

어휘 favorite 가장 좋아하는 flavor 맛 tasty 맛있는

Q7		If a new ice cream shop opened in your area, would you visit it often? Why?	만약 당신의 지역에 새로운 아이스크림 가게가 연다면, 그곳을 자주 방문할 건가요? 그 이유는 무엇인가요?
A7	핵심 답변	If a new ice cream shop opened in my area, I would visit it often.	만약 저희 지역에 새로운 아이스크림 가게가 연다면, 그곳을 자주 방문할 거예요.
	추가 문장	**This is because** it is near my house, so I can go there more easily. **And also,** it is enjoyable for me to go shopping for things.	왜냐하면 그곳은 저희 집 근처에 있어서 더 쉽게 갈 수 있기 때문이에요. 그리고 또한, 물건들을 구매하러 가는 것은 즐거워요.
	마무리	**Therefore,** I would visit a new ice cream shop often if it opened in my area.	따라서, 만약 저희 지역에 새 아이스크림 가게가 문을 연다면, 저는 자주 방문할 거예요.

어휘 enjoyable 즐길 수 있는

2.

> Imagine that you are talking on the telephone with a neighbor. You are having a conversation about trips.
> 이웃과 전화로 대화한다고 가정하세요. 당신들은 여행에 대해 대화하고 있습니다.

Q5	When was the last time you went on a trip? How did you get there?	마지막으로 여행 갔던 때는 언제예요? 그곳에 어떻게 갔어요?
A5	(핵심 답변) The last time I went on a trip was last weekend. I got there by train.	마지막으로 여행 갔던 때는 지난 주말이었어요. 그곳에 기차로 갔어요.
	(추가 문장) I went there with my family. We enjoyed sightseeing.	그곳에 가족과 함께 갔어요. 우리는 관광을 즐겼죠.

어휘 sightsee 관광하다

Q6	Do you prefer to take a trip alone or with other people? Why?	혼자 여행 가는 것을 선호해요, 아니면 다른 사람들과 함께 가는 것을 선호해요? 그 이유는 뭐예요?
A6	(핵심 답변) I prefer to take a trip with other people.	다른 사람들과 함께 여행 가는 걸 선호해요.
	(추가 문장) **This is because** it is more fun to take a trip with other people. **And also,** we can make good memories together.	왜냐하면 다른 사람들과 여행 가는 게 더 재미있기 때문이에요. 그리고 또한, 함께 좋은 추억도 만들 수 있어요.

어휘 take a trip 여행하다 memory 추억, 기억

Q7	Are you planning to take a trip this year? What do you think you will do?	올해 여행 갈 거예요? 무엇을 할 거예요?
A7	(핵심 답변) Yes, I am planning to take a trip this year. I think I will go sightseeing in other countries.	맞아요, 올해 여행을 갈 거예요. 다른 나라로 관광을 갈 것 같아요.

추가 문장	**This is because** I can refresh myself and relieve stress. These days, I get a lot of stress from work. So, it will be very helpful to take a trip. **And also,** it's exciting for me to travel to other countries.	왜냐하면 기분 전환을 할 수 있고 스트레스를 해소할 수 있기 때문이에요. 요즘 일로 스트레스를 많이 받아요. 그래서 여행 가는 것이 매우 도움될 거예요. 그리고 또한, 다른 나라로 여행 가는 것은 매우 신나요.
마무리	**Therefore,** it is good for me to take a trip this year.(→ I'm planning to take a trip this year.)	따라서 올해 여행을 가는 것은 저한테 좋은 일이에요.(→ 저는 올해 여행을 갈 거예요.)

어휘 refresh 재충전하다, 원기를 회복하다 relieve 덜다, 경감시키다 helpful 도움이 되는

▶ Q5에서 when은 의문대명사이고, the last time 뒤에는 관계부사 when이 생략되어 you went on a trip이 선행사 the last time을 꾸며 준다. 대답할 때는 질문에 있는 형태 그대로 관계부사 when을 생략하는 것이 좋다.

▶ 'When was the last time ~?'은 과거시제이므로 대답할 때도 과거시제로 답해야 한다. 과거 시점을 나타내는 표현 (yesterday, last weekend, two weeks ago 등)을 활용해 답변하면 된다.

3.

> Imagine that someone wants to open a computer store in your area. You have agreed to participate in a telephone interview about shopping for computers.
> 어떤 사람이 당신의 지역에서 컴퓨터 매장을 개점하고 싶어 한다고 가정하세요. 당신은 컴퓨터 구매에 대한 전화 인터뷰 참여에 동의했습니다.

Q5	How regularly do you shop for computers? Where do you usually buy computers?	얼마나 정기적으로 컴퓨터를 구매하나요? 보통 어디에서 컴퓨터를 구매하나요?
A5	(핵심 답변) I shop for a computer every five years. And I usually buy computers from an online shopping mall.	저는 5년마다 컴퓨터를 구매해요. 그리고 주로 인터넷 쇼핑몰에서 컴퓨터를 구매해요.
	(추가 문장) **This is because** it is fast and convenient, so I can save time. **And also,** there are a variety of computers at online stores.	왜냐하면 빠르고 편리하기 때문이에요. 그래서 저는 시간을 절약할 수 있어요. 그리고 또한, 온라인 매장에는 다양한 컴퓨터들이 있어요.

(어휘) regularly 정기적으로   usually 주로   convenient 편리한

▶ How regularly = How often = How frequently (얼마나 자주)

Q6	When buying computers, do you prefer a particular brand? Why or why not?	컴퓨터를 구매할 때, 특정 브랜드를 선호하나요? 그 이유는 무엇인가요?
A6	(핵심 답변) When buying computers, I prefer a particular brand.	컴퓨터를 구매할 때, 저는 특정 브랜드를 선호해요.
	(추가 문장) **This is because** it is reliable. **And also,** I can use it for a long time.	왜냐하면 신뢰할 만하기 때문이에요. 그리고 또한, 오랫동안 사용할 수 있어요.

(어휘) particular 특정한   brand 브랜드, 상표   reliable 믿을 만한

▶ 일반적으로 콤마(,) 앞에 있는 부사구(전치사구), 부사절(접속사절) 구문은 바꾸지 않고 그대로 붙여 답변을 전개한다. 또한 마무리 문장에서는 뒤로 보내도 좋고, 추가 문장이 많을 경우 생략해도 된다.

 ex Q: When shopping for computers, do you prefer a particular brand?
    컴퓨터를 구매할 때, 특정 브랜드를 선호하나요?

 A: I prefer a particular brand when shopping for computers.
    저는 컴퓨터를 살 때 특정 브랜드를 선호해요.

Q7	Which of the following would you consider the most when shopping for a new computer? Why? - Recommendations - Reviews - Descriptions	새 컴퓨터를 구매할 때, 다음 중 어떤 것을 가장 많이 고려할 건가요? 그 이유는 뭔가요? - 추천 / 후기 / 설명
A7	(핵심 답변) I would consider recommendations the most when shopping for a new computer.	새 컴퓨터를 구매할 때, 저는 추천을 가장 고려할 거예요.
	(추가 문장) **This is because** I can get accurate information from people who are familiar with the product. **And also,** I can save time because I don't have to waste time on looking for a good computer.	왜냐하면 그 제품에 익숙한 사람들로부터 정확한 정보를 얻을 수 있기 때문이에요. 그리고 또한, 시간을 절약할 수 있어요. 왜냐하면 좋은 컴퓨터를 찾는 데 시간을 낭비할 필요가 없기 때문이에요.
	(마무리) **Therefore,** when shopping for a new computer, I would consider recommendations the most.	따라서 새 컴퓨터를 구매할 때, 추천을 가장 많이 고려할 거예요.

어휘 consider 고려하다 recommendation 추천 review 후기, 리뷰 description 설명 accurate 정확한 information 정보 be familiar with ~에 익숙하다 product 제품 waste 낭비하다

▶ 일반동사 do가 있는 의문문의 경우, do는 의미가 막연하므로 다른 동사로 바꿔 답해야 하는 경우가 많다. do를 제외한 다른 의문문은 질문의 동사를 그대로 써서 답할 것.

ex Q: What activity do you mostly do there?
거기서 주로 어떤 활동을 하나요?

A: I mostly have conversations with people there.
저는 거기서 주로 사람들과 대화해요.

ex Q: What do you mostly read there?
거기서 주로 무엇을 읽나요?

A: I mostly read magazines there.
저는 거기서 주로 잡지를 읽어요.

4.

> Imagine that a local bus company is conducting a survey in your area. You have agreed to participate in a telephone interview about the bus services.
>
> 한 지역 버스 회사가 당신의 지역에서 설문조사를 한다고 가정하세요. 당신은 버스 서비스에 대한 전화 인터뷰 참여에 동의했습니다.

Q5 How frequently do you take the bus? Where do you usually go?

얼마나 자주 버스를 타나요? 보통 어디에 가나요?

A5
- (핵심 답변) I take the bus almost every day. And I usually go to work by bus.

  거의 매일 버스를 타요. 그리고 보통 버스를 타고 직장에 가요.

- (추가 문장) **This is because** it is more affordable for me to take the bus. **Therefore,** I can save money. **And also,** it is very comfortable for me.

  왜냐하면 버스를 타는 것이 더 저렴하기 때문이에요. 따라서, 돈을 절약할 수 있어요. 그리고 또한, 그렇게 하는 게 매우 편해요.

어휘 frequently 빈번하게 affordable 가격이 알맞은 comfortable 안락한

Q6 What are the advantages of using the bus compared to other transportation?

다른 교통수단과 비교할 때, 버스 이용의 장점은 무엇인가요?

A6
- (핵심 답변) The advantage of using the bus compared to other transportation is that it is more convenient for me.

  다른 교통수단과 비교할 때, 버스 이용의 장점은 더 편리하다는 거예요.

- (추가 문장) **This is because** the bus stop is near my house.

  왜냐하면 버스 정류장이 저희 집이랑 가깝기 때문이에요.

어휘 advantage 장점 compared to ~에 비해서 transportation 교통수단 convenient 편리한

Q7 Would it be beneficial to have more bus services in your neighborhood? Why or why not?

당신의 마을에 더 많은 버스 서비스가 있다면 이로울까요? 그 이유는 무엇인가요?

A7
- (핵심 답변) Yes, it would be beneficial to have more bus services in my neighborhood.

  네, 저희 마을에 더 많은 버스 서비스가 있다면 이로울 거예요.

- (추가 문장) **This is because** I can save time if there are more buses. I don't have to waste time waiting for the bus. **And also,** people living in my area would be really happy and satisfied if we had more bus lines.

  만약 버스가 더 많다면, 저는 시간을 절약할 수 있기 때문이에요. 버스를 기다리는 데 시간을 낭비할 필요가 없어요. 그리고 또한, 만약 더 많은 버스 노선이 있다면 저희 지역에 사는 사람들이 정말 기뻐하고 만족해할 거예요.

- (마무리) **Therefore,** it is beneficial to have more bus services in my area.

  따라서, 저희 지역에 더 많은 버스 서비스가 있는 것은 이로워요.

어휘 beneficial 이로운 neighborhood 근처, 이웃 satisfied 만족하는 line 노선

QUESTIONS 5-7 CHECK-UP TEST

TEST 1 본문 p.100 (→ : 대체 표현)

> Imagine that a British marketing firm is doing research in your area. You have agreed to participate in a telephone interview about buying clothes.
> 영국의 한 마케팅 회사가 당신의 지역에서 설문조사를 한다고 가정하세요. 당신은 의류 구매에 대한 전화 인터뷰 참여에 동의했습니다.

Q5	When was the last time you purchased clothes? What did you buy?	마지막으로 옷을 구매했던 때는 언제였나요? 무엇을 구매했나요?
A5	(핵심 답변) The last time I purchased clothes was last weekend. And I bought a shirt.	제가 마지막으로 옷을 구매했던 때는 지난 주말이었습니다. 그리고 저는 셔츠를 샀습니다.
	(추가 문장) I bought it because I needed a new one.	저는 새 옷이 필요했기 때문에 그것을 샀습니다.

어휘 purchase 구매하다

Q6	Where do you usually shop for clothes? Who do you normally go shopping for clothes with?	주로 어디에서 옷을 구매하나요? 보통 누구와 함께 옷을 구매하러 가나요?
A6	(핵심 답변) I usually shop for clothes at a department store. And I normally go shopping for clothes with friends.	저는 주로 백화점에서 옷을 삽니다. 그리고 보통 친구들과 옷을 사러 갑니다.
	(추가 문장) **This is because** it is more enjoyable to go shopping for clothes with friends.	왜냐하면 친구들과 옷을 사러 가는 것이 더 즐겁기 때문입니다.

어휘 normally 보통, 주로 department store 백화점 enjoyable 즐거운

Q7	When shopping for clothes, which do you pay more attention to, the quality of clothes or the design of the clothes? Why?	옷을 구매할 때, 옷의 품질 또는 디자인 중 어떤 것에 더 신경을 쓰나요? 그 이유는 무엇인가요?
A7	(핵심 답변) When shopping for clothes, I pay more attention to the design of the clothes.	옷을 구매할 때, 저는 옷의 디자인에 더 신경을 씁니다.
	(추가 문장) **This is because** I enjoy wearing fashionable clothes. **And also,** I can look nice, so it makes me feel satisfied and happy.	왜냐하면 저는 유행하는 옷을 즐겨 입기 때문입니다. 그리고 또한, 멋지게 보일 수 있어서 그것이 저를 만족스럽고 기쁘게 합니다.
	(마무리) **Therefore,** I think about(→ consider) the design of the clothes more when shopping for clothes.	따라서 옷을 구매할 때, 저는 옷의 디자인을 더 생각합니다(→ 고려합니다).

어휘 pay more attention to ~에 더 관심을 갖다 quality 품질 fashionable 유행하는 consider 고려하다

TEST 2

Imagine that you are talking to a neighbor in your town. You are talking about home repairs.
당신 마을의 이웃과 대화한다고 가정하세요. 당신들은 집 수리에 대해 이야기를 나누고 있습니다.

Q5	How long have you lived in this neighborhood? Have you repaired something in your house recently?	이 마을에서 얼마나 오랫동안 살았어요? 최근에 집에서 무언가를 수리한 적 있어요?
A5	(핵심 답변) I have lived in this neighborhood for about five years. Yes, I have repaired something in my house recently.	저는 이 마을에서 대략 5년 동안 살았어요. 맞아요, 저는 최근에 집에서 무언가를 수리한 적 있어요.
	(추가 문장) Our sink was broken, so I changed it to a new one.	싱크대가 망가져서 새것으로 바꿨어요.

어휘 repair 보수하다, 수리하다 recently 최근에 broken 부서진

Q6	I would like to make some improvements to the bathroom. Where should I go to get the necessary supplies? Why?	저는 욕실 몇 군데를 고치고 싶어요. 필요한 용품을 사기 위해 어디로 가야 할까요? 이유가 뭐예요?
A6	(핵심 답변) I think you should go to the shopping mall to get the necessary supplies.	필요한 용품을 사려면 쇼핑몰에 가야 해요.
	(추가 문장) **This is because** there are a wide variety of products there. **And also,** it is near our neighborhood.	왜냐하면 그곳에는 매우 다양한 제품이 있기 때문이에요. 그리고 또한, 그곳은 우리 마을이랑도 가까워요.

어휘 improvement 개선 necessary 필요한 supplies 용품

Q7	Do you think it is a good idea to get help from specialists when fixing a house? Why or why not?	집을 수리할 때 전문가들로부터 도움을 얻는 것이 좋다고 생각해요? 이유가 뭐예요?
A7	(핵심 답변) Yes, I think it is a good idea to get help from specialists when fixing a house.	네, 집을 수리할 때 전문가들로부터 도움을 얻는 것이 좋다고 생각해요.
	(추가 문장) **This is because** they know a lot about making repairs to a house. So they will fix the problem more easily. **And also,** we can save time because they can repair the house more quickly.	왜냐하면 그들은 집을 수리하는 것에 대해 많이 알거든요. 그래서 그들은 더 쉽게 문제를 해결할 거예요. 그리고 또한, 그들은 더 빨리 집을 수리할 수 있기 때문에 시간을 절약할 수 있어요.
	(마무리) **Therefore,** I believe when repairing a house, it is a good idea(→ it is better) to get help from experts.	따라서, 집을 수리할 때 전문가들로부터 도움을 얻는 것이 좋은 아이디어라고(→ 더 좋다고) 생각해요.

어휘 specialist 전문가 fix 고치다

TEST 3

Imagine that a computer software developer is doing research in your area. You have agreed to participate in a telephone interview about applications on your smartphone.
한 컴퓨터 소프트웨어 개발업체가 당신의 지역에서 설문조사를 한다고 가정하세요. 당신은 스마트폰 애플리케이션에 대한 전화 인터뷰 참여에 동의했습니다.

Q5	What kind of applications on your smartphone do you use the most?	스마트폰에서 어떤 종류의 애플리케이션을 가장 많이 사용하나요?
A5	[핵심 답변] I use game applications on my smartphone the most.	저는 스마트폰에서 게임 애플리케이션을 가장 많이 사용합니다.
	[추가 문장] **This is because** it is very fun to play games on my smartphone. **And also,** there are a variety of game applications on my smartphone.	왜냐하면 스마트폰으로 게임을 하는 것은 매우 재미있기 때문입니다. 그리고 또한, 제 스마트폰에는 다양한 게임 애플리케이션들이 있습니다.

Q6	When using applications on your smartphone, do you use them for your entertainment or education? Why?	스마트폰에서 애플리케이션을 사용할 때, 오락을 위해 사용하나요, 아니면 교육을 위해 사용하나요? 그 이유는 무엇인가요?
A6	[핵심 답변] When using applications on my smartphone, I use them for my entertainment.	스마트폰에서 애플리케이션을 사용할 때, 저는 오락을 위해 사용합니다.
	[추가 문장] **This is because** it is enjoyable for me. **And also,** I can relieve my stress.	왜냐하면 그것이 즐겁기 때문입니다. 그리고 또한, 스트레스를 해소할 수 있습니다.

어휘 entertainment 오락 education 교육 enjoyable 즐거운 relieve 줄이다, 경감시키다

Q7	What do you think is a more important feature when choosing an application for your smartphone, how popular it is or how easy it is to use? Why?	스마트폰의 애플리케이션을 선택할 때, 얼마나 인기가 있는지 아니면 얼마나 사용하기 쉬운지 중 무엇이 더 중요한 특징이라고 생각하나요? 그 이유는 무엇인가요?
A7	[핵심 답변] I think how easy it is to use is a more important feature when choosing an application for my smartphone.	저는 스마트폰의 애플리케이션을 선택할 때, 얼마나 사용하기 쉬운지가 더 중요한 특징이라고 생각합니다.
	[추가 문장] **This is because** it is more convenient for me to use an application which is easy to use. **And also,** I can save time learning how to use the application.	왜냐하면 사용하기 쉬운 애플리케이션을 사용하는 것이 더 편리하기 때문입니다. 그리고 또한, 애플리케이션 사용하는 법을 배우는 시간을 절약할 수 있습니다.
	[마무리] **Therefore,** I believe when choosing an application for my smartphone, a more important factor is how easy it is to use.	따라서, 스마트폰의 애플리케이션을 선택할 때 더 중요한 요소는 얼마나 사용하기 쉬운지라고 생각합니다.

어휘 important 중요한 feature 특징 convenient 편리한 factor 요인

TEST 4

> Imagine that a swimming pool is opening in your area. You have agreed to participate in a telephone interview about using a swimming pool.
> 당신의 지역에 수영장이 개장한다고 상상해 보세요. 당신은 수영장 이용에 대한 전화 인터뷰 참여에 동의했습니다.

Q5 What season of the year are you most likely to go swimming? Why?

한 해 중 어떤 계절에 수영하러 갈 것 같나요? 그 이유는 무엇인가요?

A5

〔핵심 답변〕 I'm most likely to go swimming in the summer.

저는 여름에 수영하러 갈 것 같습니다.

〔추가 문장〕 **This is because** it is very fun to go swimming in the summer. **And also,** I can relieve stress in the swimming pool in the hot weather.

왜냐하면 여름에 수영하러 가는 게 매우 재미있기 때문입니다. 그리고 또한, 더운 날씨에 수영장에서 스트레스를 해소할 수도 있습니다.

Q6 Is there a good swimming pool in your neighborhood? How far away is it?

당신의 마을에 좋은 수영장이 있나요? 그곳은 얼마나 먼가요?

A6

〔핵심 답변〕 Yes, there is a good swimming pool in my neighborhood. And it takes about 15 minutes to get there on foot.

네, 저희 마을에 좋은 수영장이 있습니다. 그리고 그곳에 가는 데 걸어서 약 15분 걸려요.

〔추가 문장〕 It is near my house. **Therefore,** I can go there easily.

그곳은 저희 집에서 가깝습니다. 따라서, 저는 그곳에 쉽게 갈 수 있습니다.

〔어휘〕 neighborhood 이웃, 근처 on foot 걸어서

Q7 Which of the following is the most important factor in a good swimming pool? Why?
- Facility
- Distance
- Popularity

좋은 수영장의 가장 중요한 요소는 다음 중 어떤 것인가요? 그 이유는 무엇인가요?
- 시설 / 거리 / 인기

A7

〔핵심 답변〕 I think facility is the most important factor in a good swimming pool.

좋은 수영장의 가장 중요한 요소는 시설이라고 생각합니다.

〔추가 문장〕 **This is because** it is more comfortable for me to go swimming in a big swimming pool. **And also,** it is more enjoyable to use good facilities. So I will go there more often.

왜냐하면 큰 수영장에서 수영하는 것이 더 편하기 때문입니다. 그리고 또한, 좋은 시설을 이용하는 것은 더 즐겁습니다. 그래서 저는 그곳에 더 자주 갈 것입니다.

〔마무리〕 **Therefore,** I believe the most important factor in a good swimming pool is the facility.

따라서, 좋은 수영장의 가장 중요한 요소는 시설이라고 생각합니다.

〔어휘〕 facility 시설 distance 거리 popularity 인기 comfortable 편한, 쾌적한

TEST 5

> Imagine that an American life magazine is writing an article about your area. You have agreed to participate in a telephone interview about using bikes.
> 미국의 한 생활 잡지사가 당신의 지역에 관하여 기사를 쓴다고 가정하세요. 당신은 자전거 이용에 대한 전화 인터뷰 참여에 동의했습니다.

Q5 How often do you ride a bike? Why do you ride it?
당신은 얼마나 자주 자전거를 타나요? 그것을 타는 이유는 무엇인가요?

A5
(핵심 답변) I ride my bike once a week.
저는 일주일에 한 번 자전거를 탑니다.

(추가 문장) **This is because** it is good for my health. **And also,** I can relieve stress while riding a bike.
왜냐하면 건강에 좋기 때문입니다. 그리고 또한, 자전거를 타는 동안 스트레스를 해소할 수 있습니다.

Q6 Does your area have places where you can ride a bike? Have you visited the place to ride it?
당신의 지역에 자전거를 탈 수 있는 장소가 있나요? 자전거를 타기 위해 그 장소를 방문해 본 적 있나요?

A6
(핵심 답변) Yes, my area has a park where I can ride a bike. And I have visited that place to ride it.
네, 저희 지역에 자전거를 탈 수 있는 공원이 있습니다. 그리고 자전거를 타기 위해 그 장소에 방문한 적 있습니다.

(추가 문장) It is near my house. So I always enjoy riding my bike there.
그곳은 저희 집에서 가깝습니다. 그래서 저는 항상 그곳에서 자전거를 타는 걸 즐겨요.

Q7 What are some advantages of using a bike rather than using a car? Why?
자동차보다 자전거를 이용하는 것의 장점은 무엇인가요? 그 이유는 무엇인가요?

A7
(핵심 답변) I think the advantage of using a bike rather than using a car is that it is more affordable.
자동차를 이용하는 것보다 자전거를 이용하는 것의 장점은 더 저렴하다는 것입니다.

(추가 문장) So we can save money when riding a bike. We need to spend a lot of money on running a car. We need to pay gas money or parking fees when driving a car.
그래서 자전거를 타면 돈을 절약할 수 있습니다. 자동차를 굴리려면 많은 돈을 소비해야 합니다. 자동차를 운전할 때, 주유비와 주차비를 지불해야 합니다.

(마무리) **Therefore,** I believe using a bike is more affordable.
따라서, 자전거를 이용하는 것이 더 저렴하다고 생각합니다.

어휘 advantage 이점 rather than ~보다는 affordable 가격이 알맞은 save 아끼다, 절약하다 parking fee 주차 요금

TEST 6

> Imagine that Career Development Center is doing research in your area. You have agreed to participate in a telephone interview about a job.
> 경력 개발 센터가 당신의 지역에서 설문조사를 한다고 가정하세요. 당신은 직업에 대한 전화 인터뷰 참여에 동의했습니다.

Q5	If you could set the working hours, what time of the day would you like to begin and finish the work?	만약 근무 시간을 정할 수 있다면, 하루 중 몇 시에 일을 시작하고 끝내고 싶나요?
A5	(핵심 답변) If I could set the working hours, I would like to begin at 10 A.M. and finish at 5 P.M.	만약 근무 시간을 정할 수 있다면, 오전 10시에 시작해서 오후 5시에 끝내고 싶습니다.
	(추가 문장) **This is because** it is more efficient for me to work at that time.	왜냐하면 그 시간에 일하는 것이 더 효율적이기 때문입니다.

어휘 set 정하다 working hour 근무 시간 efficient 효율적인

Q6	If you could take a job in any area, where would you like to have your workplace? Why?	만약 어떤 지역에서든 직업을 가질 수 있다면, 어디에서 직장을 갖고 싶나요? 그 이유는 무엇인가요?
A6	(핵심 답변) If I could take a job in any area, I would like to have my workplace in the downtown area.	만약 제가 어떤 지역에서든 직업을 가질 수 있다면, 도심 지역에서 직장을 갖고 싶어요.
	(추가 문장) **This is because** I can learn more things in the downtown area(→ district).	왜냐하면 저는 도심 지역에서 더 많은 것을 배울 수 있기 때문입니다.

어휘 workplace 직장 downtown area 도심 지역 district 구역, 지구

Q7	Describe the type of job you would like to have and why you would like to have it.	당신이 원하는 직업과 그것을 원하는 이유를 설명하세요.
A7	(핵심 답변) The type of job I would like to have is a flight attendant.	제가 원하는 직업은 승무원입니다.
	(추가 문장) **This is because** I enjoy traveling while working. I can fly to any countries for free. I can also work in a flexible working schedule.	왜냐하면 저는 일하면서 여행하는 것을 즐기기 때문입니다. 저는 무료로 어떤 나라든지 비행기를 타고 갈 수 있습니다. 또한 유연한 근무 일정으로 일할 수 있습니다.
	(마무리) **Therefore,** I would love to be a flight attendant.	따라서, 저는 승무원이 되고 싶습니다.

어휘 describe 묘사하다 type 유형 flight attendant 승무원 for free 무료로 flexible 유연한

QUESTIONS 5-7 ACTUAL TEST

TEST 1 본문 p.106 (→ : 대체 표현)

> Imagine that someone would like to open a shoe store in your area. You have agreed to participate in a telephone interview about purchasing shoes.
> 어떤 사람이 당신의 지역에서 신발 매장을 개점하려 한다고 가정하세요. 당신은 신발 구매에 대한 전화 인터뷰 참여에 동의했습니다.

Q5		When do you usually go shopping for shoes?	보통 언제 신발을 구매하러 가나요?
A5	핵심 답변	I usually go shopping for shoes in the morning.	저는 보통 아침에 신발을 구매하러 갑니다.
	추가 문장	This is because when I go shopping in the morning, I can have enough time to choose good shoes.	왜냐하면 아침에 구매하러 가면 좋은 신발을 고를 수 있는 시간이 충분하기 때문이에요.

Q6		Do you have a plan to shop for new shoes within the next six months? Why?	향후 6개월 이내에 새 신발을 구매할 계획이 있나요? 그 이유는 무엇인가요?
A6	핵심 답변	Yes, I have a plan to shop for new shoes within the next six months.	네, 향후 6개월 이내에 새 신발을 구매할 계획이 있습니다.
	추가 문장	This is because I need new shoes for the summer. And also, it is enjoyable for me to go shopping for new products.	왜냐하면 저는 여름을 위해 새 신발이 필요하기 때문입니다. 그리고 또한, 새로운 제품을 사러 가는 것은 즐겁습니다.

어휘 enjoyable 즐거운 product 제품

Q7		Besides the price of shoes, what are some things to consider when purchasing new shoes? Why?	신발의 가격 외에, 새 신발을 구매할 때 고려할 것들은 무엇인가요? 그 이유는 무엇인가요?
A7	핵심 답변	Besides the price of shoes, design and style are some things to consider when purchasing new shoes.	신발의 가격 외에, 새 신발을 구매할 때 디자인과 스타일이 고려해야 할 것들입니다.
	추가 문장	This is because I enjoy wearing fashionable shoes. And also, I can look nice, so it makes me feel satisfied and happy.	왜냐하면 저는 유행하는 신발을 즐겨 신기 때문입니다. 그리고 또한, 멋지게 보일 수 있어서 저는 만족스럽고 기쁩니다.
	마무리	Therefore, besides the price of shoes, I consider design and style the most when buying new shoes (→ design and style are some things to think about when buying new shoes).	따라서 신발 가격 외에, 새 신발을 구매할 때, 신발의 디자인과 스타일을 가장 고려합니다 (→ 새 신발을 구매할 때 디자인과 스타일이 고려해야 할 것입니다).

어휘 consider 고려하다 fashionable 유행하는 satisfied 만족하는

TEST 2

Imagine that a home improvement magazine is doing research in your neighborhood. You have agreed to participate in a telephone interview about maintaining your house.
한 주택 개조 잡지사가 당신의 마을에서 설문조사를 한다고 가정하세요. 당신은 주택 유지보수에 대한 전화 인터뷰 참여에 동의했습니다.

Q5 How long have you lived in your town? Do you live in a house or an apartment?
당신의 마을에서 얼마나 오랫동안 살았나요? 주택에서 사나요, 아니면 아파트에서 사나요?

A5
(핵심 답변) I have lived in my town for about five years. And I live in an apartment.
저는 대략 5년 동안 저희 마을에서 살았습니다. 그리고 저는 아파트에 삽니다.

(추가 문장) **This is because** it is more comfortable to live in an apartment. **And also,** the facility is good.
왜냐하면 아파트에 사는 것이 더 편하기 때문입니다. 그리고 또한, 시설도 좋습니다.

어휘 comfortable 안락한, 편한 facility 시설

Q6 If you could fix one thing about your house, what would you like to fix? Why?
만약 집에서 한 가지를 수리할 수 있다면, 무엇을 수리하고 싶나요? 그 이유는 무엇인가요?

A6
(핵심 답변) If I could fix one thing about my house, I would like to fix the sink.
만약 집에서 한 가지를 수리할 수 있다면, 싱크대를 수리하고 싶습니다.

(추가 문장) **This is because** it is very old and outdated. **Therefore,** I want to change it to a new one.
왜냐하면 매우 오래되었고 구식이기 때문입니다. 따라서, 새 걸로 바꾸고 싶습니다.

어휘 fix 고치다 outdated 구식의

Q7 What are some disadvantages of repairing a house by hiring experts? Why?
전문가들을 고용해서 집을 수리하는 것의 단점은 무엇인가요? 그 이유는 무엇인가요?

A7
(핵심 답변) **I think the disadvantage of** repairing a house by hiring experts is that it is not affordable.
전문가들을 고용해서 집을 수리하는 것의 단점은 저렴하지 않다는 것입니다.

(추가 문장) When repairing the house myself, I can save money(→ I don't have to spend money on hiring people to fix the house). Hiring people to fix the house can cost too much money. **And also,** when hiring people to fix the house, I have to use the materials and products they suggest.
제가 직접 집을 수리하면, 돈을 절약할 수 있습니다(→ 집을 수리하기 위해 사람들을 고용하는 데 돈을 쓸 필요가 없습니다). 집을 수리하기 위해 사람을 고용하는 것은 너무 많은 비용이 들 수 있습니다. 그리고 또한, 집을 수리하기 위해 사람을 고용하면, 저는 그들이 제안하는 자재와 제품들을 사용해야 합니다.

(마무리) **Therefore,** I believe repairing a house by hiring experts is not affordable.
따라서, 전문가들을 고용해서 집을 수리하는 것은 저렴하지 않습니다.

어휘 hire 고용하다 expert 전문가 repair 수리하다 cost 비용이 들다 material 재료 suggest 제안하다

QUESTIONS 8-10 전략 익히기

PRACTICE 본문 p.118 (→ : 대체 표현)

1. 면접 일정표

Schedule of Job Interviews
Date: September 4
Location: Duke University, Conference Room

Time	Candidates	Positions	Current Employment
09:00 A.M.	Ann Kelly	Study technician	Michigan University
09:30 A.M.	Mario Stevenson	Academic advisor	Boston University
10:00 A.M.	Eddie Dalton	Research specialist	McGill University
~~10:30 A.M.~~	~~Terry Cruise~~	~~Career advisor~~	~~Columbia University~~ *canceled*
11:00 A.M.	Valencia Perez	Teaching assistant	Minnesota University
11:30 A.M.	Evelyn Chung	Research specialist	San Diego University

취업 면접 일정
날짜: 9월 4일
장소: Duke 대학교 회의실

시간	지원자	직책	현재 고용 기관
오전 9시	Ann Kelly	연구 기술자	Michigan 대학교
오전 9시 30분	Mario Stevenson	지도 교수	Boston 대학교
오전 10시	Eddie Dalton	연구원	McGill 대학교
~~오전 10시 30분~~	~~Terry Cruise~~	~~진로 상담원~~	~~Columbia 대학교~~ 취소됨
오전 11시	Valencia Perez	조교	Minnesota 대학교
오전 11시 30분	Evelyn Chung	연구원	San Diego 대학교

어휘 location 위치 candidate 후보 position 직책, 자리 current 현재의 employment 고용, 취업 technician 기술자 academic advisor 지도 교수 research 연구, 조사 specialist 전문가 career 경력 advisor 고문

Hello, this is Michael. I will be conducting interviews with several candidates this week. But I can't find my interview sheets anywhere. And I would like to get some information from you.	안녕하세요. 저는 Michael입니다. 이번 주에 지원자들 몇 명과 면접을 진행할 것입니다. 하지만 면접 일정표를 어디에서도 찾을 수 없습니다. 그래서 당신에게서 몇 가지 정보를 얻고 싶습니다.

Q8	Where are my interviews being held, and what time is my first interview?	면접은 어디에서 하나요? 그리고 첫 면접은 몇 시인가요?
A8	They will be held in the Conference Room of Duke University at 9 A.M. (→ They are in the Conference Room of Duke University. And the first interview is at 9 A.M.)	Duke 대학 회의실에서 오전 9시에 열릴 것입니다. (→ Duke 대학 회의실에서 있습니다. 그리고 첫 면접은 오전 9시에 있습니다.)

Q9	I have an interview with a candidate from Columbia University. Can you tell me when I am scheduled to interview him?	Columbia 대학의 지원자와 면접이 있습니다. 제가 언제 그와 면접을 볼 예정인지 알려주시겠어요?
A9	**Actually,** the interview with Terry Cruise at 10:30 A.M. has been canceled.	사실, 오전 10시 30분에 있을 Terry Cruise와의 면접은 취소됐어요.
Q10	I know we are interviewing several candidates for the research specialist position this time. And I would like to know more detailed information about them. Can you tell me all the details regarding the interviews for the research specialists?	우리가 이번에 몇 명의 연구원직 지원자들을 면접한다고 알고 있습니다. 그리고 그들에 대한 더 자세한 정보를 알고 싶습니다. 연구원직 면접에 대한 모든 세부 사항을 알려주시겠어요?
A10	**There are** two interviews for the research specialist position. **First,** the interview with Eddie Dalton from McGill University is at 10 A.M. for the research specialist position. (→ The first one is the interview with Eddie Dalton from McGill University at 10 A.M. for the research specialist position.) **Second,** the interview with Evelyn Chung from San Diego University is at 11:30 A.M. for the research specialist position. (→ The second one is the interview with Evelyn Chung from San Diego University at 11:30 A.M. for the research specialist position.)	연구원직 면접이 두 개 있습니다. 첫 번째, McGill 대학의 Eddie Dalton과의 연구원직 면접이 오전 10시에 있습니다. (→ 첫 번째는 오전 10시에 있을 McGill 대학의 Eddie Dalton과의 연구원직 면접입니다.) 두 번째, San Diego 대학의 Evelyn Chung과의 연구원직 면접이 오전 11시 30분에 있습니다. (→ 두 번째는 오전 11시 30분에 있을 San Diego 대학의 Evelyn Chung과의 연구원직 면접입니다.)

2. 여행 일정표

Itinerary for Olivia Moore

Flight Information	
June 16th	Flight no. AZ 5346 Departure: Baltimore Airport, 9:00 A.M. Arrival: Charleston Airport, 2:00 P.M.
June 20th	Flight no. AZ 3076 Departure: Charleston Airport, 4:00 P.M. Arrival: Baltimore Airport, 9:00 P.M.
Hotel Information (Rodeway Hotel)	
June 16th	Check-in: 3:00 P.M.
June 20th	Check-out: 12:00 P.M.
Day trip to Morrison Air Factory (Company driver pick up at hotel lobby)	
June 19th	Departure: Rodeway Hotel, 9:00 A.M. Arrival: Morrison Air Factory, 10:00 A.M. Departure: Morrison Air Factory, 4:00 P.M. Arrival: Rodeway Hotel, 5:00 P.M.

Olivia Moore의 여행 일정표

항공편 정보	
6월 16일	항공기 AZ 5346편 출발: Baltimore 공항, 오전 9:00 도착: Charleston 공항, 오후 2:00
6월 20일	항공기 AZ 3076편 출발: Charleston 공항, 오후 4:00 도착: Baltimore 공항, 오후 9:00
호텔 정보 (Rodeway 호텔)	
6월 16일	체크인: 오후 3:00
6월 20일	체크아웃: 오후 12:00
Morrison Air 공장으로 당일 출장 (호텔 로비에서 회사 기사가 픽업)	
6월 19일	출발: Rodeway 호텔, 오전 9:00 도착: Morrison Air 공장, 오전 10:00 출발: Morrison Air 공장, 오후 4:00 도착: Rodeway 호텔, 오후 5:00

어휘 itinerary 여행 일정표 departure 출발 arrival 도착 day trip 당일 여행

Hello, this is Olivia Moore calling about my business trip this week. I seem to have lost my itinerary, and I have a couple of questions about my schedule. Could you answer the questions about my business trip?	안녕하세요. 저는 Olivia Moore이고 이번 주 출장과 관련해서 전화 드립니다. 제가 여행 일정표를 잃어버린 것 같은데 일정에 대한 몇 가지 질문이 있습니다. 제 출장에 대한 질문에 답해 주시겠어요?

Q8	What is the flight number for departing from Baltimore?	Baltimore에서 출발하는 항공기 번호가 무엇인가요?
A8	The departure from Baltimore Airport is at 9:00 A.M. on flight number AZ 5346. (→ You will depart from Baltimore Airport at 9:00 A.M. on flight number AZ 5346.)	Baltimore 공항에서 출발은 항공기 AZ 5346편으로 오전 9시입니다. (→ 당신은 항공기 AZ 5346편으로 오전 9시에 Baltimore 공항에서 출발할 겁니다.)
Q9	A friend of mine has invited me to a concert on the 20th, the day that I come back. The concert is at 7 P.M. Do you think I will be able to make it to the concert?	제가 돌아오는 날인 20일에 제 친구가 콘서트에 초대했습니다. 그 콘서트는 오후 7시에 있습니다. 제가 그 콘서트 시간에 맞춰 갈 수 있을까요?
A9	**Unfortunately,** no. The arrival at Baltimore Airport is at 9:00 P.M. (→ Actually, you will arrive at Baltimore Airport at 9:00 P.M.) So, I'm afraid that you cannot make it to the concert.	안타깝게도, 아닙니다. Baltimore 공항 도착은 오후 9시입니다. (→ 사실, 당신은 오후 9시에 Baltimore 공항에 도착할 겁니다.) 그래서, 유감이지만 당신은 그 콘서트에 시간 맞춰 가지 못할 겁니다.
Q10	Can you tell me all the details about my day trip to the Morrison Air Factory?	Morrison Air 공장으로 가는 당일 출장에 대한 모든 세부 내용을 말해 주시겠어요?
A10	**There are** two details about your day trip to the Morrison Air Factory on June 19th. **First,** the departure from the hotel is at 9:00 A.M. The company driver will pick you up at the hotel lobby. And the arrival at the Morrison Air Factory is at 10:00 A.M. (→ You will depart from the hotel at 9:00 A.M. The company driver will pick you up at the hotel lobby. Then, you will arrive at the Morrison Air Factory at 10:00 A.M.) **Second,** the departure from the Morrison Air Factory is at 4:00 P.M. and the arrival at the hotel is at 5:00 P.M. (→ Then, you will depart from the Morrison Air Factory at 4:00 P.M. and arrive back at the hotel at 5:00 P.M.)	6월 19일에 Morrison Air 공장으로 가는 당일 출장 관련 두 가지 세부 내용이 있습니다. 첫 번째, 호텔에서 출발은 오전 9시입니다. 호텔 로비에서 회사 기사가 당신을 태울 것입니다. 그리고 Morrison Air 공장 도착은 오전 10시입니다. (→ 당신은 오전 9시에 호텔에서 출발할 것입니다. 호텔 로비에서 회사 기사가 당신을 태울 것입니다. 그러고 나서, 오전 10시에 Morrison Air 공장에 도착할 것입니다.) 두 번째, Morrison Air 공장에서 출발은 오후 4시이고 호텔 도착은 오후 5시입니다. (→ 그러고 나서, 당신은 오후 4시에 Morrison Air 공장에서 출발할 것이고 오후 5시에 다시 호텔에 도착할 것입니다.)

3. 메뉴

Antonio Mexican Restaurant

Open from Monday to Saturday, 11 A.M. to 10 P.M.

Day	Daily Specials	Price
Monday	Shrimp Quesadillas	$14
Tuesday	Fajitas (Spicy)	$13
Wednesday	Taco Salad	$9
Thursday	Tex-Mex Fajitas	$14
Friday	Traditional Mexican Favorites	$13
Saturday	Burrito Filled with Fish	$11

* Groups of more than 6 people: Call ahead for a reservation

Antonio 멕시코 음식점

월요일~토요일, 오전 11시~오후 10시 영업

요일	일일 특선 요리	가격
월요일	새우 퀘사디아	14달러
화요일	파히타(매운 맛)	13달러
수요일	타코 샐러드	9달러
목요일	Tex-Mex 파히타	14달러
금요일	전통 멕시코 인기 요리	13달러
토요일	생선 브리토	11달러

* 6명 이상 단체 손님: 사전 전화 예약

어휘 traditional 전통적인 favorite 가장 좋아하는 것 fill with ~으로 가득 차다 reservation 예약 recommend 추천하다 especially 특히 special 특별한 것

	Hi, one of my friends recommended Antonio Mexican Restaurant, and I would like to know more about your restaurant.	안녕하세요. 제 친구 중 한 명이 Antonio 멕시코 음식점을 추천했고 저는 당신의 음식점에 대해 더 알고 싶습니다.
Q8	What days of the week do you open, and what time do you open and close?	일주일 중 어떤 요일에 영업하나요? 그리고 몇 시에 열고 닫나요?
A8	It is open from Monday to Saturday from 11 A.M. to 10 P.M. (→ We are open from Monday to Saturday, and we open at 11 A.M. and close at 10 P.M.)	월요일부터 토요일까지, 오전 11시부터 오후 10시까지 영업합니다. (→ 우리는 월요일부터 토요일까지 영업하고 오전 11시에 열고 오후 10시에 닫습니다.)

Q9	I am planning to have a business dinner with more than ten people at your restaurant. I don't need to make a reservation, do I?	당신의 음식점에서 열 명이 넘는 사람들과 사업차 저녁식사를 할 계획입니다. 예약할 필요 없죠, 그렇죠?
A9	**Actually**(→ Unfortunately), for groups of more than six people, you need to call ahead for a reservation.	사실(→ 안타깝게도), 6명 이상의 단체 손님일 경우, 사전에 전화 예약을 해야 합니다.
Q10	I really enjoy Mexican food, and I especially like fajitas. Can you tell me all the details about fajita specials offered at your restaurant?	저는 정말 멕시코 음식을 즐기며, 특히 파히타를 좋아합니다. 당신의 음식점에서 제공하는 파히타 특선 요리에 대한 모든 세부 내용을 말씀해 주시겠어요?
A10	**There are** two daily specials with fajitas. **First,** Spicy Fajitas is 13 dollars on Tuesday. (→ The first one is Spicy Fajitas at 13 dollars on Tuesday.) **Second,** Tex-Mex Fajitas is 14 dollars on Thursday. (→ The second one is Tex-Mex Fajitas at 14 dollars on Thursday.)	두 가지 파히타 일일 특선 요리가 있습니다. 첫 번째, 매운 파히타는 화요일에 13달러입니다. (→ 첫 번째는 화요일에 13달러인 매운 파히타입니다.) 두 번째, Tex-Mex 파히타는 목요일에 14달러입니다. (→ 두 번째는 목요일에 14달러인 Tex-Mex 파히타입니다.)

4. 이력서

Charles Stevens
Campanile Drive, San Diego, CA
Cell: 565-9687-6347   Stevens80@gmail.com

Position	Sales manager, MID-TECH Incorporated
Education	Master's degree, Business Administration, Michigan University (2005) Bachelor's degree, Economics, San Diego University (2003)
Work Experience	Sales director: Mason Factory (2010 – present) Sales assistant: Johnson's Supplies (2007 – 2010)
Others	Fluent in Spanish Certified in programming; made several sales-associated programs

Charles Stevens
캘리포니아 주, 샌디에이고, Campanile 가
핸드폰: 565-9687-6347   Stevens80@gmail.com

직책	영업부 부장, MID-TECH 사
학력	경영학 석사, Michigan 대학교 (2005) 경제학 학사, San Diego 대학교 (2003)
경력	영업부 부장: Mason Factory 사 (2010 ~ 현재) 영업부 차장: Johnson's Supplies 사 (2007 ~ 2010)
기타	스페인어 유창함 프로그래밍 자격증 보유; 영업 관련 프로그램 제작했음

어휘 Incorporated 주식회사 master's degree 석사 학위 business administration 경영학 bachelor's degree 학사 학위 economics 경제학 fluent 유창한 certify 자격증을 교부하다 associated 관련된 résumé 이력서 major in ~을 전공하다 expand 확장하다 overseas 해외로 indicate 나타내다 communicate 의사소통을 하다 foreign language 외국어 fluently 유창하게 in detail 자세히 experience 경험, 경력 sales director 영업 부장

Hi, I will be interviewing Charles Stevens today, but I don't have his résumé. Can you answer a few questions for me?	안녕하세요. 저는 오늘 Charles Stevens를 면접할 예정인데 그의 이력서를 갖고 있지 않습니다. 몇 가지 질문에 답해 주시겠어요?

Q8	From which university did he get his bachelor's degree, and what did he major in?	그는 어느 대학에서 학사 학위를 받았나요? 그리고 무엇을 전공했나요?
A8	He got his bachelor's degree in Economics at San Diego University in 2003. (→ He received his bachelor's degree from San Diego University in 2003, and he majored in Economics.)	그는 2003년에 San Diego 대학에서 경제학 학사 학위를 받았습니다. (→ 그는 2003년에 San Diego 대학에서 학사 학위를 받았고 경제학을 전공했습니다.)
Q9	MID-TECH Incorporated is expanding overseas, and we have recently opened several foreign offices. Is there anything on Mr. Steven's résumé that indicates that he can communicate in a foreign language?	MID-TECH 사는 해외로 확장하는 중이고 우리는 최근에 몇 곳의 해외 지사를 열었습니다. Stevens 씨의 이력서에 그가 외국어로 의사소통할 수 있다는 내용이 있나요?
A9	**Fortunately**(→ Actually), yes. He can speak Spanish fluently.	다행히도(→ 사실), 있습니다. 그는 스페인어를 유창하게 구사합니다.
Q10	Can you tell me about his work history in detail?	그의 경력에 대하여 자세히 말씀해 주시겠어요?
A10	**There are** two work experiences. **First,** he worked as a sales assistant at Johnson's Supplies from 2007 to 2010. (→ First, he was a sales assistant at Johnson's Supplies from 2007 to 2010.) **Second,** he has worked as a sales director at Mason Factory from 2010 until now. (→ Second, he has been a sales director at Mason Factory from 2010 until now.)	두 개의 경력이 있습니다. 첫 번째, 그는 2007년부터 2010년까지 Johnson's Supplies 사에서 영업부 차장으로 일했습니다. (→ 첫 번째, 그는 2007년부터 2010년까지 Johnson's Supplies 사에서 영업부 차장이었어요.) 두 번째, 그는 2010년부터 현재까지 Mason Factory 사에서 영업부 부장으로 일하고 있습니다. (→ 두 번째, 그는 2010년부터 현재까지 Mason Factory 사에서 영업부 부장으로 있습니다.)

QUESTIONS 8-10　CHECK-UP TEST

TEST 1　본문 p.128 (→ : 대체 표현)

Seven-Point Café
Open daily 10 A.M. – 11 P.M.
March Event Schedule

Date	Time	Event	Note
Mar. 3	3:00 P.M. – 4:00 P.M.	Tea Brewing	
Mar. 10	7:00 P.M. – 9:00 P.M.	Concert: Jetplane Band	Tickets required
Mar. 15	2:00 P.M. – 3:00 P.M.	Book Club: *The Wild*	
Mar. 18	2:00 P.M. – 4:00 P.M.	Tea Ceremony	Materials provided
Mar. 22	7:00 P.M. – 9:00 P.M.	Board Game Night	Bring your own game
Mar. 25	6:00 P.M. – 8:00 P.M.	Greenpeace Meetup	

Seven-Point 카페
매일 오전 10시 ~ 오후 11시 영업
3월 행사 일정

날짜	시간	행사	참고 사항
3월 3일	오후 3시 ~ 오후 4시	차 끓이기	
3월 10일	오후 7시 ~ 오후 9시	콘서트: Jetplane 밴드	티켓 필수
3월 15일	오후 2시 ~ 오후 3시	독서 모임: *The Wild*	
3월 18일	오후 2시 ~ 오후 4시	다도	재료 제공
3월 22일	오후 7시 ~ 오후 9시	보드 게임의 밤	본인 게임 준비
3월 25일	오후 6시 ~ 오후 8시	Greenpeace 모임	

어휘　brew 끓이다　required 필수의　ceremony 의식　material 자료, 재료　be interested in ~에 관심이 있다

Hi, I am interested in attending some of the March events at the Seven-Point Café. Unfortunately, I forgot to take an event schedule last time I visited the café. Can you answer a couple of questions for me?

안녕하세요. 저는 Seven-Point 카페의 3월 행사에 참가하고 싶습니다. 안타깝게도, 제가 지난번 그 카페에 방문했을 때 행사 일정표를 갖고 오는 것을 잊었습니다. 몇 가지 질문에 답해 주시겠어요?

Q8	What date is the concert, and what time does it start?	콘서트는 며칠에 있나요? 그리고 몇 시에 시작하나요?
A8	The concert with Jetplane Band is from 7:00 P.M. to 9:00 P.M. on March 10th. (→ There is a concert with Jetplane Band on March 10th, and it starts at 7 P.M.) And tickets are required for the event.	Jetplane 밴드의 콘서트는 3월 10일 오후 7시부터 오후 9시까지 있어요. (→ 3월 10일에 Jetplane 밴드의 콘서트가 있고, 그것은 오후 7시에 시작합니다.) 그리고 그 행사에 티켓은 필수입니다.
Q9	I would love to come to the 'Board Game Night', and I remember that I don't need to bring anything for the event. Can you check on that for me?	'보드 게임의 밤'에 가고 싶은데, 그 행사에 무언가를 가져갈 필요는 없던 것으로 기억합니다. 확인해 주시겠어요?
A9	**Actually**(→ Unfortunately), you should bring your own game to the 'Board Game Night'.	사실(→ 안타깝게도), '보드 게임의 밤'에 본인의 게임을 가지고 와야 합니다.
Q10	I'm a big fan of tea, and I saw that you are holding a couple of tea-related events. Can you tell me about all of these events?	저는 차를 엄청 좋아하는데, 차와 관련된 행사를 주관한다는 내용을 봤습니다. 그 행사들에 대해 모두 말씀해 주시겠어요?
A10	**There are** two events related to tea. **First,** the event with the 'Tea Brewing' is from 3:00 P.M. to 4:00 P.M. on March 3rd. **Second,** the event with the 'Tea Ceremony' is from 2:00 P.M. to 4:00 P.M. on March 18th. And materials will be provided for this event.	차와 관련된 행사가 두 개 있습니다. 첫 번째, '차 끓이기'에 대한 행사가 3월 3일 오후 3시부터 오후 4시까지 있습니다. 두 번째, '다도'에 대한 행사가 3월 18일 오후 2시부터 오후 4시까지 있습니다. 그리고 이 행사에는 재료가 제공될 것입니다.

TEST 2

Seminars for Managers
Riverside Hotel
10 A.M. – 1 P.M.

Date	Event	Presenter
July 2	Maintaining Calm as a Manager	Emma Tanaka
July 7	Guidelines for Project Managers	Thomas Mathews
July 13	~~Developing High Performing Teams~~ *canceled*	Frank Ray
July 18	Leadership Skills: Important Habits	Jim Whitaker
July 24	Carrots over Sticks: Effective Incentives	Beth Wang
July 30	Servant Leadership: Insights into Success	James Rogers

관리자들을 위한 세미나
Riverside 호텔
오전 10시 ~ 오후 1시

날짜	행사	발표자
7월 2일	관리자로서 침착함 유지하기	Emma Tanaka
7월 7일	프로젝트 관리자를 위한 지침	Thomas Mathews
7월 13일	~~성과 높은 팀 발전시키기~~ 취소됨	Frank Ray
7월 18일	리더십 기술: 중요한 습관	Jim Whitaker
7월 24일	채찍 위의 당근: 효과적인 인센티브	Beth Wang
7월 30일	서번트 리더십: 성공에 대한 통찰력	James Rogers

어휘 maintain 유지하다 calm 침착함 guidelines 지침 develop 개발하다 perform 수행하다 effective 효과적인 incentive 장려책 servant 종업원, 고용인 insight 통찰력 upcoming 다가오는 deal with ~을 다루다

Hi, I am thinking of attending the upcoming seminars for managers, but I do not have the program with me. Can I ask you some questions?	안녕하세요. 저는 곧 있을 관리자들을 위한 세미나에 참가할 생각인데, 그 프로그램 표를 갖고 있지 않습니다. 제가 몇 가지 질문해도 되나요?

Q8	What time are the seminars being held, and what date is the first seminar?	세미나는 몇 시에 열리나요? 그리고 첫 세미나는 며칠에 있나요?
A8	The seminars will be held from 10 A.M. to 1 P.M. And the first seminar is on July 2nd.	세미나는 오전 10시부터 오후 1시까지 열릴 겁니다. 그리고 첫 세미나는 7월 2일에 있습니다.
Q9	I heard that there is a seminar on 'Developing High Performing Teams'. What date is that seminar?	저는 '성과 높은 팀 발전시키기'에 대한 세미나가 있다고 들었습니다. 그 세미나가 며칠에 있나요?
A9	**Actually**(→ Unfortunately), 'Developing High Performing Teams' on July 13th has been canceled. So you cannot attend the seminar.	사실(→ 안타깝게도), 7월 13일에 있을 '성과 높은 팀 발전시키기'는 취소됐어요. 그래서 그 세미나에 참가할 수 없습니다.
Q10	I know that there will be several seminars on the leadership. Can you tell me about all the seminars dealing with the leadership?	저는 리더십에 대한 몇몇 세미나가 열릴 거라고 알고 있습니다. 리더십을 다루는 모든 세미나에 대해 말씀해 주시겠어요?
A10	**There are** two seminars on the leadership. **First,** 'Leadership Skills: Important Habits' with Jim Whitaker is on July 18th. **Second,** 'Servant Leadership: Insights into Success' with James Rogers is on July 30th.	리더십에 대한 두 개의 세미나가 있습니다. 첫 번째, Jim Whitaker와 함께하는 '리더십 기술: 중요한 습관'이 7월 18일에 있습니다. 두 번째, James Rogers와 함께하는 '서번트 리더십: 성공에 대한 통찰력'이 7월 30일에 있습니다.

TEST 3

Eplus Mart
Quarterly Meeting – Monday, October 2

Time	Agenda	Presenter
9:00 A.M. – 9:30 A.M.	Review of Previous Sales Activity	Kelly Beckett
9:30 A.M. – 10:30 A.M.	Sales Analysis 1. Feedback: customers 2. Success stories: top sales	Jennifer Ross
10:30 A.M. – 11:30 A.M.	Update: online advertisements 1. Marketing trends 2. Web page: design and layout	Angelina Winter
11:30 A.M. – 11:45 A.M.	Q&A session	

Eplus 마트
분기 회의 – 10월 2일 월요일

시간	의제	발표자
오전 9시 ~ 오전 9시 30분	이전 판매 활동 검토	Kelly Beckett
오전 9시 30분 ~ 오전 10시 30분	판매 분석 1. 피드백: 고객들 2. 성공담: 최고 판매량	Jennifer Ross
오전 10시 30분 ~ 오전 11시 30분	업데이트: 온라인 광고 1. 마케팅 트렌드 2. 웹 페이지: 디자인 및 설계	Angelina Winter
오전 11시 30분 ~ 오전 11시 45분	질의응답 시간	

어휘 quarterly 분기별의 agenda 안건 presenter 발표자 previous 이전의 activity 활동 analysis 분석 customer 고객 layout 설계, 레이아웃 sales department 영업부

Hi, this is Henry from the sales department. I know that we have a quarterly meeting on October 2nd, but I haven't got an e-mail about it. Can you answer a few questions about the meeting?

안녕하세요. 저는 영업부의 Henry입니다. 10월 2일에 분기 회의가 있는 것을 아는데 그것에 대한 메일을 받지 못했습니다. 회의에 대한 몇 가지 질문에 답해 주시겠어요?

Q8	What is the first agenda for the meeting, and who will be speaking?	회의의 첫 번째 의제는 무엇인가요? 그리고 누가 발표할 건가요?
A8	'Review of Previous Sales Activity' is at 9:00 A.M. by Kelly Beckett.	Kelly Beckett의 '이전 판매 활동 검토'는 오전 9시에 있습니다.
Q9	I need to leave at noon that day for a meeting with clients from Jacksonville Outfits. What will I miss if I leave the meeting at noon?	저는 Jacksonville Outfits 사의 고객들과 미팅하기 위해 그날 정오에 출발해야 합니다. 정오에 회의에서 나간다면 저는 무엇을 놓치게 되나요?
A9	**Fortunately,** the meeting will be held from 9:00 A.M. to 11:45 A.M. So, you will not miss any of the meetings. (→ Actually, the meeting will be held from 9:00 A.M. to 11:45 A.M. So, you won't miss anything.)	다행히도, 회의는 오전 9시부터 오전 11시 45분까지 열릴 겁니다. 그래서 당신은 회의의 어떤 것도 놓치지 않을 것입니다. (→ 사실, 회의는 오전 9시부터 오전 11시 45분까지 열릴 겁니다. 그래서 당신은 어떤 것도 놓치지 않을 것입니다.)
Q10	We're going to discuss online advertisements at the meeting. Can you tell me the detailed information on the online advertisements update?	우리는 회의에서 온라인 광고에 대해 논의할 거예요. 저에게 온라인 광고 업데이트에 대한 자세한 정보를 말씀해 주시겠어요?
A10	**There are** two agenda items on the online advertisements update by Angelina Winter from 10:30 A.M. to 11:30 A.M. **The first one is** 'marketing trends'. **The second one is** 'Web page: design and layout'. (→ The online advertisement update by Angelina Winter is from 10:30 A.M. to 11:30 A.M. including 'marketing trends' and 'Web page: design and layout.')	Angelina Winter의 온라인 광고 업데이트에 대한 두 의제가 오전 10시 30분부터 오전 11시 30분까지 있습니다. 첫 번째는 '마케팅 트렌드'입니다. 두 번째는 '웹 페이지: 디자인 및 설계'입니다. (→ '마케팅 트렌드'와 '웹 페이지: 디자인 및 설계'를 포함한 Angelina Winter의 온라인 광고 업데이트는 오전 10시 30분부터 오전 11시 30분까지 있습니다.)

TEST 4

Castor Company Retreat Schedule
April 17, Lake Campground

9:00 A.M.	Chartered bus pick up at company parking lot	
10:00 A.M. – 11:00 A.M.	Presentation: Next Year's Plans	Louise Castor
11:00 A.M. – Noon	Demonstration: New Product Launches	Candice Wu, HR
Noon – 2:00 P.M.	Lunch	
2:00 P.M. – 4:00 P.M.	Discussion: Marketing New Products	Neil Bryson, Sales
4:00 P.M. – 5:00 P.M.	Team-Building Exercises	Carl Wallace, Marketing
5:00 P.M. – 6:00 P.M.	Volleyball Tournament	
6:00 P.M.	Chartered bus back to offices	

Castor 사 야유회 일정
4월 17일, Lake 캠프장

오전 9시	회사 주차장에서 전세 버스 탑승	
오전 10시 ~ 오전 11시	발표: 신년 계획	Louise Castor
오전 11시 ~ 정오	시연: 신제품 출시	Candice Wu, 인사부
정오 ~ 오후 2시	점심식사	
오후 2시 ~ 오후 4시	토론: 신제품 마케팅	Neil Bryson, 영업부
오후 4시 ~ 오후 5시	팀 단합 활동	Carl Wallace, 마케팅부
오후 5시 ~ 오후 6시	배구 시합	
오후 6시	전세 버스로 회사로 복귀	

어휘 company retreat 회사 야유회 chartered 전세 낸 parking lot 주차장 presentation 발표 demonstration 시연, 설명 launch 출시 discussion 논의 volleyball 배구 tournament 시합 misplace 잘못 두다 transportation 교통수단 HR department 인사부

Hi, I am planning to participate in the Castor Company Retreat, but I misplaced the program, and I can't find it. Could you answer my questions?	안녕하세요. 저는 Castor 사의 야유회에 참석할 건데 프로그램 표를 잃어버려서 못 찾겠어요. 제 질문에 답해 주시겠어요?

Q8	What date is the company retreat being held, and where is it?	며칠에 회사 야유회가 열리나요? 그리고 어디에서 하나요?
A8	It will be held on April 17th at Lake Campground.	그것은 4월 17일에 Lake 캠프장에서 열릴 것입니다.
Q9	Do I need to prepare for my own transportation to get to the retreat?	야유회에 가기 위해 교통수단을 준비해야 하나요?
A9	**Actually,** no. A chartered bus will pick you up at the company parking lot at 9 A.M.	사실, 아닙니다. 전세 버스가 오전 9시에 회사 주차장에서 당신을 태울 것입니다.
Q10	I'm interested in finding out about new company products. Can you tell me about all the sessions on new products?	회사 신제품에 대해 알고 싶어요. 신제품에 대한 모든 세션에 대해 말씀해 주시겠어요?
A10	**There are** two sessions on new products. **First,** the session with the 'Demonstration of New Product Launches' is from 11 A.M. to noon with Candice Wu from the HR department. **Second,** the session with the 'Discussion of Marketing New Products' is from 2 P.M. to 4 P.M. with Neil Bryson from the Sales department.	신제품에 대한 두 개의 세션이 있습니다. 첫 번째, 인사부 Candice Wu의 '신제품 출시 시연'이 오전 11시부터 정오까지 있습니다. 두 번째, 영업부 Neil Bryson의 '신제품 마케팅 토론'이 오후 2시부터 오후 4시까지 있습니다.

TEST 5

Cooksville Community Center
Upcoming Community Events

Date	Event	Fee
August 24-28	Classical Movie Week	$11
August 30	Local Music Showcase	By donation
September 10-15	~~Cooksville Fair~~ *(canceled due to renovation)*	
October 7	Museum Day	All museum passes: $9
October 11-17	Baseball Classic	$6(All proceeds go to charity)
October 21-29	Flea Market	Free
November 3	Music Festival: Regional Pop Music	$13

Cooksville 주민 센터
다가오는 지역 행사

날짜	행사	요금
8월 24일 ~ 28일	고전 영화의 주	11달러
8월 30일	지역 음악 소개	기부로 지불
9월 10일 ~ 15일	~~Cooksville 박람회~~ *(내부 수리로 취소)*	
10월 7일	박물관의 날	모든 박물관 입장권: 9달러
10월 11일 ~ 17일	베이스볼 클래식	6달러(모든 수익금은 자선 단체에 기부)
10월 21일 ~ 29일	벼룩 시장	무료
11월 3일	음악 축제: 지역 대중 음악	13달러

어휘 upcoming 다가오는 community 지역사회, 공동체 classical 고전의 local 지역의 showcase 공개 행사 renovation 수리, 보수 flea market 벼룩 시장 regional 지역의, 지방의 related to ~와 관련 있는 donation 기부

Hello, I'm calling about the upcoming community events in Cooksville. I don't have the program with me. Could you help me with some information?	안녕하세요. Cooksville의 다가오는 지역 행사와 관련해서 전화 드립니다. 저는 프로그램 표를 갖고 있지 않습니다. 몇 가지 정보와 관련해서 도움을 주시겠어요?

Q8	When is the first event, and how much is the ticket?	첫 행사는 언제인가요? 그리고 티켓은 얼마인가요?
A8	'Classical Movie Week' is from August 24th to 28th at 11 dollars. (→ The first event is 'Classical Movie Week' from August 24th to 28th, and the tickets cost 11 dollars each.)	'고전 영화의 주'는 11달러로, 8월 24일부터 28일까지입니다. (→ 첫 행사는 8월 24일부터 28일까지 '고전 영화의 주'고 티켓은 각 11달러입니다.)

Q9	I am bringing one of my guests to the community events held in September. What are the events?	저는 9월에 열리는 지역 행사에 제 손님 중 한 명을 데려갈 겁니다. 어떤 행사가 있나요?
A9	**Unfortunately,** the 'Cooksville Fair' from September 10th to 15th has been canceled due to renovation. (→ Actually, the event has been canceled due to renovation in September.) Therefore, I am afraid you cannot attend any events in September.	안타깝게도, 9월 10일부터 15일까지 있는 'Cooksville 박람회'는 내부 수리로 취소됐습니다. (→ 사실, 그 행사는 9월에 있을 내부 수리로 취소됐습니다.) 따라서 유감이지만, 9월에는 어떤 행사에도 참가하실 수 없습니다.

Q10	I am interested in music. Can you tell me all the music events held in Cooksville in detail?	저는 음악에 관심이 있습니다. Cooksville에서 열리는 모든 음악 행사에 대해 자세히 말씀해 주시겠어요?
A10	**There are** two events related to music. **First,** on August 30th, there is the 'Local Music Showcase' event. You can pay by donation for the fee. **Second,** on November 3rd, there is the 'Music Festival on Regional Pop Music'. You have to pay 13 dollars.	음악과 관련된 행사가 두 개 있습니다. 첫 번째, 8월 30일에 '지역 음악 소개' 행사가 있습니다. 기부를 통해 요금을 지불하실 수 있어요. 두 번째, 11월 3일에 '지역 대중 음악에 대한 음악 축제'가 있어요. 13달러를 지불하셔야 합니다.

TEST 6

Adventure Biking Races
June through July, 9 A.M. – 6 P.M.

Date	Race	Trail	Length
June 6	H&M Championship	Calvinia Hills	13.2 km
June 14	Cape Challenge	Cape Winelands	16.0 km
June 21	Extreme Stage Race	Bidwell Trail	9.7 km
July 3	Train Run	Prince Albert	11.5 km
July 17	Family Biking Race	Pretoria Park	16.0 km

* Required for members: protective gear

Adventure Biking 경주
6~7월, 오전 9시 ~ 오후 6시

날짜	경주	트레일	거리
6월 6일	H&M 챔피언십	Calvinia Hills	13.2킬로미터
6월 14일	케이프 챌린지	Cape Winelands	16.0킬로미터
6월 21일	익스트림 스테이지 레이스	Bidwell Trail	9.7킬로미터
7월 3일	트레인 런	Prince Albert	11.5킬로미터
7월 17일	가족 자전거 경주	Pretoria Park	16.0킬로미터

* 회원 필수 사항: 보호 장비

어휘 challenge 도전 extreme 극도의 required 필수의 protective gear 보호 장비 as far as I know 내가 아는 한

Hello, I am a member of Adventure Biking, and I would like to attend one of the upcoming race events. However, I don't have the event schedule, so I would like to get some information from you about them.

안녕하세요. 저는 Adventure Biking 회원인데, 다가오는 경주 행사 중 하나에 참가하고 싶습니다. 그러나 행사 일정표를 갖고 있지 않아서, 그것들에 대해 당신에게서 몇 가지 정보를 얻고 싶습니다.

Q8	What is the first race, and what date is the event?	첫 경주는 무엇인가요? 그리고 그 행사는 며칠에 있나요?
A8	'H&M Championship' is on June 6th along Calvinia Hills, and it is 13.2 kilometers. (→ There is the 'H&M Championship' race on June 6th along Calvinia Hills. And the length is 13.2 kilometers.)	6월 6일에 Calvinia Hills를 따라 'H&M 챔피언십'이 있고 그것은 13.2킬로미터입니다. (→ 'H&M 챔피언십' 경주가 6월 6일에 Calvinia Hills를 따라 있어요. 그리고 거리는 13.2킬로미터예요.)
Q9	As far as I know, I don't need to bring my own protective gear. Am I right?	제가 알기로는, 개인 보호 장비를 가지고 갈 필요가 없어요. 맞나요?
A9	**Actually,** protective gear is required for members. (→ Unfortunately, it is required for members.) Therefore, you need to bring your own protective gear.	사실, 보호 장비가 회원들에게 요구됩니다. (→ 안타깝게도, 그것은 회원들에게 필수입니다.) 따라서, 개인 보호 장비를 가져와야 합니다.
Q10	I am really interested in the 16-kilometer events. Please tell me all about the events that are 16 kilometers.	저는 16킬로미터 행사에 정말 관심 있습니다. 16킬로미터 행사에 대해 모든 것을 말씀해 주세요.
A10	**There are** two trails that are 16 kilometers. **First,** 'Cape Challenge' is on June 14th at Cape Winelands, and it is 16 kilometers. (→ The first one is 'Cape Challenge' on June 14th at Cape Winelands. It is a 16-kilometer race.) **Second,** 'Family BIkIng Race' is on July 17th at Pretoria Park, and it is 16 kilometers. (→ The second one is 'Family Biking Race' on July 17th at Pretoria Park. It is another 16-kilometer race.)	16킬로미터 거리의 트레일이 두 개 있습니다. 첫 번째, '케이프 챌린지'가 6월 14일 Cape Winelands에서 있고 16킬로미터입니다. (→ 첫 번째는 6월 14일 Cape Winelands에서 하는 '케이프 챌린지'입니다. 그것은 16킬로미터 경주입니다.) 두 번째, '가족 자전거 경주'가 7월 17일 Pretoria Park에서 있고 16킬로미터입니다. (→ 두 번째는 7월 17일 Pretoria Park에서 하는 '가족 자전거 경주'입니다. 그것은 또 다른 16킬로미터 경주입니다.)

QUESTIONS 8-10 ACTUAL TEST

TEST 1 본문 p.134 (→ : 대체 표현)

KC Body & Soul Gym

58th St, Kansas City
Winter Special Classes: January 5 – February 4
$40 per class, registered by January 2, $30

Class	Day	Time	Note
Pilates	Mondays	3:30 P.M. – 4:30 P.M.	
Self-Defence	Tuesdays	6:00 P.M. – 7:00 P.M.	entry level
Fightfit	Wednesdays	3:00 P.M. – 4:00 P.M.	experience needed
Grappling	Thursdays	3:30 P.M. – 4:30 P.M.	experience needed
Yoga	Wednesdays	4:30 P.M. – 5:30 P.M.	
Martial Arts	Fridays	6:30 P.M. – 7:30 P.M.	experience needed

KC Body & Soul 체육관

캔자스시티, 58번가
겨울 특별 수업: 1월 5일 ~ 2월 4일
수업당 40달러, 1월 2일까지 등록 시 30달러

수업	요일	시간	참고 사항
필라테스	월요일	오후 3시 30분 ~ 오후 4시 30분	
호신술	화요일	오후 6시 ~ 오후 7시	초급 단계
파이트피트	수요일	오후 3시 ~ 오후 4시	경험 필요
격투기	목요일	오후 3시 30분 ~ 오후 4시 30분	경험 필요
요가	수요일	오후 4시 30분 ~ 오후 5시 30분	
무술	금요일	오후 6시 30분 ~ 오후 7시 30분	경험 필요

어휘 register 등록하다 self-defense 호신술 entry level 입문의 grappling 격투 martial arts 무술 brochure 브로슈어, 책자 locate 위치하다

Hi, I saw a brochure of your fitness programs for winter, but I have misplaced it. And I was wondering if you could answer a few questions for me.	안녕하세요. 저는 당신의 겨울 운동 프로그램에 대한 소책자를 봤는데 그것을 잃어버렸습니다. 그래서 몇 가지 질문에 답해 주실 수 있는지 궁금합니다.

Q8	Where is the KC Body and Soul Gym located? And on what date will the winter classes begin?	KC Body & Soul 체육관이 어디에 있나요? 그리고 겨울 수업은 며칠에 시작하나요?
A8	It is on 58th Street in Kansas City. And the classes for winter will begin on January 5th.	그것은 캔자스시티 58번가에 있어요. 그리고 겨울 수업은 1월 5일에 시작할 겁니다.
Q9	I heard that the fee is 40 dollars. Is there any way that I can get rates lower than 40 dollars?	수업료가 40달러라고 들었습니다. 40달러보다 더 적은 비용을 낼 수 있는 방법이 있을까요?
A9	**Fortunately**(→ Actually), yes. If you register for the class by January 2nd, the fee is 30 dollars.	다행히(→ 사실), 있습니다. 1월 2일까지 수업을 등록하시면, 수업료가 30달러입니다.
Q10	I don't finish school until 5:30 P.M. Can you tell me all the classes that start after 5:30 P.M.?	저는 오후 5시 30분에 학교를 마칩니다. 오후 5시 30분 이후에 시작하는 모든 수업에 대해 말씀해 주시겠어요?
A10	**There are** two classes after 5:30 P.M. **First,** there is 'Self-Defence' on Tuesdays from 6:00 P.M. to 7:00 P.M. It is an entry-level class. **Second,** there is 'Martial Arts' on Fridays from 6:30 P.M. to 7:30 P.M. Experience is needed for that class.	오후 5시 30분 이후에 수업이 두 개 있습니다. 첫 번째, 매주 화요일 오후 6시부터 오후 7시까지 '호신술'이 있습니다. 그것은 초급용 수업입니다. 두 번째, 매주 금요일 오후 6시 30분부터 오후 7시 30분까지 '무술'이 있습니다. 그 수업은 경험이 필요합니다.

TEST 2

Staff Meeting

Michigan University, Conference Room 5B
Monday, May 15, 10:00 A.M. – 12:45 P.M.

10:00 A.M.	New Classes	Ellen Cranston
10:30 A.M.	Membership Program a. Fee increase b. Additional benefits	Mike Roberts
11:00 A.M.	New Employee Training	Gina Barlow
11:30 A.M.	Changes to the Center a. Locker room renovations b. Tennis court construction	Fred Coatman
12:15 P.M.	Gym Policy Changes	Kaila Colbin

직원 회의

Michigan 대학교, 회의실 5B호
5월 15일 월요일, 오전 10시 ~ 오후 12시 45분

오전 10시	신설 수업	Ellen Cranston
오전 10시 30분	멤버십 프로그램 a. 요금 인상 b. 추가 혜택	Mike Roberts
오전 11시	신입 사원 교육	Gina Barlow
오전 11시 30분	센터 변경 사항 a. 라커 룸 내부 수리 b. 테니스 코트 설치	Fred Coatman
오후 12시 15분	체육관 방침 변경 사항	Kaila Colbin

어휘 staff meeting 직원 회의 increase 인상; 오르다 additional 추가의 benefit 혜택 renovation 수리 construction 건설 policy 방침 appointment 약속

Hi, I am an employee at Michigan University, and I had a few questions about the staff meeting that's coming up. I had an agenda, but I seem to have lost it. Can you answer a few questions for me?

안녕하세요. 저는 Michigan 대학 직원인데, 다가오는 직원 회의에 대해 몇 가지 질문이 있습니다. 제가 안건 목록을 가지고 있었는데 잃어버린 듯합니다. 몇 가지 질문에 답해 주시겠어요?

Q8	What time does the meeting start, and what is the first session?	회의는 몇 시에 시작하나요? 그리고 첫 회의는 무엇인가요?
A8	It starts at 10 A.M. and the first session is 'New Classes' by Ellen Cranston.	오전 10시에 시작하고 첫 회의는 Ellen Cranston의 '신설 수업'입니다.
Q9	I have an appointment at 1 P.M. What will I miss if I leave for my appointment?	저는 오후 1시에 약속이 있습니다. 제가 약속 때문에 나간다면 무엇을 놓치게 되나요?
A9	**Fortunately**(→ Actually), the meeting ends at 12:45 P.M. So you will not miss anything.	다행히(→ 사실), 회의는 오후 12시 45분에 끝납니다. 그래서 어떤 것도 놓치지 않으실 겁니다.
Q10	I know that Fred Coatman will be speaking at the meeting. Can you tell me about what he will be speaking about?	Fred Coatman이 회의에서 발표한다고 알고 있습니다. 그가 무엇에 대해 발표할지 말씀해 주시겠어요?
A10	**There are** two items about 'Changes to the Center' at 11:30 A.M. by Fred Coatman. **The first one is** about locker room renovations. **The second one is** about tennis court construction.	오전 11시 30분에 Fred Coatman이 발표할 '센터 변경 사항'에 대한 두 가지 항목이 있습니다. 첫 번째는 라커 룸 내부 수리에 관한 겁니다. 두 번째는 테니스 코트 설치에 관한 겁니다.

QUESTION 11 전략 익히기

PRACTICE 본문 p.146 (→ : 대체 표현)

1. Prefer A or B (선호 사항)

> Do you prefer owning a home or renting?
> Give reasons and examples to support your opinion.
> 당신은 집을 소유하는 것을 선호하나요, 아니면 임대하는 것을 선호하나요?
> 당신의 의견을 뒷받침하기 위한 이유와 예시를 제시하세요.

어휘 comfortable 편한, 안락한 pleasant 즐거운 beneficial 유익한

근거 1 + 예시 1

서론 (의견)	I prefer owning a home to renting.	저는 임대하는 것보다 집을 소유하는 것을 선호합니다.
본론 (근거)	And the reason is that it is more comfortable, so I can have a good time. For example, until last year, my father owned a home, so my family lived in our home (→ my family lived in our home because my father owned a house). And it was very comfortable because we could do whatever we wanted at our home, so my family could have a pleasant time almost every day. That's why it was a good experience for me. And also, it was more beneficial for me because we didn't have to spend money on moving. 〔만능 문장〕	그리고 그 이유는 그게 더 편해서 좋은 시간을 보낼 수 있기 때문입니다. 예를 들면, 작년까지 아버지는 집을 소유했고, 그래서 제 가족은 저희 집에서 살았습니다. (→ 아버지가 집을 소유했기 때문에 제 가족은 저희 집에서 살았습니다.) 그리고 저희는 집에서 원하는 건 무엇이든 할 수 있었기 때문에 매우 편했습니다. 그래서 저희 가족은 거의 매일 즐거운 시간을 보낼 수 있었습니다. 그래서 그것은 제게 좋은 경험이었습니다. 그리고 또한, 그것은 제게 더 이로웠습니다. 왜냐하면 저희는 이사에 돈을 쓸 필요가 없었기 때문입니다.
결론 (마무리)	For this reason, I like owning a home.	이러한 이유로, 저는 집을 소유하는 것을 좋아합니다.

근거 2 + 예시 1

서론 (의견)	**I prefer** owning a home to renting.	저는 임대하는 것보다 집을 소유하는 것을 선호합니다.
본론 (근거 1)	**And there are two reasons for that.** **First,** when owning a home, we can save money because we don't have to spend money on moving to other places or buying a new house. That's why it is more beneficial for me. 〔만능 문장〕	그리고 그 이유는 두 가지가 있습니다. 첫 번째, 집을 소유하면, 돈을 아낄 수 있습니다. 왜냐하면 다른 장소로 이사하거나 새 집을 사는 데 돈을 쓸 필요가 없기 때문입니다. 그래서 그것은 제게 더 이롭습니다.
본론 (근거 2)	**Second,** it is more comfortable, so I can have a good time. **For example,** until last year, my father owned a home, so my family lived in our home (→ my family lived in our home because my father owned a house). **And** it was very comfortable because we could do whatever we wanted at our home, so my family could have a pleasant time almost every day. That's why it was a good experience for me. 〔만능 문장〕	두 번째, 그게 더 편해서 좋은 시간을 보낼 수 있습니다. 예를 들면, 작년까지 아버지는 집을 소유했습니다. 그래서 제 가족은 저희 집에서 살았습니다. (→ 아버지가 집을 소유했기 때문에 제 가족은 저희 집에서 살았습니다.) 그리고 저희는 집에서 원하는 건 무엇이든 할 수 있었기 때문에 매우 편했습니다. 그래서 저희 가족은 거의 매일 즐거운 시간을 보낼 수 있었습니다. 그래서 그것은 제게 좋은 경험이었습니다.
결론 (마무리)	**For these reasons,** I like owning a home.	이러한 이유들로, 저는 집을 소유하는 것을 좋아합니다.

〔참고〕 다음과 같이, 동일한 질문 내용이 다른 유형으로 출제될 수 있다.

ex **Q: Some** people prefer to own a home. **Others** prefer to rent. Which do you think is better?
(Choose A or B - 선택 유형)
A: (서론) **I think** it is better that people own a home.
(마무리) **For these reasons, I believe** it is better that people own a home.

▶ some, others로 구성된 선택 유형 질문의 경우, 가주어(It)와 진주어(that절)를 이용해 답변할 수 있다. 이때, 종속 접속사 that 뒤에 Some/Others를 제외한 질문 문장을 활용해 답변한다.

2. Agree or Disagree (찬성/반대)

Do you agree or disagree with this statement?
People should know how to cook.
Give reasons and examples to support your opinion.
다음 진술에 동의하나요? 아니면 동의하지 않나요?
사람들은 요리하는 법을 알아야 합니다.
당신의 의견을 뒷받침하기 위한 이유와 예시를 제시하세요.

어휘 statement 진술 convenient 편리한 experience 경험 beneficial 유익한

근거 1 + 예시 1

서론 (의견)	I agree that people should know how to cook.	저는 사람들이 요리하는 법을 알아야 한다는 것에 동의합니다.
본론 (근거)	And the reason is that it is more convenient for us to know how to cook. For example, two weeks ago, when I was at home alone, I cooked some food by myself because I knew how to cook. And it was very convenient for me to prepare some food quickly. Also, I could save money on buying food. That's why it was a good experience for me. And also, it was more beneficial for me because I could save money and time. 〈만능 문장〉	그리고 그 이유는 우리가 요리하는 법을 아는 것이 더 편하기 때문입니다. 예를 들면, 2주 전에 집에 혼자 있었을 때, 저는 요리하는 법을 알았기 때문에 몇 가지 음식을 직접 만들었습니다. 그리고 음식을 빨리 준비하는 일은 매우 편했습니다. 또한, 음식을 사는 데 돈을 절약할 수 있었습니다. 그래서 그것은 제게 좋은 경험이었습니다. 그리고 또한, 그것은 제게 더 이로웠습니다. 왜냐하면 저는 돈과 시간을 절약할 수 있었기 때문입니다.
결론 (마무리)	For this reason, I think people should know how to cook.	이러한 이유로, 저는 사람들이 요리하는 법을 알아야 한다고 생각합니다.

근거 2 + 예시 1

서론 (의견)	I agree that people should know how to cook.	저는 사람들이 요리하는 법을 알아야 한다는 것에 동의합니다.
본론 (근거 1)	And there are two reasons for that. **First,** when I know how to cook, I can save money because I don't have to pay for buying expensive food. That's why it is more beneficial for me. 〔만능 문장〕	그리고 그 이유는 두 가지가 있습니다. 첫 번째, 제가 요리하는 법을 알면, 비싼 음식을 사는 데 돈을 지불할 필요가 없기 때문에 돈을 절약할 수 있습니다. 그래서 그것은 제게 더 이롭습니다.
본론 (근거 2)	**Second,** it is more convenient for us to know how to cook. **For example,** two weeks ago, when I was at home alone, I cooked some food by myself because I knew how to cook. And it was very convenient for me to prepare some food quickly. That's why it was a good experience for me. 〔만능 문장〕	두 번째, 요리하는 법을 아는 것이 더 편합니다. 예를 들면, 2주 전에 집에 혼자 있었을 때, 저는 요리하는 법을 알았기 때문에 몇 가지 음식을 직접 만들었습니다. 그리고 음식을 빨리 준비하는 일은 매우 편했습니다. 그래서 그것은 제게 좋은 경험이었습니다.
결론 (마무리)	For these reasons, I think people should know how to cook.	이러한 이유들로, 저는 사람들이 요리하는 법을 알아야 한다고 생각합니다.

▶ **서론 문장**: **I agree(/think) that ~.**
  • I agree with the statement that ~.
  • I agree with the above statement. (짧게 전개할 경우)

▶ **결론 문장**: 서론 문장의 동의 표현으로 바꿔서 쓰는 것이 유리하므로 agree 대신 think를 쓸 것.
  ex [서론] I **agree** that people should know how to cook.
    [결론] I **think** that people should know how to cook.

> **참고** 모범 답변 비교

답변 A 근거 1 + 예시 1(과거)

서론 (의견)	I agree that people should know how to cook.
본론 (근거)	And the reason is that it is more convenient for us to know how to cook. For example, two weeks ago, when I was at home alone, I cooked some food by myself because I knew how to cook. And it was very convenient for me to prepare some food quickly. Also, I could save money on buying food. That's why it was a good experience for me. And also, it was more beneficial for me because I could save money and time. 　　　　만능 문장
결론 (마무리)	For this reason, I think people should know how to cook.

답변 B 근거 1 + 예시 1(현재)

서론 (의견)	I agree that people should know how to cook.
본론 (근거)	And the reason is that it is more convenient for us to know how to cook. If I know how to cook, it is very convenient for me to prepare some food quickly. Also, I can save money on buying food. That's why it is more beneficial for me because I can save money and time. 　　　　만능 문장
결론 (마무리)	For this reason, I think people should know how to cook.

▶ A는 근거 하나, 과거 예시 하나로 전개, B는 근거 하나에 현재시제로 뒷받침한 문장을 넣어 전개했다. A는 B보다 구체적인 내용으로 전개 가능하고, 같은 내용(단어, 구문)을 과거시제로 바꿔 반복 활용할 수 있다.

▶ B는 과거 예시가 아니므로, For example 대신 접속사 If/When을 써서 뒷받침 문장을 현재시제로 썼고, 만능 문장 'That's why it was a good experience for me.'도 쓰지 않았다. 하지만 내용에 어울릴 경우, 'That's why it is more beneficial for me.'을 활용해도 된다.

답변 C 근거 2 + 예시 1(과거)

서론 (의견)	**I agree that** people should know how to cook.
본론 (근거 1)	**First,** when(→ if) I know how to cook, I can save money **because** I don't have to pay for buying expensive food. **That's why it is more beneficial for me.** 〔만능 문장〕
본론 (근거 2)	**Second,** it is more convenient for us to know how to cook. **For example,** two weeks ago, when I was at home alone, I cooked some food by myself because I knew how to cook. And it was very convenient for me to prepare some food quickly. **That's why it was a good experience for me.** 〔만능 문장〕
결론 (마무리)	**For these reasons, I think** people should know how to cook.

답변 D 근거 2 + 예시 1(현재)

서론 (의견)	**I agree that** people should know how to cook.
본론 (근거 1)	**And there are two reasons for that.** **First,** when(→ if) I know how to cook, I can save money **because** I don't have to pay for buying expensive food. **That's why it is more beneficial for me.** 〔만능 문장〕
본론 (근거 2)	**Second,** it is more convenient for us to know how to cook. When(→ If) I know how to cook, it is very convenient for me to prepare some food quickly.
결론 (마무리)	**For these reasons, I think** people should know how to cook.

▶ C는 근거 2개, 과거 예시 하나로 전개했고, D는 근거 2개, 현재시제로 뒷받침 문장을 넣어 전개했다. 근거 2개와 과거 예시 하나로 전개하는 게 가장 좋지만, 시간이 촉박할 경우 근거 1처럼 근거 2도 현재시제로 전개 가능하다.

▶ D 구성을 적용해야 할 경우, 근거 1은 C 구성과 같이 만능 문장 'That's why it is more beneficial for me.'를 그대로 적용한다. 과거 예시가 아닐 경우, 만능 문장 'That's why it was a good experience for me.'는 쓰지 않는다.

3. Choose A or B or C (선택 사항)

> Which of the following attributes is the most important for a supervisor to have?
> - Problem-solving skills
> - Communication skills
> - Organizational skills
> Use specific ideas and examples to support your opinion.
>
> 다음 중 어떤 것이 상사가 갖추어야 할 가장 중요한 특성인가요?
> - 문제 해결 능력 / 의사소통 능력 / 조직 관리 능력
> 당신의 의견을 뒷받침하기 위한 구체적인 아이디어와 예시를 드세요.

어휘 attribute 특성, 자질 supervisor 상사 problem-solving 문제 해결 communication 의사소통 organizational 조직의 specific 구체적인 efficient 능률적인 performance 성과 take care of ~을 돌보다, 처리하다 conflict 갈등, 충돌 co-worker 동료 urgent 긴급한 task 임무 motivated 동기가 부여된

근거 1 + 예시 1

서론 (의견)	I think problem-solving skills are the most important for a supervisor to have.	문제 해결 능력이 상사가 갖추어야 할 가장 중요한 것이라고 생각합니다.
본론 (근거)	And the reason is that it's more efficient, so our performance is better. For example, two months ago, when I worked in(→for) my old team, my manager had good problem-solving skills, and they were very efficient because he could take care of(→deal with) many difficult problems such as conflicts among co-workers and finishing urgent tasks in time. Therefore, we could get better results. That's why it was a good experience for us. And also, it was more beneficial for us. 〔만능 문장〕	그리고 그 이유는 그게 더 효율적이어서 우리의 성과가 더 좋기 때문입니다. 예를 들면, 2개월 전에 이전 팀에서 일했을 때, 제 상사는 훌륭한 문제 해결 능력을 갖추고 있었고, 동료 간의 갈등이나 시간 내에 긴급한 업무를 끝내는 것과 같은 많은 어려운 문제들을 처리할 수 있었기 때문에 매우 효율적이었습니다. 따라서 우리는 더 좋은 결과를 얻을 수 있었습니다. 그래서 그것은 우리에게 좋은 경험이었습니다. 그리고 또한, 그것은 더 이로웠습니다.
결론 (마무리)	For this reason, I believe the most important thing for a supervisor to have is problem-solving skills.	이러한 이유로, 상사가 갖추어야 할 가장 중요한 것은 문제 해결 능력이라고 믿습니다.

근거 2 + 예시 1		
서론 (의견)	**I think** problem-solving skills are the most important for a supervisor to have.	문제 해결 능력이 상사가 갖추어야 할 가장 중요한 것이라고 생각합니다.
본론 (근거 1)	**And there are two reasons for that.** **First,** if my supervisor has good problem-solving skills, I can be motivated at work, so I can work harder because he can do(→complete) the work more easily. That's why it is more beneficial for the company. 〔만능 문장〕	그리고 그 이유는 두 가지가 있습니다. 첫 번째, 제 상사가 훌륭한 문제 해결 능력을 갖추고 있다면, 그가 일을 더 쉽게 할 수 있기 때문에, 저는 직장에서 동기 부여될 수 있어서 더 열심히 일할 수 있습니다. 그래서 그것은 회사에 더 이롭습니다.
본론 (근거 2)	**Second,** it's more efficient, so our performance is better. **For example,** two months ago, when I worked in(→for) my old team, my manager had good problem-solving skills, and they were very efficient because he could take care of(→deal with) many difficult problems such as conflicts among co-workers and finishing urgent tasks in time. Therefore, we could get better results. That's why it was a good experience for us. 〔만능 문장〕	두 번째, 그게 더 효율적이어서 우리의 성과가 향상됩니다. 예를 들면, 2개월 전에 이전 팀에서 일했을 때, 제 상사는 훌륭한 문제 해결 능력을 갖추고 있었고 동료 간의 갈등이나 시간 내에 긴급한 업무를 끝내는 것과 같은 많은 어려운 문제들을 처리할 수 있었기 때문에 매우 효율적이었습니다. 따라서 우리는 더 좋은 결과를 얻을 수 있었습니다. 그래서 그것은 우리에게 좋은 경험이었습니다.
결론 (마무리)	**For these reasons, I believe** the most important thing for a supervisor to have is problem-solving skills.	이러한 이유로, 상사가 갖추어야 할 가장 중요한 것은 문제 해결 능력이라고 믿습니다.

▶ 위 문제는 의문사 <which + 수식어구> 형태의 질문으로, which(의문대명사_주격)가 단수이기 때문에 단수 동사 is를 썼다. 그러나 보기가 모두 복수(~ skills)이므로 which 자리에 보기 중 하나를 주어로 쓰고 복수 동사 are로 전환하여 답해야 한다.

ex Problem-solving skills **are** the most important for a supervisor to have.

4. Advantage/Disadvantage (장단점)

> What are the advantages of reading customer reviews when shopping online?
> Use specific reasons and examples to support your opinion.
> 인터넷에서 쇼핑할 때 고객 후기를 읽는 것의 장점은 무엇입니까?
> 당신의 의견을 뒷받침하기 위한 구체적인 이유와 예시를 드세요.

어휘) advantage 장점 customer review 고객 후기 reliable 믿을 만한 accurate 정확한 information 정보 product 제품 post 게시하다

근거 1 + 예시 1

서론 (의견)	**I think there is an advantage of** reading customer reviews when shopping online.	인터넷에서 쇼핑할 때 고객 후기를 읽는 것의 장점이 있다고 생각합니다.
본론 (근거)	**And the reason is that** it is reliable, so I can get accurate information. **For example,** two weeks ago, when I bought a product on the Internet, I read customer reviews. And they were reliable because people had experience in using the product and posted the comments about it there. Therefore, I could get accurate information from them. And I could buy a good product. That's why it was a good experience for me. And also, it was more beneficial for me. 〈만능 문장〉	그리고 그 이유는 그것이 신뢰할 만해서 정확한 정보를 얻을 수 있기 때문입니다. 예를 들면, 2주 전에 인터넷에서 제품을 샀을 때, 저는 고객 후기를 읽었습니다. 그리고 사람들이 그 제품을 사용한 경험이 있었고 그것에 대한 의견을 그곳에 게시했기 때문에, 신뢰할 만했습니다. 따라서 저는 정확한 정보를 얻을 수 있었습니다. 그리고 좋은 제품을 살 수 있었습니다. 그래서 그것은 제게 좋은 경험이었습니다. 그리고 또한, 그것은 더 이로웠습니다.
결론 (마무리)	**For this reason, I believe this is the advantage of** reading customer reviews when shopping online.	이러한 이유로, 이것이 인터넷에서 쇼핑할 때 고객 후기를 읽는 것의 장점이라고 믿습니다.

근거 2 + 예시 1

서론 (의견)	**I think there are some advantages of** reading customer reviews when shopping online.	인터넷에서 쇼핑할 때 고객 후기를 읽는 것의 몇 가지 장점들이 있다고 생각합니다.
본론 (근거 1)	**And there are two reasons for that.** **First,** it is more helpful for me, so I can save time. This is because I don't have to spend a lot of time on getting useful tips. That's why it is more beneficial for me. 〈만능 문장〉	그리고 그 이유는 두 가지가 있습니다. 첫 번째, 그것이 더 도움이 되어서 시간을 절약할 수 있습니다. 왜냐하면 저는 유용한 팁을 얻는 데 많은 시간을 소비할 필요가 없기 때문입니다. 그래서 그것은 저에게 더 이롭습니다.
본론 (근거 2)	**Second,** it is reliable, so I can get accurate information. **For example,** two weeks ago, when I bought a product on the Internet, I read customer reviews. And they were reliable because people had experience in using the product and posted the comments about it there. Therefore, I could get accurate information from them. And I could buy a good product. That's why it was a good experience for me. 〈만능 문장〉	두 번째, 그것은 신뢰할 만해서 정확한 정보를 얻을 수 있습니다. 예를 들면, 2주 전에 인터넷에서 제품을 샀을 때, 저는 고객 후기를 읽었습니다. 그리고 사람들이 그 제품을 사용한 경험이 있었고 그것에 대한 의견을 그곳에 게시했기 때문에, 신뢰할 만했습니다. 따라서 저는 정확한 정보를 얻을 수 있었습니다. 그리고 좋은 제품을 살 수 있었습니다. 그래서 그것은 제게 좋은 경험이었습니다.
결론 (마무리)	**For these reasons, I believe these are the advantages of** reading customer reviews when shopping online.	이러한 이유로, 이것들이 인터넷에서 쇼핑할 때 고객 후기를 읽는 것의 장점이라고 믿습니다.

▶ Advantage 유형의 경우, 근거 하나, 예시 하나로 답할 때 서론 문장을 ⓐ 'There is an advantage of ~.' 혹은 ⓑ 'The advantage of ~ is ....'로 써도 된다. 단, ⓑ를 쓸 경우, 근거 문장을 바로 붙여야 하므로 'And the reason is that ...' 구문은 필요 없다. 마무리 문장에서도 ⓐ나 ⓑ를 써도 된다. 근거가 두 개일 경우, 서론 문장은 'There are some advantages of ~.'를 쓰고, 마무리 문장은 'These are the advantages of ~.'를 쓴다.

근거 1 + 예시 1

ⓐ 서론 적용 1

[서론] **I think there is an advantage of** reading customer reviews when shopping online.
[근거] And the reason is that it is reliable, so I can get accurate information.

ⓑ 서론 적용 2

[서론] **I think the advantage of** reading customer reviews when shopping online **is** that
[근거] it is reliable, so I can get accurate information.

ⓒ 마무리 적용 1

[마무리] **For this reason, I believe this is the advantage of** reading customer reviews when shopping online.

ⓓ 마무리 적용 2

[마무리] **For this reason, I believe the advantage of** reading customer reviews when shopping online **is** that
[근거] it is reliable, so I can get accurate information.

▶ Disadvantage 유형은 Advantage의 근거 문장에서 more 대신 not을 써서 답한다. 만능 문장에서는 good experience 대신 bad experience로 바꿔서 적용한다.

▶ Advantage는 Positive effect(긍정적 효과) / Benefit(이점, 혜택)로, Disadvantage는 Negative effect(부정적 효과)로 바뀌어 출제되기도 한다.

참고 │ 추가 모범 답변

What are the disadvantages of reading customer reviews when shopping online?
Use specific reasons and examples to support your opinion.
인터넷에서 쇼핑할 때 고객 후기를 읽는 것의 단점은 무엇입니까?
당신의 의견을 뒷받침하기 위한 구체적인 이유와 예시를 드세요.

근거 1 + 예시 1

서론 (의견)	**I think there is a disadvantage of** reading customer reviews when shopping online.	인터넷에서 쇼핑할 때 고객 후기를 읽는 것의 단점이 있다고 생각합니다.
본론 (근거)	**And the reason is that** it is not reliable, so I cannot get accurate information. **For example,** two weeks ago, when I bought a product on the Internet, I read customer reviews. And they were not reliable because there was a lot of false information (→because people posted a lot of false information there). So I couldn't get accurate information from them. And I couldn't buy a good product. **That's why it was a bad experience for me. And also, it was not beneficial for me.** 〔만능 문장〕	그리고 그 이유는 그것이 신뢰할 만하지 않아서 정확한 정보를 얻을 수 없기 때문입니다. 예를 들면, 2주 전에 인터넷에서 제품을 샀을 때, 저는 고객 후기를 읽었습니다. 그리고 많은 잘못된 정보가 있었기 때문에(→ 사람들이 많은 잘못된 정보를 그곳에 게시했기 때문에) 그것들은 신뢰할 만하지 않았습니다. 그래서 저는 정확한 정보를 얻을 수 없었습니다. 그리고 좋은 제품을 살 수 없었습니다. 그래서 그것은 제게 좋지 않은 경험이었습니다. 그리고 또한, 그것은 이롭지 않았습니다.

| 결론
(마무리) | **For this reason, I believe** this is the disadvantage of reading customer reviews when shopping online. | 이러한 이유로, 이것이 인터넷에서 쇼핑할 때 고객 후기를 읽는 것의 단점이라고 믿습니다. |

근거 2 + 예시 1

서론 (의견)	**I think there are some disadvantages of** reading customer reviews when shopping online.	인터넷에서 쇼핑할 때 고객 후기를 읽는 것의 몇 가지 단점들이 있다고 생각합니다.
본론 (근거 1)	**And there are two reasons for that.** **First,** it is not helpful for me, so I can waste my time. This is because there can be too many things on the customer reviews. Therefore, I have to spend a lot of time on getting useful tips there. That's why it is not beneficial for me. 만능 문장	그리고 그 이유는 두 가지가 있습니다. 첫 번째, 그것은 도움이 되지 않아서 시간을 낭비할 수 있습니다. 왜냐하면 고객 후기에는 너무 많은 것들이 있을 수 있기 때문입니다. 따라서 그곳에서 유용한 팁을 얻는 일에 많은 시간을 소비해야 합니다. 그래서 그것은 제게 이롭지 않습니다.
본론 (근거 2)	**Second,** it is not reliable, so I cannot get accurate information. **For example,** two weeks ago, when I bought a product on the Internet, I read customer reviews. And they were not reliable because there was a lot of false information(→ because people posted a lot of false information there). So I couldn't get accurate information from them. And I couldn't buy a good product. That's why it was a bad experience for me. 만능 문장	두 번째, 그것은 신뢰할 만하지 않아서 정확한 정보를 얻을 수 없습니다. 예를 들면, 2주 전에 인터넷에서 제품을 샀을 때, 저는 고객 후기를 읽었습니다. 그리고 많은 잘못된 정보가 있었기 때문에(→ 사람들이 많은 잘못된 정보를 그곳에 게시했기 때문에) 신뢰할 만하지 않았습니다. 그래서 저는 정확한 정보를 얻을 수 없었습니다. 그리고 좋은 제품을 살 수 없었습니다. 그래서 그것은 제게 좋지 않은 경험이었습니다.
결론 (마무리)	**For these reasons, I believe** these are the disadvantages of reading customer reviews when shopping online.	이러한 이유들로, 이것들이 인터넷에서 쇼핑할 때 고객 후기를 읽는 것의 단점이라고 믿습니다.

QUESTION 11 CHECK-UP TEST

TEST 1   본문 p.166

> When learning about other cultures, would you rather go on vacation to other countries or read travel books?
> Use specific ideas and examples to support your opinion.
> 다른 문화를 배울 때, 당신은 다른 나라로 휴가를 갈 것인가요, 아니면 여행 책을 읽을 것인가요?
> 당신의 의견을 뒷받침하기 위한 구체적인 아이디어와 예시를 드세요.

어휘 culture 문화 go on vacation 휴가를 가다 custom 관습 enjoyable 즐거운

근거 1 + 예시 1

서론 (의견)	When learning about other cultures, I would rather go on vacation to other countries.	다른 문화를 배울 때, 저는 다른 나라로 휴가를 갈 것입니다.
본론 (근거)	**And the reason is that** it is more helpful for me, so I can learn more things. **For example,** two months ago, I went on vacation to Los Angeles, and it was really helpful for me as I met a lot of people there, so I could learn more things about other culture and customs (→ so I could know the culture and customs very well). That's why it was a good experience for me. And also, it was more beneficial for me. 〈만능 문장〉	그리고 그 이유는 그것이 더 도움이 되어서 더 많은 것을 배울 수 있기 때문입니다. 예를 들면, 2개월 전에 로스앤젤레스로 휴가를 갔고 그것은 정말 유익했는데, 그곳에서 많은 사람들과 만났기 때문입니다. 그래서 저는 다른 문화와 관습에 대한 더 많은 것들을 배울 수 있었습니다. (→ 그래서 저는 그 문화와 관습을 잘 알 수 있었습니다.) 그래서 그것은 제게 좋은 경험이었습니다. 그리고 또한, 더 이로웠습니다.
결론 (마무리)	**For this reason,** I would rather go on vacation to other countries when learning about other cultures.	이러한 이유로, 다른 문화를 배울 때 저는 다른 나라로 휴가를 갈 것입니다.

근거 2 + 예시 1

서론 (의견)	When learning about other cultures, I would rather go on vacation to other countries.	다른 문화를 배울 때, 저는 다른 나라로 휴가를 갈 것입니다.
본론 (근거 1)	**And there are two reasons for that.** **First,** it is more enjoyable to learn things at the site because I can experience many things there. <mark>That's why it is more beneficial for me.</mark> 〈만능 문장〉	그리고 그 이유는 두 가지 있습니다. 첫 번째, 많은 것들을 경험할 수 있기 때문에 현지에서 배우는 일은 더 즐겁습니다. 그래서 그것은 제게 더 이롭습니다.
본론 (근거 2)	**Second,** it is more helpful for me, so I can learn more things. **For example,** two months ago, I went on vacation to Los Angeles, and it was really helpful for me as I met a lot of people there, so I could learn more things about other culture and customs(→ so I could know the culture and customs very well). <mark>That's why it was a good experience for me.</mark> 〈만능 문장〉	두 번째, 그것이 더 도움이 되어서 더 많은 것들을 배울 수 있습니다. 예를 들면, 2개월 전에 로스앤젤레스로 휴가를 갔고 그것은 정말 유익했는데, 그곳에서 많은 사람들과 만났기 때문입니다. 그래서 저는 다른 문화와 관습에 대한 더 많은 것들을 배울 수 있었습니다. (→ 그래서 저는 그 문화와 관습을 잘 알 수 있었습니다.) 그래서 그것은 제게 좋은 경험이었습니다.
결론 (마무리)	**For these reasons,** I would rather go on vacation to other countries when learning about other cultures.	이러한 이유들로, 다른 문화를 배울 때 저는 다른 나라로 휴가를 갈 것입니다.

TEST 2

Which do you think is better, living in the same place all of your life or moving frequently and living in many different places throughout your life?
Give reasons and examples to support your opinion.

평생 같은 장소에서 사는 것과 자주 이사하며 많은 다른 장소에서 사는 것 중, 당신은 어떤 것이 더 좋다고 생각하나요? 당신의 의견을 뒷받침하기 위한 이유와 예시를 제시하세요.

어휘) frequently 자주 affordable 가격이 알맞은 neighborhood 근처, 이웃 neighbor 이웃 get along with ~와 잘 지내다

근거 1 + 예시 1

서론 (의견)	**I think** it is better to live in the same place all of my life.	저는 평생 같은 장소에서 사는 것이 더 좋다고 생각합니다.
본론 (근거)	**And the reason is that** it is more affordable, so we can save money. **For example,** until last year, I lived in the same place, and it was very affordable, so I could save money because I didn't have to spend extra money on moving to other places or buying a new house. That's why it was a good experience for me. And also, it was more beneficial for me. ―만능 문장	그리고 그 이유는 그것이 더 저렴해서 돈을 절약할 수 있기 때문입니다. 예를 들면, 작년까지 저는 같은 장소에서 살았는데 그것은 매우 저렴해서 돈을 절약할 수 있었습니다. 왜냐하면 다른 장소로 이사하거나 새 집을 사는 일에 추가로 돈을 쓸 필요가 없었기 때문입니다. 그래서 그것은 제게 좋은 경험이었습니다. 그리고 또한, 더 이로웠습니다.
결론 (마무리)	**For this reason, I believe** living in the same place all of my life is better.	이러한 이유로, 저는 평생 같은 장소에서 사는 것이 더 좋다고 믿습니다.

근거 2 + 예시 1

서론 (의견)	**I think** it is better to live in the same place all of my life.	저는 평생 같은 장소에서 사는 것이 더 좋다고 생각합니다.
본론 (근거 1)	**And there are two reasons for that.** **First,** it is more comfortable to live in the same place because we know the neighborhood and the neighbors very well. Therefore, we can go to any place in that area and get along with people more easily. **That's why it is more beneficial for me.** 〔만능 문장〕	그리고 그 이유는 두 가지가 있습니다. 첫 번째, 동네와 이웃 사람들을 매우 잘 알기 때문에 같은 장소에서 사는 것이 더 편합니다. 따라서 그 지역에서 어떤 장소든 갈 수 있고 사람들과 더 쉽게 어울릴 수 있습니다. 그래서 그것은 제게 더 이롭습니다.
본론 (근거 2)	**Second,** it is more affordable, so we can save money. **For example,** until last year, I lived in the same place, and it was very affordable, so I could save money because I didn't have to spend extra money on moving to other places or buying a new house. **That's why it was a good experience for me.** 〔만능 문장〕	두 번째, 그것이 더 저렴해서 돈을 절약할 수 있습니다. 예를 들면, 작년까지 저는 같은 장소에서 살았는데 그것은 매우 저렴해서 돈을 절약할 수 있었습니다. 왜냐하면 다른 장소로 이사하거나 새 집을 사는 일에 추가로 돈을 쓸 필요가 없었기 때문입니다. 그래서 그것은 제게 좋은 경험이었습니다.
결론 (마무리)	**For these reasons, I believe** living in the same place all of my life is better.	이러한 이유로, 저는 평생 같은 장소에서 사는 것이 더 좋다고 믿습니다.

TEST 3

Do you think that the best employees are those who complete their work in the shortest amount of time? Why?
Give reasons or examples to support your opinion.
최고의 직원은 가장 짧은 시간 안에 일을 끝내는 직원이라고 생각하나요? 그 이유는 무엇인가요?
당신의 의견을 뒷받침하기 위한 이유와 예시를 제시하세요.

어휘 amount 합계, 양 efficient 효율적인 performance 성과 department 부서 task 임무 result 결과
in addition 게다가 relax 휴식을 취하다 positive 긍정적인

근거 1 + 예시 1

서론 (의견)	**I think that** the best employees are those who complete their work in the shortest amount of time.	저는 최고의 직원은 가장 짧은 시간 안에 일을 끝내는 직원이라고 생각합니다.
본론 (근거)	**And the reason is that** it is more efficient, so our performance is better. **For example,** two months ago, when I worked in my old team(→ department/ company), my team members finished the work fast, and it was very efficient because we could check and review more tasks. Therefore, we could get better results more easily(→ more efficiently). That's why it was a good experience for us. And also, it was more beneficial for us.　　　만능 문장	그리고 그 이유는 그게 더 효율적이어서 성과가 더 좋기 때문입니다. 예를 들면, 2개월 전에 이전 팀(→ 부서/ 회사)에서 일했을 때, 제 팀원들은 일을 빨리 끝냈고, 더 많은 업무를 확인하고 검토할 수 있었기 때문에 매우 효율적이었습니다. 따라서 우리는 더 좋은 결과를 더 쉽게(→ 더 효율적으로) 얻을 수 있었습니다. 그래서 그것은 우리에게 좋은 경험이었습니다. 그리고 또한, 더 이로웠습니다.
결론 (마무리)	**For this reason, I believe** the best employees are those who complete their work fast(→ in the shortest amount of time).	이러한 이유로, 저는 최고의 직원은 빨리(→ 가장 짧은 시간 안에) 일을 끝내는 직원이라고 믿습니다.

근거 2 + 예시 1

서론 (의견)	**I think that** the best employees are those who complete their work in the shortest amount of time.	저는 최고의 직원은 가장 짧은 시간 안에 일을 끝내는 직원이라고 생각합니다.
본론 (근거 1)	**And there are two reasons for that.** **First,** when completing the work fast, it is more helpful for the company because employees can do more things at work. In addition, they can have more free time to relax, so they can go back to work with a positive mind. ==That's why it is more beneficial for the company.== *만능 문장*	그리고 그 이유는 두 가지가 있습니다. 첫 번째, 일을 빨리 끝내면 직원들이 직장에서 더 많은 것들을 할 수 있기 때문에 회사에 더 도움이 됩니다. 게다가, 쉴 수 있는 여유 시간이 더 많아서 그들은 긍정적인 마음으로 업무에 복귀할 수 있습니다. 그래서 그것은 회사에 더 이롭습니다.
본론 (근거 2)	**Second,** it is more efficient, so our performance is better. **For example,** two months ago, when I worked in my old team(→ department/ company), my team members finished the work fast, and it was very efficient because we could check and review more tasks. Therefore, we could get better results more easily(→ more efficiently). ==That's why it was a good experience for us.== *만능 문장*	두 번째, 그게 더 효율적이어서 성과가 더 좋습니다. 예를 들면, 2개월 전에 이전 팀(→ 부서/ 회사)에서 일했을 때, 제 팀원들은 일을 빨리 끝냈고, 우리가 더 많은 업무를 확인하고 검토할 수 있었기 때문에 매우 효율적이었습니다. 따라서 우리는 더 좋은 결과를 더 쉽게(→ 더 효율적으로) 얻을 수 있었습니다. 그래서 그것은 우리에게 좋은 경험이었습니다.
결론 (마무리)	**For these reasons, I believe** the best employees are those who complete their work fast(→ in the shortest amount of time).	이러한 이유들로, 저는 최고의 직원은 빨리(→ 가장 짧은 시간 안에) 일을 끝내는 직원이라고 믿습니다.

TEST 4

Do you agree or disagree with the following statement?
Companies should prohibit employees from using social networking Web sites in the workplace.
Give specific reasons and examples to support your opinion.
다음 진술에 동의하나요, 아니면 동의하지 않나요?
회사는 직원들의 직장 내 소셜 네트워크 사이트 사용을 금지해야 한다.
당신의 의견을 뒷받침하기 위한 구체적인 이유와 예시를 제시하세요.

어휘 prohibit 금지하다 workplace 직장 bother 방해하다 colleague 동료 disturb 방해하다 concentrate on ~에 집중하다 chat 수다를 떨다 silly 바보 같은 gesture 몸짓, 제스처 waste 낭비하다

근거 1 + 예시 1

서론 (의견)	**I agree that** companies should prohibit employees from using social networking Web sites in the workplace.	저는 회사가 직원들의 직장 내 소셜 네트워크 사이트 사용을 금지해야 한다는 것에 동의합니다.
본론 (근거)	**And the reason is that** it(→ using social networking services) can bother other people at work. **For example,** one year ago, when I worked in my old department, my colleague on my left side used social networking Web sites at work(→ in the workplace). And it bothered (→ disturbed) me a lot. So I couldn't concentrate on the work as she was chatting, laughing, and doing all kinds of silly gestures. That's why it was a bad experience for me. And also, it was not beneficial for me because I couldn't work harder. **만능 문장**	그리고 그 이유는 그것은(→ 소셜 네트워크 사이트를 이용하는 것은) 직장에서 다른 사람을 방해할 수 있기 때문입니다. 예를 들면, 1년 전에 이전 부서에서 일했을 때, 제 왼쪽에 있던 동료가 직장에서 소셜 네트워크 사이트를 사용했습니다. 그리고 그것은 저를 많이 방해했습니다. 그래서 일에 집중할 수 없었는데, 그녀가 채팅하면서 웃고 온갖 바보 같은 몸짓을 했기 때문입니다. 그래서 그것은 제게 좋지 않은 경험이었습니다. 그리고 또한, 저는 더 열심히 일할 수 없었기 때문에 이롭지 않았습니다.
결론 (마무리)	**For this reason, I think that** companies should prohibit employees from using social networking Web sites in the workplace.	이러한 이유로, 저는 회사가 직원들의 직장 내 소셜 네트워크 사이트 사용을 금지해야 한다고 생각합니다.

근거 2 + 예시 1

서론 (의견)	**I agree that** companies should prohibit employees from using social networking Web sites in the workplace.	저는 회사가 직원들의 직장 내 소셜 네트워크 사이트 사용을 금지해야 한다는 것에 동의합니다.
본론 (근거 1)	**And there are two reasons for that. First,** if employees use social networking Web sites at work, they cannot work harder, so it is not helpful for the company because they waste a lot of time on doing SNS such as Facebook and Twitter. <mark>That's why it is not beneficial for the company.</mark> ← 만능 문장	그리고 그 이유는 두 가지가 있습니다. 첫 번째, 만약 직원들이 직장에서 소셜 네트워크 사이트를 사용한다면, 그들은 더 열심히 일할 수 없어 회사에 도움이 되지 않습니다. 왜냐하면 그들은 페이스북이나 트위터와 같은 SNS를 하는 것에 많은 시간을 낭비하게 되기 때문입니다. 그래서 그것은 회사에 이롭지 않습니다.
본론 (근거 2)	**Second,** it(→ using social networking services) can bother other people at work. **For example,** one year ago, when I worked in my old department, my colleague on my left side used social networking Web sites at work(→ in the workplace). And it bothered (→ disturbed) me a lot. So I couldn't concentrate on the work as she was chatting, laughing, and doing all kinds of silly gestures. <mark>That's why it was a bad experience for me.</mark> ← 만능 문장	두 번째, 그것은(→ 소셜 네트워크 사이트를 이용하는 것은) 직장에서 다른 사람을 방해할 수 있습니다. 예를 들면, 1년 전에 이전 부서에서 일했을 때, 제 왼쪽에 있던 동료가 직장에서 소셜 네트워크 사이트를 사용했습니다. 그리고 그것은 저를 많이 방해했습니다. 그래서 저는 일에 집중할 수 없었는데, 그녀가 채팅하면서 웃고 온갖 바보 같은 몸짓을 했기 때문입니다. 그래서 그것은 제게 좋지 않은 경험이었습니다.
결론 (마무리)	**For these reasons, I think that** companies should prohibit employees from using social networking Web sites in the workplace.	이러한 이유들로, 저는 회사가 직원들의 직장 내 소셜 네트워크 사이트 사용을 금지해야 한다고 생각합니다.

TEST 5

Do you think that it is important for children to participate in sports or other activities outside of school?
Use specific ideas and examples to support your opinion.
아이들이 학교 교육 외에 스포츠나 다른 활동에 참여하는 것이 중요하다고 생각하나요?
당신의 의견을 뒷받침하기 위한 구체적인 아이디어와 예시를 드세요.

어휘 participate in ~에 참여하다 relieve 줄이다, 경감시키다 positive 긍정적인 elementary school 초등학교

근거 1 + 예시 1

서론 (의견)	**I think that** it is important for children to participate in sports or other activities outside of school.	저는 아이들이 학교 교육 외에 스포츠나 다른 활동에 참여하는 것이 중요하다고 생각합니다.
본론 (근거)	**And the reason is that** it is more enjoyable, so they can relieve their stress. **For example,** when I was an elementary school student, I participated in sports and other activities outside of school. And it was very enjoyable for me, so I could relieve stress. Furthermore, I could go back to school with a positive mind and study harder. That's why it was a good experience for me. And also, it was more beneficial for me. ← 만능 문장	그리고 그 이유는 그게 더 즐거워서 그들은 스트레스를 해소할 수 있습니다. 예를 들면, 초등학생 때 저는 학교 교육 외에 스포츠와 다른 활동에 참여했습니다. 그리고 그것은 매우 즐거워서 저는 스트레스를 해소할 수 있었습니다. 게다가, 저는 긍정적인 마음으로 학교로 돌아가서 더 열심히 공부할 수 있었습니다. 그래서 그것은 제게 좋은 경험이었습니다. 그리고 또한, 더 이로웠습니다.
결론 (마무리)	**For this reason, I believe that** it is important for children to participate in sports or other activities outside of school(→ children should participate in sports or other activities outside of school).	이러한 이유로, 저는 아이들이 학교 교육 외에 스포츠나 다른 활동에 참여하는 것이 중요하다고(→ 아이들은 학교 교육 외에 스포츠나 다른 활동에 참여해야 한다고) 믿습니다.

> 근거 2 + 예시 1

서론 (의견)	**I think that** it is important for children to participate in sports or other activities outside of school.	저는 아이들이 학교 교육 외에 스포츠나 다른 활동에 참여하는 것이 중요하다고 생각합니다.
본론 (근거 1)	**And there are two reasons for that.** **First,** when participating in sports or other activities outside of school, it is more helpful for children's health because they can increase stamina and build up muscles. <mark>That's why it is more beneficial for them.</mark> 〔만능 문장〕	그리고 그 이유는 두 가지가 있습니다. 첫 번째, 학교 교육 외에 스포츠나 다른 활동에 참여하면, 아이들의 건강에 더 도움이 됩니다. 왜냐하면 그들은 체력을 키우고 근육을 만들 수 있기 때문입니다. 그래서 그것은 그들에게 더 이롭습니다.
본론 (근거 2)	**Second,** it is more enjoyable, so they can relieve their stress. **For example,** when I was an elementary school student, I participated in sports and other activities outside of school. And it was very enjoyable for me, so I could relieve stress. Furthermore, I could go back to school with a positive mind and study harder. <mark>That's why it was a good experience for me.</mark> 〔만능 문장〕	두 번째, 그게 더 즐거워서 그들은 스트레스를 해소할 수 있습니다. 예를 들면, 초등학생 때 저는 학교 교육 외에 스포츠와 다른 활동에 참여했습니다. 그리고 그것은 매우 즐거워서 저는 스트레스를 해소할 수 있었습니다. 게다가, 저는 긍정적인 마음으로 학교로 돌아가서 더 열심히 공부할 수 있었습니다. 그래서 그것은 제게 좋은 경험이었습니다.
결론 (마무리)	**For these reasons, I believe that** it is important for children to participate in sports or other activities outside of school(→ children should participate in sports or other activities outside of school).	이러한 이유들로, 저는 아이들이 학교 교육 외에 스포츠나 다른 활동에 참여하는 것이 중요하다고(→ 아이들은 학교 교육 외에 스포츠나 다른 활동에 참여해야 한다고) 믿습니다.

TEST 6

What are some negative effects of giving money to children for doing housework such as washing laundry?
Use specific ideas and examples to support your opinion.
세탁과 같은 집안일을 한 아이들에게 돈을 주는 것의 부정적인 영향은 무엇인가요?
당신의 의견을 뒷받침하기 위한 구체적인 아이디어와 예시를 드세요.

어휘 negative 부정적인 housework 집안일 effective 효과적인 development 발달 reward 상, 보상 decision 결정

근거 1 + 예시 1

서론 (의견)	I think there is a negative effect of giving money to children for doing housework such as washing laundry.	세탁과 같은 집안일을 한 아이들에게 돈을 주는 것의 부정적인 영향이 있다고 생각합니다.
본론 (근거)	And the reason is that it's not helpful(→ effective) for children's development. For example, when I was an elementary school student, I did housework such as washing laundry, and my mother gave money to me as a reward. And it was not helpful for my development because I always wanted a reward for doing any kind of work(→ because I didn't do other housework when my mother didn't give me money/ because I didn't do other housework without being paid). That's why it was a bad experience for me. And also, it was not beneficial for me. 〔만능 문장〕	그리고 그 이유는 아이들의 발달에 도움이 되(→ 효과적이지) 않기 때문입니다. 예를 들면, 초등학생 때 저는 세탁과 같은 집안일을 했고 어머니는 보상으로 돈을 주셨습니다. 그리고 그것은 제 발달에 도움이 되지 않았습니다. 왜냐하면 저는 어떤 일을 하든 항상 보상을 원했기 때문입니다(→ 왜냐하면 어머니가 돈을 주시지 않으면 다른 집안일을 하지 않았기 때문입니다/ 왜냐하면 돈을 받지 않으면 다른 집안일을 하지 않았기 때문입니다). 그래서 그것은 제게 좋지 않은 경험이었습니다. 그리고 또한, 이롭지 않았습니다.
결론 (마무리)	For this reason, I believe this is the negative effect of giving money to children for doing housework such as washing laundry.	이러한 이유로, 이것이 세탁과 같은 집안일을 한 아이들에게 돈을 주는 것의 부정적 영향이라고 믿습니다.

근거 2 + 예시 1

서론 (의견)	**I think there are some negative effects of** giving money to children for doing housework such as washing laundry.	세탁과 같은 집안일을 한 아이들에게 돈을 주는 것의 몇 가지 부정적인 영향이 있다고 생각합니다.
본론 (근거 1)	**And there are two reasons for that.** **First,** when giving money to children for doing housework such as washing laundry, they can waste money because children cannot make the right decision. When they have more money than before, they can spend money buying any kind of thing. That's why it is not beneficial for them. 〔만능 문장〕	그리고 그 이유는 두 가지가 있습니다. 첫 번째, 세탁과 같은 집안일을 한 아이들에게 돈을 주면, 그들은 돈을 낭비할 수 있습니다. 왜냐하면 아이들은 올바른 결정을 하지 못하기 때문입니다. 그들이 이전보다 더 많은 돈을 갖게 되면, 어떤 물건이든 사는 것에 돈을 소비할 수 있습니다. 그래서 그것은 그들에게 이롭지 않습니다.
본론 (근거 2)	**Second,** it's not helpful(→ effective) for children's development. **For example,** when I was an elementary school student, I did housework such as washing laundry, and my mother gave money to me as a reward. And it was not helpful for my development because I always wanted a reward for doing any kind of work(→ because I didn't do other housework when my mother didn't give me money/ because I didn't do other housework without being paid). That's why it was a bad experience for me. 〔만능 문장〕	두 번째, 그것은 아이들의 발달에 도움이 되지(→ 효과적이지) 않습니다. 예를 들면, 초등학생 때 저는 세탁과 같은 집안일을 했고 어머니는 보상으로 돈을 주셨습니다. 그리고 그것은 제 발달에 도움이 되지 않았습니다. 왜냐하면 저는 어떤 일을 하든 항상 보상을 원했기 때문입니다(→ 왜냐하면 어머니가 돈을 주지 않으면 다른 집안일을 하지 않았기 때문입니다/ 왜냐하면 돈을 받지 않으면 다른 집안일을 하지 않았기 때문입니다). 그래서 그것은 제게 좋지 않은 경험이었습니다.
결론 (마무리)	**For these reasons, I believe these are the negative effects of** giving money to children for doing housework such as washing laundry.	이러한 이유들로, 이것들이 세탁과 같은 집안일을 한 아이들에게 돈을 주는 것의 부정적인 영향이라고 믿습니다.

QUESTION 11 ACTUAL TEST

TEST 1   본문 p.172

What are the disadvantages of using the Internet as a main source of news?
Use specific reasons and examples to support your opinion.

뉴스의 주된 매체로 인터넷을 이용하는 것의 단점은 무엇입니까?
당신의 의견을 뒷받침하기 위한 구체적인 이유와 예시를 드세요.

어휘 disadvantage 단점 source 출처 reliable 믿을 만한 accurate 정확한 false 틀린 concentrate on ~에 집중하다

근거 1 + 예시 1

서론 (의견)	**I think there is a disadvantage of** using the Internet as a main source of news.	뉴스의 주된 매체로 인터넷을 이용하는 것의 단점이 있다고 생각합니다.
본론 (근거)	**And the reason is that** it is not reliable, so I cannot get accurate information. **For example,** last week, I watched the Internet news(→ I used the Internet as a main source of news), **and** it was not reliable because there was a lot of false information(→ because people posted a lot of false information there). **Therefore,** I couldn't get accurate information from the Internet. That's why it was a bad experience for me. And also, it was not beneficial for me. 〔만능 문장〕	그리고 그 이유는 그것은 신뢰할 만하지 않아서 정확한 정보를 얻을 수 없습니다. 예를 들면, 지난주에 저는 인터넷 뉴스를 봤고(→ 저는 뉴스의 주된 매체로 인터넷을 이용했고), 그것은 신뢰할 만하지 않았는데, 많은 잘못된 정보가 있었기 때문입니다(→ 왜냐하면 사람들이 많은 잘못된 정보들을 그곳에 게시했기 때문입니다). 따라서 저는 인터넷에서 정확한 정보를 얻을 수 없었습니다. 그래서 그것은 제게 좋지 않은 경험이었습니다. 그리고 또한, 이롭지 않았습니다.
결론 (마무리)	**For this reason, I believe this is the disadvantage of** using the Internet as a main source of news.	이러한 이유로, 이것이 뉴스의 주된 매체로 인터넷을 이용하는 것의 단점이라고 믿습니다.

근거 2 + 예시 1

서론 (의견)	**I think there are some disadvantages of** using the Internet as a main source of news.	뉴스의 주된 매체로 인터넷을 이용하는 것의 몇 가지 단점들이 있다고 생각합니다.
본론 (근거 1)	**And there are two reasons for that.** **First,** when watching the Internet news(→ when using the Internet as a main source of news), it is bad for the health of my eyes. Therefore, I cannot concentrate on reading the Internet news for a long time. **That's why it is not beneficial for me.** 〈만능 문장〉	그리고 그 이유는 두 가지가 있습니다. 첫 번째, 인터넷 뉴스를 보면(→ 뉴스의 주된 매체로 인터넷을 이용하면), 눈 건강에 나쁩니다. 따라서 인터넷 뉴스를 읽는 데 오랫동안 집중할 수 없습니다. 그래서 그것은 제게 이롭지 않습니다.
본론 (근거 2)	**Second,** it is not reliable, so I cannot get accurate information. **For example,** last week, I watched the Internet news(→ I used the Internet as a main source of news), and it was not reliable because there was a lot of false information(→ because people posted a lot of false information there). Therefore, I couldn't get accurate information from the Internet. **That's why it was a bad experience for me.** 〈만능 문장〉	두 번째, 그것은 신뢰할 만하지 않아서 정확한 정보를 얻을 수 없습니다. 예를 들면, 지난주에 저는 인터넷 뉴스를 봤고(→ 저는 뉴스의 주요 출처로 인터넷을 이용했고), 그것은 신뢰할 만하지 않았는데, 많은 잘못된 정보들이 있었기 때문입니다(→ 왜냐하면 사람들이 많은 잘못된 정보들을 그곳에 게시했기 때문입니다). 따라서 저는 인터넷에서 정확한 정보를 얻을 수 없었습니다. 그래서 그것은 제게 좋지 않은 경험이었습니다.
결론 (마무리)	**For these reasons, I believe these are the disadvantages of** using the Internet as a main source of news.	이러한 이유들로, 이것들이 뉴스의 주된 매체로 인터넷을 이용하는 것의 단점이라고 믿습니다.

TEST 2

Some people think that managers and employees should be able to socialize outside of work. Other people think that they should not be able to socialize outside of work. Which do you think is better and why?

어떤 사람들은 상사와 직원들이 직장 밖에서 어울릴 수 있어야 한다고 생각합니다. 다른 사람들은 그들이 직장 밖에서는 어울리지 말아야 한다고 생각합니다.
당신은 어떤 것이 더 좋다고 생각하며 그 이유는 무엇인가요?

어휘 socialize 사귀다, 어울리다 performance 성과 deal with 다루다 workplace 직장 relationship 관계
comfortable 편한 environment 환경

근거 1 + 예시 1

서론 (의견)	**I think that** it is better for managers and employees to be able to socialize outside of work.	저는 상사와 직원들이 직장 밖에서 어울리는 것이 더 좋다고 생각합니다.
본론 (근거)	**And the reason is that** it is more efficient, so our performance is better at work. **For example,** two years ago, when I worked in(→ for) my old team, my manager and employees socialized outside of work(→ our group had dinner together after work). And it was very efficient because we could learn more things from our supervisor that we couldn't deal with at the office. Therefore, our team could get better results at that time. That's why it was a good experience for us. And also, it was more beneficial for us. *만능 문장*	그리고 그 이유는 그게 더 효율적이어서 직장에서의 성과가 더 좋기 때문입니다. 예를 들면, 2년 전에 제가 이전 팀에서 일했을 때, 제 상사와 직원들은 직장 밖에서 어울렸습니다(→ 우리 그룹은 퇴근 후에 함께 저녁식사를 했습니다). 그리고 그것은 매우 효율적이었는데, 사무실에서 처리할 수 없었던 많은 것들을 상사로부터 배울 수 있었기 때문입니다. 따라서 우리 팀은 그 당시에 더 좋은 결과를 얻을 수 있었습니다. 그래서 그것은 우리에게 좋은 경험이었습니다. 그리고 또한, 더 이로웠습니다.
결론 (마무리)	**For this reason, I believe that** managers and employees should be able to socialize outside of work.	이러한 이유로, 저는 상사와 직원들이 직장 밖에서 어울릴 수 있어야 한다고 믿습니다.

근거 2 + 예시 1

서론 (의견)	**I think that** it is better for managers and employees to be able to socialize outside of work.	저는 상사와 직원들이 직장 밖에서 어울리는 것이 더 좋다고 생각합니다.
본론 (근거 1)	**And there are two reasons for that.** **First,** when socializing outside of the workplace, it is more helpful for us. This is because we can have a good relationship with the manager, so we can work in a more comfortable environment. That's why it is more beneficial for us. 〔만능 문장〕	그리고 그 이유는 두 가지가 있습니다. 첫 번째, 직장 밖에서 어울리면 우리에게 더 유익합니다. 왜냐하면 상사와 좋은 관계를 가질 수 있어서 더 편한 환경에서 일할 수 있기 때문입니다. 그래서 그것은 우리에게 더 이롭습니다.
본론 (근거 2)	**Second,** it is more efficient, so our performance is better at work. **For example,** two years ago, when I worked in(→ for) my old team, my manager and employees socialized outside of work(→ our group had dinner together after work). And it was very efficient because we could learn more things from our supervisor that we couldn't deal with at the office. Therefore, our team could get better results at that time. That's why it was a good experience for us. 〔만능 문장〕	두 번째, 그게 더 효율적이어서 직장에서의 성과가 더 좋습니다. 예를 들면, 2년 전에 제가 이전 팀에서 일했을 때, 제 상사와 직원들은 직장 밖에서 어울렸습니다(→ 우리 그룹은 퇴근 후에 함께 저녁식사를 했습니다). 그리고 그것은 매우 효율적이었는데, 사무실에서 처리할 수 없었던 많은 것들을 상사로부터 배울 수 있었기 때문입니다. 따라서 우리 팀은 그 당시에 더 좋은 결과를 얻을 수 있었습니다. 그래서 그것은 우리에게 좋은 경험이었습니다.
결론 (마무리)	**For these reasons, I believe that** managers and employees should be able to socialize outside of work.	이러한 이유들로, 저는 상사와 직원들이 직장 밖에서 어울릴 수 있어야 한다고 믿습니다.

FINAL TEST 1-3

TEST 1 본문 p.176 (→ : 대체 표현)

Q1.

| Fascinating Apparel will be holding / our annual warehouse sale / this weekend↘. // We have clothes for every season / and carry a wide variety of brands↘. // Come / and see our large selection of women's↗, men's↗, and children's clothing↘, / all reduced twenty to forty percent↘. // Come down to our store today, / and check out the lowest prices around / at our warehouse sale↘. // | Fascinating Apparel은 이번 주말에 연례 창고 정리 세일을 진행합니다. 저희는 사계절 옷을 보유하고 있고, 매우 다양한 브랜드를 취급합니다. 오셔서 20~40퍼센트까지 할인하는 다양한 여성용, 남성용 및 아동용 의류를 구경하세요. 오늘 저희 매장에 오셔서, 주변에서 가장 저렴한 가격을 창고 정리 세일에서 확인하시기 바랍니다. |

어휘 fascinating 매력적인 apparel 의류, 의복 warehouse 창고 carry 다루다, 취급하다 a wide variety of 매우 다양한 selection 선정, 선택 reduced 할인한, 감소한

▶ 광고문에서 중요 정보인 상호명(Fascinating Apparel), 강조하고자 하는 항목(this weekend, today)을 강하게 읽는다.
▶ 할인율을 나타내는 숫자(twenty, forty)도 중요 정보이므로 강하게 읽는다.
▶ 나열 구문(women's↗, men's↗, and children's clothing↘)의 억양에 주의해서 읽는다.

Q2.

| Thank you / for flying with JetGold Airways↘. // We are pleased to offer / the industry's best entertainment system / on all our flights↘. // To begin, / please press the On button / and tap Start on the screen↘. // We offer you the latest movies↗, popular TV shows↗, and all kinds of music↘. // First, however, / please pay attention to the flight attendants / for the in-flight safety demonstration↘. // | JetGold Airways를 이용해 주셔서 감사드립니다. 저희는 모든 항공편에서 업계 최고의 오락 시스템을 제공하게 되어 기쁩니다. 시작하려면 On 버튼을 누르시고 화면에서 Start를 누르시기 바랍니다. 저희는 최신 영화, 인기 TV쇼 및 모든 종류의 음악을 제공합니다. 하지만 먼저, 기내 안전 설명을 위해 승무원들에게 주의를 기울이시기 바랍니다. |

어휘 airways 항공사 industry 업계, 산업 entertainment 오락, 여흥 tap 두드리다 latest 최신의 pay attention to ~ ~에 주의를 기울이다 flight attendant 승무원 in-flight 기내의 demonstration 시범, 설명

▶ 인사말(Thank)은 강조해서 읽는다.
▶ 상호/업체명(JetGold Airways)은 강조해서 읽는다.
▶ 나열 구문(the latest movies↗, popular TV shows↗, and all kinds of music↘)의 억양에 주의해서 읽는다.

Q3.

장소	**This picture was taken** outdoors(→ on the road).	이 사진은 야외에서(→ 도로에서) 찍혔습니다.
중심 대상	**The first thing I see is** a few(→ some) people. On the left, there are three people standing next to the traffic light. One of them is wearing a red jacket, and the others are wearing blue jackets. **I think** they are waiting for the traffic light to change. In the middle, I can see a yellow train next to the blue pole.	가장 먼저 보이는 것은 몇 명의 사람들입니다. 왼쪽에, 신호등 옆에 서 있는 세 명의 사람들이 있습니다. 그 중 한 명은 빨간색 재킷을 입고 있고, 다른 사람들은 파란색 재킷을 입고 있습니다. 그들은 신호등이 바뀌기를 기다리고 있는 것 같습니다. 가운데에, 파란색 기둥 옆에 노란색 기차가 보입니다.
배경/주변 대상	**In the background**(→ In the back), **I can see** some stores and buildings with flags. **I can also see** people walking on the sidewalk.	배경에는(→ 뒷부분에), 상점들과 깃발이 달린 건물들이 보입니다. 인도를 걸어가는 사람들도 보입니다.
느낌/마무리	**Generally, it seems like** it is somewhat busy on the road.	전반적으로, 도로가 다소 혼잡한 것 같습니다.

어휘 traffic light 신호등 pole 기둥 flag 깃발 sidewalk 보도, 인도 somewhat 다소

Q4.

장소	This picture was taken indoors(→ in an office).	이 사진은 실내에서(→ 사무실에서) 찍혔습니다.
중심 대상	**The first thing I see is** three people sitting around the table. In the middle, there are two people wearing suits. One of them is a woman, and she is looking at the man in front of her. The other is a man, and he is looking at the notebook computer. In front of them, a man wearing a light blue suit is sitting with his back to the camera. **I think** they are discussing something (→ I think they are colleagues).	가장 먼저 보이는 것은 테이블 주위에 앉아 있는 세 명의 사람입니다. 가운데에, 정장을 입은 두 명의 사람이 있습니다. 그 중 한 사람은 여자이고 그녀는 앞에 있는 남자를 보고 있습니다. 다른 사람은 남자이고 그는 노트북 컴퓨터를 보고 있습니다. 그들 앞에, 연한 파란색 정장을 입은 한 남자가 카메라에 등을 보인 채 앉아 있습니다. 그들은 무언가를 의논하고 있는 것 같습니다(→ 그들은 직장동료 같습니다).
배경/주변 대상	**In the background**(→ In the back/ Around them), **I can see** many files on the shelves and some windows.	배경에는(→ 뒷부분에/그들 주위에), 선반에 있는 많은 파일과 창문이 보입니다.
느낌/마무리	**Generally, it seems like** they are having a good time(→ they are serious).	전반적으로, 그들은 좋은 시간을 보내고 있는(→ 그들은 진지한) 것 같습니다.

어휘 in front of ~ 앞쪽에 discuss 의논하다 colleague 동료 shelves 선반

Q5-7.

Imagine that an American marketing firm is doing research in your country. You have agreed to participate in a telephone interview about purchasing products.
미국의 한 마케팅 회사가 당신의 나라에서 설문조사를 한다고 가정하세요. 당신은 제품 구매에 대한 전화 인터뷰 참여에 동의했습니다.

어휘 participate in ~에 참여하다 affordable 가격이 알맞은 frequently 자주 shop for 찾아다니다 convenient 편리한 save 아끼다, 절약하다 a wide range of 광범위한 feature 특징 customer review 고객 후기 description 설명 reliable 믿을 만한 post 게시하다

Q5	What was the last product you bought? How did you buy it?	마지막으로 구매했던 제품은 무엇이었나요? 그것을 어떻게 구매했나요?
A5	**(핵심 답변)** The last product I bought was clothes. And I bought them **on**(→ from/through) the Internet.	제가 마지막으로 구매했던 제품은 옷이었습니다. 그리고 그것들을 인터넷에서 구매했습니다.
	(추가 문장) This is because it was very affordable for me to buy clothes from an online store.	왜냐하면 온라인 매장에서 옷을 구매하는 것이 매우 저렴했기 때문입니다.

Q6	How frequently do you shop for products online? Why do you purchase them online?	인터넷에서 얼마나 자주 제품을 구매하나요? 그것들을 인터넷에서 구매하는 이유가 무엇인가요?
A6	**(핵심 답변)** I shop for products online twice a month. And I purchase them online because it is fast and more convenient for me to buy products on the Internet, so I can save time.	저는 한 달에 두 번 인터넷에서 제품을 구매합니다. 그리고 인터넷에서 제품을 사는 것이 빠르고 더 편하기 때문에 거기서 삽니다. 그래서 저는 시간을 절약할 수 있습니다.
	(추가 문장) And also, there are a wide range of products at online stores.	그리고 또한, 온라인 매장에는 다양한 제품이 있습니다.

Q7		Which of the following features would you look for if you bought a product online? Why? - Customer reviews - Advertisements - Pictures with descriptions	인터넷에서 제품을 구매한다면, 다음 특징들 중 어떤 것을 살필 건가요? 그 이유는 무엇인가요? - 고객 후기 / 광고 / 설명이 있는 사진
A7	핵심 답변	I would look for customer reviews if I bought a product online.	인터넷에서 제품을 구매한다면, 저는 고객 후기를 살필 것입니다.
	추가 문장	**This is because** they are reliable, so I can know about the products very well. **And also,** I can learn more things about the product as people post(→ put) various kinds of information in the online review.	왜냐하면 그것들은 신뢰할 만해서 그 제품에 대해 매우 잘 알 수 있기 때문입니다. 그리고 또한, 사람들이 온라인 후기에 다양한 정보를 게시하기 때문에 저는 제품에 대해 더 많은 것을 알 수 있습니다.
	마무리	**Therefore,** if I bought a product online, I would pay attention to(→ think about/consider/look for) **customer reviews.**	따라서 인터넷에서 제품을 구매한다면, 저는 고객 후기에 주의를 기울일 것입니다(→ 생각할 것입니다/고려할 것입니다/살필 것입니다).

Q8-10.

Business Trip for Bernard Sackman	
December 4 – December 9	
Departing flight - December 4	American Air Flight EA274
Depart Los Angeles	11:00 A.M.
Arrive Las Vegas	12:05 P.M.
Hotel	
LV Palace Hotel	
Day trip to Hoover - December 7	
Leave for Hoover	10:00 A.M.
Arrive back in Las Vegas (same day)	08:00 P.M.
Return flight - December 9	American Air Flight EA293
Depart Las Vegas	05:00 P.M.
Arrive Los Angeles	06:05 P.M.

Bernard Sackman의 출장	
12월 4일 ~ 9일	
출발 항공편 - 12월 4일	American Air 항공기 EA274편
Los Angeles 출발	오전 11시
Las Vegas 도착	오후 12시 5분
호텔	
LV Palace 호텔	
Hoover로 당일 출장 - 12월 7일	
Hoover로 출발	오전 10시
Las Vegas로 돌아옴(당일)	오후 8시
돌아오는 항공편 - 12월 9일	American Air 항공기 EA293편
Las Vegas 출발	오후 5시
Los Angeles 도착	오후 6시 5분

어휘 business trip 출장 itinerary 여행 일정표 return flight 돌아오는 항공편

	Hi, this is Bernard Sackman calling about my business trip next week. I seem to have lost my itinerary, and I was wondering if you could answer a few questions for me.	안녕하세요, 다음 주에 있을 출장에 대해 전화 드리는 Bernard Sackman입니다. 제가 일정표를 잃어버린 것 같은데, 몇 가지 질문에 응답해 주실 수 있는지 궁금합니다.

Q8	What time am I leaving Los Angeles, and what time do I land in Las Vegas?	저는 몇 시에 Los Angeles를 출발하고 몇 시에 Las Vegas에 도착하나요?
A8	You will depart from Los Angeles at 11:00 A.M., and you will land in Las Vegas at 12:05 P.M.	오전 11시에 Los Angeles에서 출발할 것이고 오후 12시 5분에 Las Vegas에 도착할 것입니다.

Q9	I know I have a trip to Hoover. How many days will I stay in Hoover?	Hoover로 출장이 있는 걸로 압니다. Hoover에서 며칠 동안 머무나요?
A9	**Actually,** you will arrive back in Las Vegas at 8:00 P.M. on the same day.	사실, 같은 날 오후 8시에 Las Vegas로 돌아올 것입니다.

Q10	Can you give me all the details about my return flight back to Los Angeles?	Los Angeles로 돌아오는 항공편에 대한 모든 세부 내용을 말씀해 주시겠어요?
A10	You will depart from Las Vegas on American Air Flight EA293 at 5:00 P.M. on December 9th. And you will arrive back in Los Angeles at 6:05 P.M.	12월 9일 오후 5시에 American Air 항공기 EA293편으로 Las Vegas에서 출발할 것입니다. 그리고 오후 6시 5분에 Los Angeles로 돌아올 것입니다.

Q11.

> Describe some advantages of accepting a job offer in a different country.
> Use specific reasons and examples to support your opinion.
> 다른 나라에서 취업 제의를 받아들이는 일의 몇 가지 장점들을 설명하세요.
> 당신의 의견을 뒷받침하기 위한 구체적인 이유와 예시를 드세요.

어휘 advantage 장점 job offer 취업 제의 career 경력 broaden 넓히다 enjoyable 즐거운 abroad 해외에 overseas 해외에 environment 환경

근거 1 + 예시 1

서론 (의견)	**I think that there is an advantage of** accepting a job offer in a different country.	다른 나라에서 취업 제의를 받아들이는 것의 장점이 있다고 생각합니다.
본론 (근거)	**And the reason is that** it is more helpful for me to widen my view. **For example,** earlier in my career, I took a job in Japan(→ I worked at a company in Japan). And it was really helpful for me because I met a lot of Japanese people, and I learned a lot about their cultures, so I could broaden my view. That's why it was a good experience for me. And also, it was more beneficial for me. *만능 문장*	그리고 그 이유는 시야를 넓히는 데 도움이 되기 때문입니다. 예를 들면, 경력 초기에, 저는 일본에서 직업을 가졌습니다(→ 일본에 있는 회사에서 일했습니다). 그리고 많은 일본 사람들을 만났고, 그들의 문화에 대해 많이 배워서 시야를 넓힐 수 있었기 때문에 정말 도움이 되었습니다. 그래서 그것은 제게 좋은 경험이었습니다. 그리고 또한, 더 이로웠습니다.
결론 (마무리)	**For this reason, I believe this is the advantage of** accepting a job offer in a different country.	이러한 이유로, 이것이 다른 나라에서 취업 제의를 받아들이는 것의 장점이라고 믿습니다.

근거 2 + 예시 1		
서론 (의견)	I think that there are some advantages of accepting a job offer in a different country.	다른 나라에서 취업 제의를 받아들이는 것의 몇 가지 장점들이 있다고 생각합니다.
본론 (근거 1)	And there are two reasons for that. **First**, it is very enjoyable to take a job abroad(→ to work overseas) because I can live in a new and different environment and experience many things there.	그리고 그 이유는 두 가지가 있습니다. 첫 번째, 새롭고 다양한 환경에서 살 수 있고 그곳에서 많은 것을 경험할 수 있기 때문에, 해외에서 직업을 갖는 것은(→ 해외에서 일하는 것은) 매우 즐겁습니다.
본론 (근거 2)	**Second**, it is more helpful for me because I can widen my view. **For example**, earlier in my career, I took a job in Japan(→ I worked at a company in Japan). And it was really helpful for me because I met a lot of Japanese people, and I learned a lot about their cultures, so I could broaden my view. That's why it was a good experience for me. 〈만능 문장〉	두 번째, 시야를 넓힐 수 있기 때문에 제게 더 도움이 됩니다. 예를 들면, 경력 초기에, 저는 일본에서 직업을 가졌습니다(→ 일본에 있는 회사에서 일했습니다). 그리고 많은 일본 사람들을 만났고, 그들의 문화에 대해 많이 배워서 시야를 넓힐 수 있었기 때문에 정말 도움이 되었습니다. 그래서 그것은 제게 좋은 경험이었습니다.
결론 (마무리)	**For these reasons, I believe these are the advantages of** accepting a job offer in a different country.	이러한 이유들로, 이것들이 다른 나라에서 취업 제의를 받아들이는 것의 장점이라고 믿습니다.

TEST 2

Q1.

You have reached Long Beach Properties↘. // Currently, / all of our lines are busy↘. // If you're interested in more information / about our real estate, / you can visit our Web site at any time↘. // If you would like to leave a message, / please stay on the line↘. // Please leave your name↗ and phone number↘ / with your message / after the beep↘. //	Long Beach Properties에 연락하셨습니다. 현재 모든 전화가 통화 중입니다. 저희 부동산에 대한 더 많은 정보에 관심이 있으시면, 언제든지 저희 웹 사이트에 방문하실 수 있습니다. 메시지를 남기길 원하시면, 잠시만 기다려 주시기 바랍니다. '삐' 소리 후, 메시지에 귀하의 이름과 전화번호를 남겨 주세요.

어휘 property 부동산 be interested in ~에 관심 있다 real estate 부동산 stay on the line 수화기를 들고 기다리다 beep 삐 소리

▶ 상호명(Long Beach Properties)은 중요 정보이므로 강조해서 읽는다.
▶ 광고문에서 강조하고자 하는 내용(visit, stay...)은 강하게 읽는다.
▶ and 앞뒤로 나열된 구문(name↗ and phone number↘)의 억양에 주의해서 읽는다.

Q2.

Here's the latest traffic information / from Channel Seven News↘. // Starting this weekend, / a large section of Riverside Freeway / will be closed for construction↘. // Work will be done / to repave the roadway↗, install new traffic lights↗, and add bicycle lanes↘. // During this period, / all motorists are advised to take detours / through Route fifty-seven↗ and Interstate ten↘. //	Channel Seven News의 최신 교통 정보입니다. 이번 주말부터 Riverside Freeway의 대부분의 구역이 공사로 인해 폐쇄될 것입니다. 작업은 도로 재포장, 새 신호등 설치 그리고 자전거 전용 도로 추가를 위한 것입니다. 이 기간 동안 모든 운전자들은 57번 도로와 10번 주간도로로 우회하시기를 권장합니다.

어휘 traffic information 교통 정보 a large section of 대부분의 ~ construction 공사 repave 다시 포장하다 roadway 도로 motorist 운전자 take a detour 우회하다

▶ 첫 단어(Here's)를 강하게 읽어 주의를 집중시킨다.
▶ 교통 정보 뉴스로, 공사 시점, 도로명 등의 중요 정보(this weekend, Route fifty-seven, Interstate ten)는 강조해서 읽는다.
▶ 나열 구문(repave the roadway↗, install new traffic lights↗, and add bicycle lanes↘)의 억양에 주의해서 읽는다.

Q3.

장소	This picture was taken indoors(→ in a building).	이 사진은 실내에서(→ 건물 안에서) 찍혔습니다.
중심 대상	The first thing I see is some people. On the left, there are two people sitting at a table. One of them is a woman. She is crossing her legs while looking at a man. The other is a man wearing a blue suit, and he is looking at the woman. On the right, there are three people standing while talking to each other. In the back, I can see two people standing while talking to each other as well. I think they are discussing something about their work(→ I think they are colleagues).	가장 먼저 보이는 것은 몇 명의 사람들입니다. 왼쪽에, 테이블에 앉아 있는 두 명의 사람이 있습니다. 그 중 한 명은 여자입니다. 그녀는 남자를 보면서 다리를 꼬고 있습니다. 다른 사람은 파란색 정장을 입은 남자이고, 그는 여자를 보고 있습니다. 오른쪽에, 서로 대화하면서 서 있는 세 명의 사람들이 있습니다. 뒤에, 서로 얘기하면서 서 있는 두 사람도 보입니다. 그들은 일에 관한 무언가를 의논하고 있는 것 같습니다(→ 그들은 직장 동료 같습니다).
배경/주변 대상	Around them, I can see some white poles, walls, and many windows.	그들 주위에, 몇 개의 하얀 기둥, 벽 그리고 많은 창문이 보입니다.
느낌/마무리	Generally, it seems like it is busy in the building.	전반적으로, 건물 안이 혼잡한 것 같습니다.

어휘 cross one's legs 다리를 꼬다 colleague 동료

Q4.

장소	**This picture was taken** outdoors(→ at the yard).	이 사진은 야외에서(→ 마당에서) 찍혔습니다.
중심 대상	**The first thing I see is** two men standing on the lawn. In the middle, there is a man wearing a blue jacket and blue pants, and he is holding a tool(→ working with a tool). On the right(→ Next to him), a man is wearing a blue vest and boots, and he is looking down. **I think** they are planting something (→ I think they are colleagues).	가장 먼저 보이는 것은 잔디밭에 서 있는 남자 두 명입니다. 가운데에, 파란색 재킷과 파란색 바지를 입은 남자가 있고 그는 도구를 들고 있습니다(→ 도구로 작업하고 있습니다). 오른쪽에(→ 그 옆에), 한 남자가 파란색 조끼를 입고 부츠를 신고서 아래를 보고 있습니다. 그들은 무언가를 심는 중인 것 같습니다(→ 그들은 동료 같습니다).
배경/주변 대상	**In the background**(→ In the back / Around them), **I can see** a fence, some red bricks, and a house.	배경에(→ 뒤에/그들 주위에), 울타리, 빨간색 벽돌 몇 개와 집이 보입니다.
느낌/마무리	**Generally, it seems like** it is busy at the yard(→ they are serious).	전반적으로, 그들은 마당에서 바쁜(→ 그들은 진지한) 것 같습니다.

어휘 plant 심다 fence 울타리 brick 벽돌

Q5-7.

> Imagine that a telephone service company is doing research in your area.
> You have agreed to participate in a telephone interview about using phones.
> 한 전화 서비스 회사가 당신의 지역에서 설문조사를 한다고 가정하세요. 당신은 전화 사용에 대한 전화 인터뷰 참여에 동의했습니다.

어휘 imagine 상상하다 do research 조사하다 participate in ~에 참여하다 provider 제공자 affordable 가격이 저렴한 factor 요인 pay attention to ~에 주의를 기울이다 reputation 명성 popularity 인기 reliable 믿을 만한 coverage 범위, 보급률

Q5	How much time do you spend using a telephone per day? And how much of that is on a smartphone?	하루에 얼마나 많은 시간을 전화 사용에 소비하나요? 그리고 그 중 얼마 동안 스마트폰에 소비하나요?
A5	(핵심 답변) I spend about 30 minutes using a telephone per day. And all of that is on a smartphone(→ And I spend about 20 minutes on a smartphone).	저는 하루에 대략 30분을 전화 사용에 소비합니다. 그리고 그 중 모든 시간을 스마트폰에 소비합니다(→ 그리고 저는 대략 20분을 스마트폰에 소비합니다).
	(추가 문장) I mostly use smartphone because I can use it anytime anywhere.	저는 주로 스마트폰을 사용합니다. 왜냐하면 언제 어디서든 사용할 수 있기 때문입니다.
Q6	Do you use the same telephone service provider for your smartphone and home telephone? Why or why not?	스마트폰과 집 전화를 같은 전화 서비스 제공업체에서 이용하나요? 그 이유는 무엇인가요?
A6	(핵심 답변) Yes, I use the same telephone service provider for my smartphone and home telephone. I use KT because it is more affordable than other companies.	네, 저는 스마트폰과 집 전화를 같은 전화 서비스 제공업체에서 이용합니다. 저는 KT를 이용합니다. 왜냐하면 다른 업체들보다 더 저렴하기 때문입니다.
	(추가 문장) **And also,** it is a popular company in Korea and has good service.	그리고 또한, 그것은 한국에서 인기 있는 회사로, 좋은 서비스를 보유하고 있습니다.

Q7	What factors would you pay the most attention to when changing your current telephone service provider to a different one?	현재의 전화 서비스 제공업체를 다른 업체로 바꾼다면 어떤 요소에 가장 신경 쓸 건가요?
A7	**핵심 답변** I would pay the most attention to the reputation(→ popularity) of the company when changing my current telephone service provider to a different one.	현재의 전화 서비스 제공업체를 다른 업체로 바꾼다면 저는 회사의 평판(→ 인기)에 가장 신경 쓸 것입니다.
	추가 문장 **This is because** famous(→ popular) companies are more reliable. Therefore, I can trust their service. **And also,** famous companies such as KT have better services. They offer wide network coverage and cheap data services.	왜냐하면 유명한(→ 인기 있는) 회사들은 더 신뢰할 만하기 때문입니다. 따라서 저는 그들의 서비스를 믿을 수 있습니다. 그리고 또한, KT 같은 유명한 회사들은 더 좋은 서비스를 보유하고 있습니다. 그들은 광범위한 네트워크와 저렴한 데이터 서비스를 제공합니다.
	마무리 **Therefore,** when changing my current telephone service provider to a different one, I would consider the reputation (→ popularity) of the company the most.	따라서 현재의 전화 서비스 제공업체를 다른 업체로 바꾼다면, 저는 회사의 평판(→ 인기)을 가장 고려할 겁니다.

Q8-10.

Carl Mears
700 North Branch St, Chicago, IL 60621 (Mears81@gmail.com)

Interviewing for: Pastry chef at Jefferson Hotel Restaurant Work

Experience: Pastry chef at Paul's Bakery (2014 – present)
Assistant baker at Crown Donuts (2011 – 2014)

Education: Bachelor's degree in Culinary Arts – Kendall College (2011)
Certificate in Pastry – CA Institute (2008)

Skills: Fluent in Korean / Conversational level in French
Familiar with accounting software

Reference: Available upon request

Carl Mears
일리노이 주 60621 시카고, North Branch 가 700번지 (Mears81@gmail.com)

면접 직책: Jefferson 호텔 레스토랑 파티시에

경력: Paul's Bakery 파티시에 (2014 ~ 현재)
Crown Donuts 보조 제빵사 (2011 ~ 2014)

학력: 요리학 학사 - Kendall 대학 (2011)
페이스트리 자격증 - CA 교육 기관 (2008)

특기: 한국어 유창 / 프랑스어 대화 가능한 수준
회계 소프트웨어 능숙

추천서: 요청 시 가능

어휘 experience 경력 assistant 보조, 조수 education 교육, 학력 bachelor's degree 학사 학위 certificate 자격증 culinary 요리의 institute 기관, 협회 fluent 유창한 be familiar with ~에 익숙하다 accounting 회계 reference 참고, 언급 upon request 신청에 의해 misplace 제자리에 두지 않다, 잃어버리다 communicate 의사소통을 하다 work experience 경력 in detail 자세히

Hello, this is Roger calling from Human Resources. I have an interview this afternoon with Carl Mears, but I have misplaced his résumé. Could you answer a few questions about his résumé?	안녕하세요. 저는 인사부에서 전화하는 Roger입니다. 오늘 오후에 Carl Mears와 면접이 있는데, 그의 이력서를 잃어버렸습니다. 그의 이력서에 대한 몇 가지 질문에 응답해 주시겠어요?

Q8	Where did he get his certificate in pastry, and when?	그는 어디에서 페이스트리 자격증을 취득했나요? 그리고 언제 취득했나요?
A8	Carl Mears got his certificate in pastry from CA Institute in 2008.	Carl Mears는 2008년에 CA 교육 기관에서 페이스트리 자격증을 취득했습니다.

Q9	We have many Korean chefs that already work in the restaurant. Is there anything on his résumé that shows that he can communicate with them?	우리는 이미 레스토랑에서 일하는 많은 한국인 주방장들이 있습니다. 이력서에 그가 그들과 의사소통할 수 있음을 보여주는 게 있나요?
A9	**Fortunately**(→ Actually), yes. The résumé shows that he is fluent in Korean.	다행히도(→ 사실은), 있습니다. 이력서에는 그가 한국어에 유창하다고 되어 있습니다.

Q10	Can you tell me about his work history in detail?	그의 경력에 대해 자세히 말씀해 주시겠어요?
A10	**There are** two work experiences. **First,** he was an assistant baker at Crown Donuts from 2011 to 2014. **Second,** he has been working as a pastry chef at Paul's Bakery from 2014 to present.	두 가지 경력이 있습니다. 첫 번째, 그는 2011년부터 2014년까지 Crown Donuts에서 보조 제빵사였습니다. 두 번째, 2014년부터 지금까지 Paul's Bakery에서 파티시에로 일하고 있습니다.

Q11.

> Which of the following would be the most difficult at work?
> - Having a new supervisor
> - Learning a new skill
> - Performing a project by yourself
>
> Use specific ideas and examples to support your opinion.
>
> 다음 중 어떤 것이 직장에서 가장 어려울 것 같나요?
> – 새로운 관리자와 일하는 것 / 새로운 기술을 배우는 것 / 혼자 프로젝트를 수행하는 것
> 당신의 의견을 뒷받침하기 위한 구체적인 아이디어와 예시를 드세요.
>
> **어휘** supervisor 상사, 관리자 perform 수행하다 by oneself 혼자서 efficient 효율적인 performance 성과
> take care of(= deal with) ~을 다루다 conflict 갈등, 충돌 co-worker 동료 urgent 급박한 task 임무, 업무
> be familiar with ~에 익숙하다 beneficial 이로운 get used to ~에 익숙해지다 unhelpful 도움이 안 되는

근거 1 + 예시 1

서론 (의견)	I think that having a new supervisor would be the most difficult at work.	새로운 관리자와 일하는 것이 직장에서 가장 어려울 거라고 생각합니다.
본론 (근거)	And the reason is that it is not efficient for us to get better performance. For example, two months ago, when I worked in my old team, we had a new manager, and it was not efficient because he couldn't take care of(→ deal with) many difficult problems such as conflicts among co-workers and finishing urgent tasks in time. He was not familiar with our team members and work. Therefore, we couldn't get better results easily. That's why it was a bad experience for us. And also, it was not beneficial for us. 〈만능 문장〉	그리고 그 이유는 그것이 우리가 더 나은 성과를 얻는 데 효율적이지 않기 때문입니다. 예를 들면, 2개월 전에 제가 이전 팀에서 일했을 때, 우리는 새로운 관리자와 일했고 그것은 효율적이지 않았습니다. 왜냐하면 그는 동료 간 갈등이나 시간 내에 긴급한 업무를 끝내는 것과 같은 많은 어려운 문제를 처리할 수 없었기 때문입니다. 그는 우리 팀원들과 업무를 잘 알지 못했습니다. 따라서 우리는 더 좋은 결과를 쉽게 얻을 수 없었습니다. 그래서 그것은 우리에게 좋지 않은 경험이었습니다. 그리고 또한, 우리에게 이롭지 않았습니다.
결론 (마무리)	For this reason, I believe having a new manager would be the most difficult in the workplace.	이러한 이유로, 새로운 관리자와 일하는 것이 직장에서 가장 어려울 거라고 믿습니다.

근거 2 + 예시 1		
서론 (의견)	I think that having a new supervisor would be the most difficult at work.	새로운 관리자와 일하는 것이 직장에서 가장 어려울 거라고 생각합니다.
본론 (근거 1)	And there are two reasons for that. First, if we have a new manager, we can waste time because we need to spend some time getting to know each other. In addition, if a new manager changes a lot of things, we have to spend more time to get used to them. That's why it is unhelpful for us. 〈만능 문장〉	그리고 그 이유는 두 가지가 있습니다. 첫 번째, 새로운 관리자와 일한다면, 서로를 알기 위해 시간을 써야 하기 때문에 시간을 낭비할 수 있습니다. 게다가, 새로운 관리자가 많은 것을 바꾼다면, 우리는 그것에 익숙해지기 위해 더 많은 시간을 소비해야 합니다. 그래서 그것은 우리에게 도움이 되지 않습니다.
본론 (근거 2)	Second, it is not efficient for us to get better performance. For example, two months ago, when I worked in my old team, we had a new manager, and it was not efficient because he couldn't take care of(→ deal with) many difficult problems such as conflicts among co-workers and finishing urgent tasks in time. He was not familiar with our team members and work. Therefore, we couldn't get better results easily. That's why it was a bad experience for us. 〈만능 문장〉	두 번째, 그것은 우리가 더 나은 성과를 얻는 데 효율적이지 않습니다. 예를 들면, 2개월 전에 제가 이전 팀에서 일했을 때, 우리는 새로운 관리자와 일했고 그것은 효율적이지 않았습니다. 왜냐하면 그는 동료 간 갈등이나 시간 내에 긴급한 업무를 끝내는 것과 같은 많은 어려운 문제를 처리할 수 없었기 때문입니다. 그는 우리 팀원들과 업무를 잘 알지 못했습니다. 따라서 우리는 더 좋은 결과를 쉽게 얻을 수 없었습니다. 그래서 그것은 우리에게 좋지 않은 경험이었습니다.
결론 (마무리)	For these reasons, I believe having a new manager would be the most difficult in the workplace.	이러한 이유들로, 새로운 관리자와 일하는 것이 직장에서 가장 어려울 거라고 믿습니다.

TEST 3

Q1.

This weekend, / the East Coast will get its first hurricane of this season↘. // Although it is expected to be a weak category three, / residents are advised to stay indoors↘. // The hurricane season has arrived earlier, / but experts forecast / that this season will be a short one↘. // We'll be back to the usual sunny↗, fair↗, and warm weather↘/ shortly↘. //

이번 주말에 East Coast는 이번 시즌의 첫 허리케인을 겪게 될 것입니다. 비록 약한 3등급으로 예상되지만, 주민 여러분은 실내에 있을 것을 권장합니다. 허리케인 시즌이 더 일찍 왔지만 전문가들은 이번 시즌이 짧을 것이라고 예상합니다. 우리는 곧 평상시의 화창하고 맑고 따뜻한 날씨로 돌아올 것입니다.

어휘 resident 주민 expert 전문가 forecast 예상하다 fair (날씨가) 맑은

▶ 첫 단어(This weekend)는 강하게 읽어 주의를 끈다.
▶ 날씨 예보에서 지역(East Coast)은 중요 정보이므로 강하게 읽는다.
▶ and 앞뒤로 나열된 구문(sunny↗, fair↗, and warm weather↘)의 억양에 주의해서 읽는다.

Q2.

Welcome / to the North Shore High School Talent Show↘. // Our actors have been preparing for the event for months / hoping to become the winners of this year's talent show↘. // During the performance, / student clubs will be selling food and drinks / to raise funds for their activities↘. // Please turn off your mobile phones, / and have a great time↘. //

North Shore 고등학교의 장기자랑에 오신 것을 환영합니다. 우리 배우들은 올해의 장기자랑의 우승자가 되기를 희망하면서 수개월 동안 이 행사를 준비했습니다. 공연 중에, 학생 클럽들은 그들의 활동을 위한 기금을 모금하기 위하여 음식과 음료를 판매할 것입니다. 휴대폰 전원을 끄시고 좋은 시간 보내시기 바랍니다.

어휘 prepare for ~을 준비하다 winner 우승자 performance 공연 raise funds 모금하다 activity 활동 turn off 끄다

▶ 인사말(Welcome)을 강하게 읽어 주의를 집중시킨다.
▶ 프로그램 명(North Shore High School Talent Show)는 강조해서 읽는다.
▶ 프로그램 소개 내용 중, 강조하고자 하는 어휘(actors, winners…)를 강하게 읽는다.

Q3.

장소	**This picture was taken** indoors(→ in an office).	이 사진은 실내에서(→ 사무실에서) 찍혔습니다.
중심 대상	**The first thing I see is** some people sitting on the chairs. In the middle, there is a woman wearing a blue top and a dark skirt. She is standing next to a flip chart while smiling. On the left, I can see a woman with black hair, and she is holding a pen and a notebook. On the right, there is a man wearing a blue shirt, and he is crossing his legs. In front of them, there are two men. **I think** they are having a meeting (→ I think they are colleagues).	가장 먼저 보이는 것은 의자에 앉아 있는 사람들입니다. 가운데에, 파란색 상의와 어두운 색 치마를 입은 여자가 있습니다. 그녀는 웃으면서 플립 차트 옆에 서 있습니다. 왼쪽에, 검은 머리의 여자가 보이고, 그녀는 펜과 노트를 들고 있습니다. 오른쪽에, 파란색 셔츠를 입은 남자가 있고 그는 다리를 꼬고 있습니다. 그들 앞에, 두 명의 남자가 있습니다. 그들은 회의 중인 것 같습니다(→ 그들은 직장 동료 같습니다).
배경/주변 대상	**In the background**(→ In the back), **I can see** some green trees and a building outside the window.	배경에(→ 뒤에), 창문 밖으로 푸른 나무들과 건물 한 채가 보입니다.
느낌/마무리	**Generally, it seems like** they are having a good time.	전반적으로, 그들은 좋은 시간을 보내고 있는 것 같습니다.

어휘 top 상의 hold 잡다, 들다

Q4.

장소	**This picture was taken** indoors(→ in a locker room).	이 사진은 실내에서(→ 탈의실에서) 찍혔습니다.
중심 대상	**The first thing I see is** three women in a locker room. On the right, there is a woman wearing a yellow short-sleeved shirt, and she is holding a blue bag while looking at the women next to her. In the middle, two women are talking to each other. One of them is wearing a pink shirt, and the other woman is wearing a white shirt. **I think** they are friends(→ I think they are discussing something).	가장 먼저 보이는 것은 탈의실에 있는 세 명의 여자입니다. 오른쪽에, 노란색 반팔 셔츠를 입은 여자가 있고 그녀는 옆에 있는 여자들을 보면서 파란 가방을 잡고 있습니다. 가운데에, 두 명의 여자가 서로 대화하고 있습니다. 그 중 한 명은 분홍색 셔츠를 입고 다른 여자는 하얀색 셔츠를 입고 있습니다. 그들은 친구 같습니다(→ 그들은 무언가를 의논 중인 것 같습니다).
배경/주변 대상	**In the background**(→ In the back / Around them), **I can see** many blue lockers and some black bags hanging on the lockers.	배경에(→ 뒤에/그들 주위에), 많은 파란색 보관함과 거기에 매달려 있는 검은색 가방이 몇 개 보입니다.
느낌/마무리	**Generally, it seems like** they are having a good time(→ they are happy).	전반적으로, 그들은 좋은 시간을 보내고 있는(→ 그들은 즐거운) 것 같습니다.

어휘 locker room 탈의실 hang 매달리다

Q5-7.

> Imagine that a British pet magazine is writing an article about pets in your area. You have agreed to participate in a telephone interview about raising pets.
> 영국의 한 애완동물 잡지사가 당신의 지역에서 애완동물에 대한 기사를 쓴다고 가정하세요. 당신은 애완동물 기르기에 대한 전화 인터뷰 참여에 동의했습니다.

어휘 raise 기르다 sort 종류 aspect 측면 personally 개인적으로 comfortable 편한, 안락한 drawback 단점 take care of ~을 돌보다 bath 목욕시키다

Q5	What sort of pet is the most popular in your area? Do you have one?	당신의 지역에서는 어떤 종류의 애완동물이 가장 인기 있나요? 당신은 애완동물을 기르나요?
A5	(핵심 답변) Dogs are the most popular in my area. Yes, I have one.	저희 지역에서는 개가 가장 인기 있습니다. 네, 저는 애완동물을 한 마리 기릅니다.
	(추가 문장) He is very cute, and I enjoy jogging with him in the morning.	그것은 매우 귀엽고 저는 아침에 함께 조깅하는 것을 즐깁니다.

Q6	Besides the price, what is the most important aspect when buying a pet? Why?	가격 외에, 애완동물을 들일 때 가장 중요한 측면은 무엇인가요? 그 이유는 무엇인가요?
A6	(핵심 답변) Besides the price, size is the most important aspect when buying a pet. This is because I personally like small pets.	가격 외에, 애완동물을 들일 때 크기가 가장 중요한 측면입니다. 왜냐하면 저는 개인적으로 작은 애완동물을 좋아하기 때문입니다.
	(추가 문장) **And also,** it is easier and more comfortable for me to raise small pets.	그리고 또한, 작은 애완동물을 기르는 것이 더 쉽고 편합니다.

Q7	What are some drawbacks of keeping pets?	애완동물을 기르는 것의 단점은 뭔가요?
A7	**[핵심 답변]** I think the drawback of keeping pets is that it takes a lot of money.	애완동물을 기르는 것의 단점은 돈이 많이 든다는 점이라고 생각합니다.
	[추가 문장] When keeping pets, I have to spend a lot of money on buying food for them. **And also,** I need to spend a lot of time taking care of the pets such as bathing and playing with them.	애완동물을 기르면, 그들을 위한 음식을 사는 데 많은 돈을 소비해야 합니다. 그리고 또한, 애완동물을 목욕시키고 놀아주는 것과 같이 그들을 돌보는 데 많은 시간을 소비해야 합니다.
	[마무리] **Therefore, I believe keeping pets takes a lot of money**(→ these are the drawbacks of keeping pets).	따라서, 애완동물을 기르는 것은 돈이 많이 든다고 생각합니다(→ 이것들이 애완동물을 기르는 것의 단점입니다).

Q8-10.

The Privilege Hotel
Schedule of Interviews: June 2

Time	Job Applicant	Position	Experience
10:00 A.M. – 10:30 A.M.	Matt Carter	Concierge	2 years
10:30 A.M. – 11:00 A.M.	Steven Upton	Assistant manager	6 years
11:00 A.M. – 11:30 A.M.	Mary Howard	Receptionist	1 year
11:30 A.M. – Noon	Pat Robertson	Waiter	1 year
01:00 P.M. – 01:30 P.M.	Anna Wilson	Receptionist	2 years
01:30 P.M. – 02:00 P.M.	Justin Lee	Chef	4 years

Privilege 호텔
면접 일정: 6월 2일

시간	입사 지원자	직책	경력
오전 10시 ~ 오전 10시 30분	Matt Carter	호텔 안내원	2년
오전 10시 30분 ~ 오전 11시	Steven Upton	부지배인	6년
오전 11시 ~ 오전 11시 30분	Mary Howard	접수원	1년
오전 11시 30분 ~ 정오	Pat Robertson	웨이터	1년
오후 1시 ~ 오후 1시 30분	Anna Wilson	접수원	2년
오후 1시 30분 ~ 오후 2시	Justin Lee	주방장	4년

어휘 applicant 지원자 position 직책, 자리 experience 경력 concierge (호텔) 안내원 receptionist 접수원 general manager 총지배인 conduct 시행하다 candidate 후보 be supposed to ~하기로 되어 있다 recommend 추천하다 apply for ~에 지원하다 factor 요인

Hi, this is the general manager of the Privilege Hotel, and I will be conducting interviews with several candidates on June 2nd. But I misplaced my interview sheets. Could you please answer some questions for me?	안녕하세요. 저는 Privilege 호텔의 총지배인이며 6월 2일에 지원자들과 면접을 시행할 것입니다. 그러나 면접표를 잃어버렸습니다. 몇 가지 질문에 응답해 주시겠어요?

Q8	What time does the interview start, and who am I supposed to interview first?	면접은 몇 시에 시작하나요? 그리고 제가 누구를 처음으로 면접할 예정인가요?
A8	**The interview with Matt Carter for the concierge position is from 10:00 A.M. to 10:30 A.M.**(→ The interview starts at 10:00 A.M., and you are supposed to interview Matt Carter first.)	Matt Carter와의 호텔 안내원직 면접이 오전 10시부터 오전 10시 30분까지 있습니다. (→ 면접은 오전 10시에 시작하고 Matt Carter를 처음 면접할 예정입니다.)
Q9	One of my colleagues recommended Pat Robertson, and he applied for the concierge position. Is this correct?	동료 중 한 명이 Pat Robertson을 추천했는데, 그는 호텔 안내원직에 지원했죠. 맞나요?
A9	**Actually,** no. **The interview with Pat Robertson is for the waiter position, and it is from 11:30 A.M. to noon.**(→ Pat Robertson is applying for the waiter position.)	사실, 아닙니다. Pat Robertson 씨는 웨이터직 면접이며, 오전 11시 30분부터 정오까지입니다.(→ Pat Robertson은 웨이터직에 지원합니다.)
Q10	I believe experience is one of the most important factors in good employees. As far as I know, some of the applicants have many years of experience. Can you tell me which applicants have experience for more than three years?	저는 좋은 직원의 가장 중요한 요소 중 하나가 경력이라고 믿습니다. 제가 알기로는, 몇 명의 지원자들이 다년간의 경력을 가지고 있습니다. 어떤 지원자들이 3년 이상의 경력을 가지고 있는지 말씀해 주시겠어요?
A10	**There are** two applicants. **First,** Steven Upton is interviewing for the assistant manager position from 10:30 A.M. to 11:00 A.M., and he has 6 years of experience.(→ The first one is Steven Upton, who is interviewing for the assistant manager position from 10:30 A.M. to 11:00 A.M., and he has 6 years of experience.) **Second,** Justin Lee is interviewing for the chef position from 1:30 P.M. to 2:00 P.M., and he has 4 years of experience.(→ The second one is Justin Lee, who is interviewing for the chef position from 1:30 P.M. to 2:00 P.M., and he has 4 years of experience.)	두 명의 지원자가 있습니다. 첫 번째, Steven Upton이 오전 10시 30분부터 오전 11시까지 부지배인직 면접을 볼 것이며, 6년의 경력을 갖고 있습니다.(→ 첫 번째는 오전 10시 30분부터 오전 11시까지 부지배인직 면접을 볼 Steven Upton이며, 6년의 경력을 갖고 있습니다.) 두 번째, Justin Lee가 오후 1시 30분부터 오후 2시까지 주방장직 면접을 볼 것이며, 4년의 경력을 갖고 있습니다.(→ 두 번째는 오후 1시 30분부터 오후 2시까지 주방장직 면접을 볼 Justin Lee이며, 4년의 경력을 갖고 있습니다.)

Q11.

> Do you agree or disagree with the following statement?
> *These days, employees are less likely to take time off from work.*
> Use specific reasons and examples to support your opinion.
>
> 다음 진술에 동의하나요, 아니면 동의하지 않나요?
> 요즘 직원들은 직장에서 휴가를 덜 갖는 경향이 있다.
> 당신의 의견을 뒷받침하기 위한 구체적인 이유와 예시를 드세요.

어휘 statement 진술 be likely to ~할 것 같다 take time off from work 직장에서 휴가를 얻다 work overtime 야근하다 competitive 경쟁력 있는 workplace 직장 reputation 평판 coworker 동료 recognize 인지하다, 인정하다

근거 1 + 예시 1

서론 (의견)	**I agree that** these days, employees are less likely to take time off from work.	요즘 직원들은 직장에서 휴가를 덜 갖는 경향이 있다는 것에 동의합니다.
본론 (근거)	**And the reason is that** we don't have enough time at work. **For example,** two months ago, when I worked in my old team, I was less likely to take time off to relax (→ I couldn't take time off to relax) because I didn't have enough time at work. We had too much work to do, so our team members were always busy working. Furthermore, our team usually worked overtime until late. That's why it was a bad experience for me. And also, it was not beneficial for me. 〔만능 문장〕	그리고 그 이유는 직장에서 충분한 시간이 없기 때문입니다. 예를 들면, 두 달 전에 이전 팀에서 일했을 때, 저는 직장에서 충분한 시간이 없었기 때문에 휴식 시간을 덜 갖는 경향이 있었습니다(→ 휴식 시간을 가질 수 없었습니다). 해야 할 일이 너무 많아 우리 팀원들은 항상 일하느라 바빴습니다. 게다가, 우리 팀은 보통 늦게까지 야근을 했습니다. 그래서 그것은 제게 좋지 않은 경험이었습니다. 그리고 또한, 이롭지 않았습니다.
결론 (마무리)	**For this reason, I think that** these days, employees are less likely to take time off from work.	이러한 이유로, 요즘 직원들은 직장에서 휴가를 덜 갖는 경향이 있다고 생각합니다.

근거 2 + 예시 1

서론 (의견)	**I agree that** these days, employees are less likely to take time off from work.	요즘 직원들은 직장에서 휴가를 덜 갖는 경향이 있다는 것에 동의합니다.
본론 (근거 1)	**And there are two reasons for that.** **First,** these days, companies are more competitive, so we have to work harder in the workplace. People work more to have better skills and a good reputation among customers and coworkers and to be recognized at work. So, we are less likely to take time off to relax (→ it is hard for us to take time off to relax).	그리고 그 이유는 두 가지가 있습니다. 첫 번째, 요즘 회사들은 경쟁이 더 치열해서 우리는 직장에서 더 열심히 일해야 합니다. 사람들은 더 좋은 실력과 고객과 동료들 사이에서 좋은 평판을 얻고 직장에서 인정받기 위해 더 많이 일합니다. 그래서 우리는 휴식 시간을 덜 갖는 경향이 있습니다(→ 휴식 시간을 갖는 것은 어렵습니다).
본론 (근거 2)	**Second,** we don't have enough time at work. **For example,** two months ago, when I worked in my old team, I was less likely to take time off to relax(→ I couldn't take time off to relax) because I didn't have enough time at work. We had too much work to do, so our team members were always busy working. Furthermore, our team usually worked overtime until late. That's why it was a bad experience for me. 〈만능 문장〉	두 번째, 우리는 직장에서 충분한 시간이 없습니다. 예를 들면, 두 달 전에 이전 팀에서 일했을 때, 저는 직장에서 충분한 시간이 없었기 때문에 휴식 시간을 덜 갖는 경향이 있었습니다(→ 휴식 시간을 가질 수 없었습니다). 해야 할 일이 너무 많아 우리 팀원들은 항상 일하느라 바빴습니다. 게다가, 우리 팀은 보통 늦게까지 야근했습니다. 그래서 그것은 제게 좋지 않은 경험이었습니다.
결론 (마무리)	**For these reasons, I think that** these days, employees are less likely to take time off from work.	이러한 이유들로, 요즘 직원들은 직장에서 휴가를 덜 갖는 경향이 있다고 생각합니다.

https://books.english.co.kr

https://www.entest.co.kr